Louis Lewitan

unter Mitarbeit von Dr. Cornelia von Schelling

Die Kunst, gelassen zu bleiben

Den Stress meistern – Erkundungen bei den Besten

Mit Fotografien von Stefan Nimmesgern

Fotografien von Stefan Nimmesgern, mit folgenden Ausnahmen:
S. 54: © Murmann Verlag
S. 90: © Jim Rakete
S. 286: © dm-drogerie markt

Verlagsgruppe Random House FSC-DEU-0100
Das für dieses Buch verwendete
FSC-zertifizierte Papier *EOS*
liefert Salzer, St. Pölten.

Redaktion: Theresa Stöhr, München
Copyright © 2009 by Ludwig Verlag, München,
in der Verlagsgruppe Random House GmbH
http://www.ludwig-verlag.de
Umschlaggestaltung: Eisele Grafikdesign, München
Satz: KompetenzCenter, Mönchengladbach
Druck und Bindung: GGP Media GmbH, Pößneck
Printed in Germany 2009
ISBN: 978-3-453-16402-4

Inhalt

Einführung

Die Gespräche

Einführung

Warum dieses Buch?

Zum Thema Stress gibt es viele Bücher. Haben nicht vor mir zahlreiche Experten die besten Methoden und Techniken zur Stress-Bewältigung umfassend dargestellt? Ist uns nicht längst bekannt, wie wir uns am vernünftigsten verhalten sollten? Dass zu viel Stress krank macht, zu wenig aber auch, wissen wir doch längst. So wie wir wissen, dass wir frühmorgens mit einem Lächeln aufstehen, tagsüber stets positiv denken, zwischendurch bewusst ein- und ausatmen sollten, und dass zu viel Bier und Fernsehen vor dem Schlafengehen ungesund sind.

Dennoch bin ich überzeugt, dass die Argumente für dieses Buch auf der Hand liegen: Denn abgesehen davon, dass der Mensch, solange er lebt, immer gestresst ist, sind die Anforderungen an unsere Stressresistenz in Zeiten wie diesen besonders hoch. Die globalen Herausforderungen der Menschheit rufen jenseits alltäglicher Belastungen massive Ängste hervor. Kein Wunder, dass die Zahl derer, die an negativem Stress erkranken, wächst. Dementsprechend groß ist der Bedarf an wirksamen Strategien zur Erlangung der Gelassenheit. Deshalb wurde für dieses Buch eine völlig neue Herangehensweise gewählt: Erstmals gaben 32 stresserprobte Persönlichkeiten aus den unterschiedlichsten Bereichen ausführlich zu Stress und Gelassenheit Auskunft. Ihre offenen Antworten zum Umgang mit großen und kleinen Krisen bringen uns, so meine ich, weiter als viele gut gemeinte Ratgeber, weil die Einsichten und Empfehlungen aus gelebter Erfahrung gewonnen wurden.

Wie wir Gelassenheit erlangen – eine uralte Frage

Das vorliegende Buch versteht sich als Beitrag zu dem wissenschaftlich wenig erschlossenen Thema der Gelassenheit. Selbst auf dem Gebiet der klinischen Psychologie findet Gelassenheit bisher erstaunlich geringe Beachtung. Es scheint Wissenschaftlern leichter zu fallen, zu definieren, was krank und abnorm ist, als festzustellen, was gesund ist und glücklich macht. Dabei ist das Streben nach Gelassenheit ein bereits zwei Jahrtausende altes Anliegen. Dies belegen die Schriften bedeutender antiker Philosophen wie Seneca und Marc Aurel ebenso wie die Weltreligionen. Sie alle gehen der Frage nach, was Gelassenheit bedeutet, wie sie durch Befolgung von Geboten und Verboten erlangt werden kann und in welchem Zusammenhang sie mit Weisheit und Gerechtigkeit steht.

Eustress und Distress

Der Mensch ist außerhalb der Dimensionen von Zeit, Raum und Energie nicht vorstellbar. Er befindet sich zeitlebens in einer fragilen Balance zwischen Anspannung und Entspannung. Dieser unstetige Aktivierungszustand lässt sich mit dem Begriff Stress umschreiben. Ist diese Spannung positiver Natur, nennt man sie Eustress oder positiven Stress. Diese vitale Energie stimmt zuversichtlich, motiviert, mobilisiert die Abwehrkräfte und spornt zu Höchstleistungen an.

Fühlt sich der Mensch hingegen erschöpft, überfordert und pessimistisch, wird dieser Spannungszustand als Distress oder negativer Stress bezeichnet. Diese negative Energie lässt die Kräfte und die Zuversicht schwinden, greift die Gesundheit an und beschleunigt den Alterungsprozess. Distress tritt dann ein, wenn die Anzahl, die Dauer und Intensität der Belastungen größer sind als die zur Verfügung stehenden Bewältigungsmöglichkeiten. Das Meistern der Stressoren, also der Belastungsquellen, hängt wiederum von vielen Faktoren ab, wie beispielsweise Persönlichkeitsstruktur, Erfahrung, Wissen, Können, körperliche Verfassung. Tatsache ist, dass der Mensch immer zwischen den beiden Polen Eustress und Distress hin- und herpendelt. Aus diesem Stress-Zyklus gibt es kein Entrinnen

Vor der Krise ist nach der Krise – Stress goes global

Global gesehen eilt die Menschheit von einer Wirtschafts- und Finanzkrise zur nächsten und die Spannungsherde verändern letztlich nur ihre Standorte: gestern Irland und Jugoslawien, heute Afghanistan und Iran. In Deutschland verschärft sich die Krise des Sozialstaats, die soziale Ungleichheit wächst und die Chancengleichheit sinkt, wodurch sich die Zukunftsperspektiven für viele zunehmend verengen.

Der Mensch scheint nie abschalten zu können. In den Aufschwungsphasen will er die Chancen ergreifen und darf sich verausgaben, in den Abschwungsphasen muss er sich zur Wahrung der Existenz verausgaben. Der Mensch, sagte der Kabarettist Gerhard Polt in unserem Gespräch, »wird funktionalisiert. Es gibt keine Pause im Sinne des Nichtstuns, sondern selbst die Muße muss dazu dienen, die Arbeitskraft wiederherzustellen.« In diesem Sinne erfasst der global fortschreitende Technologie- und Strukturwandel alle Lebensbereiche. Der *homo oeconomicus* steht im Nano-Turbo-Zeitalter zunehmend unter Druck, gleichzeitig für viele jederzeit erreichbar sein zu müssen und soll zudem die stetig steigenden Anforderungen immer schneller und kostengünstiger abarbeiten. Weil die Welt immer rastloser, komplexer und unverständlicher wird, erzeugen die daraus resultierenden Belastungen und Unsicherheiten Ängste, und Angst stresst.

Zugleich müssen wir wie eh und je mit den Banalitäten des Alltags fertigwerden, sprich das Bankkonto ausgleichen, den Abfall runtertragen, den leeren Kühlschrank füllen oder die vollen Windeln unserer Kinder wechseln. Mit anderen Worten, der Mensch ist fortwährend gestresst. Aus einer aktuellen Befragung des Forsa-Instituts und der Techniker Krankenkasse geht hervor, dass mehr als 80 Prozent der Befragten über Stress klagen, jeder Dritte unter Dauerstress steht und mehr als die Hälfte das Gefühl hat, ihr Leben sei in den letzten Jahren immer stressiger geworden.

Der Mensch kann sich zum Positiven weiterentwickeln

Doch es gibt Hoffnung, auch im Hinblick auf das Streben nach mehr Gelassenheit. Ich gehe aufgrund meiner jahrelangen Tätigkeit als psychologischer Psychotherapeut, Coach und Berater davon aus, dass Individuen kraft ihrer Selbstwahrnehmung und -reflexion, innerhalb der von der Natur gesetzten Grenzen, auf ihr eigenes Denken, Fühlen und Verhalten intentional positiv einwirken können. Dieser Annahme zufolge ist es möglich, sich zu vervollkommnen.

Meine Klienten haben mir immer wieder bewiesen, dass sie imstande sind, ihre negativen Denk- und Verhaltensweisen zu verlernen und sie durch wirksame Strategien und Methoden in positive Einstellungen und Handlungen umzuwandeln. Ergo: Der Mensch ist der Schöpfer jener Grundlagen, die sein Leben lebenswert machen.

Wen und was will das Buch erreichen?

Aus einer übergeordneten Perspektive möchte das Buch eine Debatte zum Thema Gelassenheit anstoßen. Auf der gesellschaftlichen und unternehmerischen Ebene soll das Buch Politiker, Investoren und Manager ermuntern, sich hinsichtlich ihrer Vorbildfunktion ehrlich zu durchleuchten und der Frage nachzugehen, wie souverän sie auf die aktuellen Belastungen und Herausforderungen tatsächlich reagieren. Sind sie imstande, Übersicht und Ruhe zu bewahren, um die komplexen Probleme zu analysieren und tragfähige, manchmal auch für die Allgemeinheit unbequeme Lösungen zu erarbeiten? Nur wer inmitten von Aktionismus und Pessimismus seine Gelassenheit und Integrität glaubhaft bewahren kann, trägt zur dauerhaften Krisenbewältigung bei.

Aus individueller Perspektive will das Buch helfen, die Selbstwahrnehmung und das Bewusstsein für Stressoren zu schärfen und darüber zu informieren, wie es erfolgreichen Persönlichkeiten zeitweise gelingt, unter Distress ihre Gelassenheit zu bewahren.

Zur Struktur des Buches und meiner Vorgehensweise

Das vorliegende Buch erhebt keinen wissenschaftlichen Anspruch und liefert keine fachspezifische Klärung von Stress und Gelassenheit. Anstatt ein Buch zu schreiben, welches ausschließlich aus meiner Feder stammt und folglich nur eindimensional sein kann, ziehe ich es vor, herausragende Persönlichkeiten zu dem Thema Gelassenheit zu Wort kommen zu lassen. Das subjektive Erleben von Stress und Gelassenheit wurde in den lebensbiografischen Kontext der Befragten eingebettet. Dieser Ansatz verdeutlicht, wie höchst unterschiedlich Stress und Gelassenheit wahrgenommen, bewältigt oder genutzt werden.

Die Auswahl der befragten Persönlichkeiten ist keineswegs repräsentativ. Doch alle Personen wurden letztlich ausgewählt, weil sie auf ihrem jeweiligen Gebiet zu den Besten zählen und mit Leidenschaft das tun, was sie am besten können. Alle sind erfolgreich, durchaus bekannt, sehr engagiert, nicht immer beliebt, aber höchst professionell in dem, was sie tun.

Das Buch beinhaltet 32 Interviews. Jedes Gespräch wurde individuell vorbereitet, dauerte bis zu 120 Minuten und wurde auditiv, in Einzelfällen mit Video aufgezeichnet. Danach wurde es transkribiert, redigiert und der befragten Person zur Freigabe vorgelegt. Im Anschluss an jedes Interview findet der Leser meine knappe Analyse. Darin habe ich bemerkenswerte Interview-Aussagen als Maximen und Handlungsempfehlungen umformuliert. Diese Vorgehensweise ermöglicht es dem Leser, jedes Gespräch zunächst unkommentiert zu lesen und sich ein eigenes Urteil zu bilden. Sensationelle Enthüllungen haben die Gespräche nicht zu bieten. Der Erfolg des Buches soll sich vielmehr daran messen lassen, wie sehr es die Selbstwahrnehmung schärft, dazu anregt, negative Denk- und Verhaltensweisen zu hinterfragen, und neue Sichtweisen eröffnet, die den Weg zu mehr Gelassenheit weisen. Diese Transferleistung ist das Resultat eines inneren Dialogs. So kann die Reflexion über sich und über die befragten Personen zum Sprungbrett für die eigene Weiterentwicklung werden.

Ich empfehle zur Lektüre des Buches Folgendes: Nehmen Sie sich ein Interview pro Tag vor. Schreiben Sie die aus Ihrer Sicht wesentlichen Erkenntnisse (ansprechende Strategien, außergewöhnliche Denkweisen, Parallelen) auf. Vergleichen Sie Ihre Einsichten dann mit meinen Kommentaren. Leiten Sie daraus einen konkreten Vorsatz für den nächsten Tag ab und versuchen Sie, diesen in die Tat umzusetzen. Belohnen Sie sich für jeden noch so kleinen Erfolg. Bedenken Sie, Gelassenheit braucht Zeit.

Was ist Gelassenheit?

Um gleich zu Anfang dieses Buches einen bescheidenen Beitrag zu Ihrer Gelassenheit zu leisten: Gelassenheit ist eine Chimäre, eine Idealvorstellung. Die Kunst der Gelassenheit besteht darin, sich ihr anzunähern, ohne der Illusion zu unterliegen, sie jemals zu erreichen. Ich selbst kenne niemanden, der die Kunst der Gelassenheit vollends und allzeit beherrscht.

Möglicherweise sehe ich die Sache ein wenig einseitig. Wer wie ich seit vielen Jahren Individuen, Teams, Organisationen und Unternehmen bei der Prävention von Krisen und Bewältigung von Veränderungsprozessen unterstützt, ist sicherlich befangen. Aber Hand auf Herz, wie viele Menschen kennen Sie, die sowohl beruflich erfolgreich als auch finanziell abgesichert sind, für ihre Integrität und Charakterstärke Respekt verdienen, ein erfülltes Familienleben und zugleich eine lebendige, stabile Partnerschaft haben, genügend Zeit für ihre Kinder und ihre Freunde aufbringen, darüber hinaus körperlich und psychisch fit sind und sich obendrein noch für Bedürftige oder die Umwelt engagieren?

Sie sollten sich daher weder ärgern noch stressen lassen, wenn Sie auch nach der hoffentlich kurzweiligen Lektüre dieses Buches nicht sofort imstande sind, die Kunst der Gelassenheit in Ihrem Alltag perfekt umzusetzen.

Gelassenheit und Lebensklugheit

Gelassenheit kann weder durch eiserne Selbstdisziplin und Willenskraft erzwungen noch durch Ratgeberlektüre und Entspannungsübungen schnell erlangt werden. Gelassenheit ist Ausdruck einer bewussten und lebensklugen Grundeinstellung, die sich nicht nur beim Meistern von Krisen, sondern auch im Umgang mit den Tücken des Alltags bewähren muss.

Wer sich der Gelassenheit nähern möchte, braucht Zeit. Wer sie erlangt, kann sie wieder verlieren. Niemand besitzt oder beherrscht sie. Gelassenheit ist Ausdruck eines lebenslangen Lernprozesses, der die Bereitschaft und Fähigkeit zur Selbstexploration, Selbstreflexion und -steuerung erfordert. Folgerichtig wächst der Grad an Gelassenheit mit den gewonnenen Erfahrungen und Einsichten in die Vielschichtigkeit des Lebens, dem inneren Bedürfnis, daraus zu lernen und das Erlernte in der individuellen Erfahrungsmatrix zu verankern. Gelassenheit darf nicht mit innerem Rückzug und Entrücktheit verwechselt werden. Sie bedeutet vielmehr, sich Erfahrungsräumen auszusetzen, sich auf das Leben mit seinen Höhen und Tiefen einzulassen und sich weiterzuentwickeln.

Gelassenheit als dialogisches Prinzip

Die Beziehungshaftigkeit als dialogisches Prinzip stellt ein zentrales Element der Gelassenheit dar. Nur wer imstande ist, sowohl zu sich, zu anderen und zur Natur in wertschätzende Beziehung zu treten, handelt nach dem Prinzip der Gelassenheit. Er ist offen gegenüber dem Unbekannten und fürchtet sich nicht vor dem Fremden. Gelassenheit resultiert aus einem Balanceakt zwischen Selbstachtsamkeit und Verbundenheit mit den Mitmenschen. Sie äußert sich auf der realen Beziehungsebene als die Bereitschaft, Verantwortung nicht nur für sich in der Gegenwart, sondern auch für Mitmenschen und zukünftige Generationen zu übernehmen.

Gelassenheit und Erfolg

Gelassenheit ist keine Grundbedingung und kein Garant für Erfolg. Viele, die ich coache, sind erfolgreich. Aber wenige unter ihnen sind gelassen. Im Gegenteil, sie sind »erfolgreich Gestresste«. Sie erreichen zwar ihre Ziele, zahlen hierfür aber einen hohen Preis: in Form von gesundheitlichen Problemen, Scheidungen oder Machtkämpfen. Ziele wie Reichtum und Macht bedürfen nicht der Gelassenheit, um sie zu erlangen. Im Gegenteil, Menschen, die ihren Selbstwert an Geld und Ansehen knüpfen, haben besondere Angst, beides zu verlieren.

Gelassenheit und Stress

Gelassenheit und Stress stehen in Wechselwirkung zueinander und finden ihren Ausdruck auf der Gedanken-, Gefühls-, Körper- und Verhaltensebene. Gelassenheit ist Ausdruck einer bewussten Lebenshaltung und Lebensgestaltung. Sie spiegelt sich wider in der Fähigkeit, durch den Einsatz wirksamer Denk- und Verhaltensweisen unterschiedlichen Formen von Belastungen im persönlichen, zwischenmenschlichen oder beruflichen Bereich vorzubeugen oder sie zu bewältigen. Die Ebenen im Einzelnen:

Die kognitiv-emotionale Ebene

Kognition in dem Kontext wird als Oberbegriff für Überzeugungen, Erwartungen und Bewertungen verwendet. Unter Emotionen verstehe ich alle bewussten oder unbewussten Gefühlsprozesse. Zwischen Kognitionen und Emotionen bestehen enge, komplexe Interdependenzen. Positive Kognitionen beispielsweise gehen mit angenehmen Emotionen wie Freude oder Begeisterung einher. Eine positive Grundannahme über sich selbst ist von zentraler Bedeutung für eine gelassene Haltung. Wer sich selbst mag, fühlt sich wohl und wirkt entspannt. Im Gegensatz zum stressanfälligen Menschen hat der Gelassene einen Zugang zu seiner Gefühlswelt und erkennt kraft seiner geschärften Selbstwahrnehmung die selbst erzeugten dysfunktionalen Überzeugungen (»Ich muß der Beste sein.«). Er ist imstande, seine Denkschablonen durch kritisches Hinterfragen (»Warum muss ich immer der Beste sein?«) aufzudecken, sie durch rationale Einsichten zu ersetzen (»Wer handelt, macht Fehler.«), zu einer realistischen Selbsteinschätzung (»Ich bin wahrlich nicht perfekt.«) und einer positiven Zukunftsbewertung (»Es wird wieder gut werden.«) zu gelangen. Wer gelassen handelt, hat Vertrauen zu sich und seinen Kräften und nimmt die Probleme als Herausforderungen wahr. Aus Rückschlägen werden keine negativen Voraussagen über die Zukunft im Sinne einer sich selbst erfüllenden Prophezeiung getroffen (»Das schaffe ich nie.«).

Die physiologische Ebene
Gelassenheit beruht auf einer sinnvollen Balance zwischen Entspannung und Anspannung. Sie geht mit Genussfähigkeit einher. Genuss ist nicht nur erlaubt, sondern erwünscht. Gelassenheit ist körperlich spürbar und für Fremde an der Haltung, an der Mimik und Gestik erkennbar. Eine Person, die gelassen ist, schenkt ihrem Körper Zeit und Aufmerksamkeit. Das erhöhte Körperbewusstsein ermöglicht es, Stress-Symptome wie übermäßiges Schwitzen oder Rückenschmerzen rechtzeitig zu erkennen, ohne in hypochondrische Überbesorgtheit zu verfallen. Der Körper wird je nach Anforderung entweder bewusst geschont oder gezielt positiven Reizen und Belastungen ausgesetzt, ohne ihn zu überfordern. Bewegung wird mit Freude, Fitness oder Attraktivität assoziiert. Diese entspannte Vitalität löst Denkblockaden auf, schafft kreative Freiräume und hilft Ärger loszuwerden.

Die Verhaltensebene
Gelassenheit ist inkompatibel mit Angst. Wer gelassen ist, fürchtet sich nicht, sondern setzt seine Fähigkeiten und Fertigkeiten, sein Wissen und seine Erfahrungen gezielt ein. Nicht jedes Problem muss sofort gelöst werden. Der Gelassene kann loslassen, aber auch im richtigen Moment die erforderlichen Kräfte mobilisieren, um sich den Aufgaben und Gefahren zu stellen. Er bemüht sich, strategisch vorzugehen. Er verschwendet nicht seine Ressourcen, kämpft nicht gegen Windmühlen und verfällt nicht in blinden Aktionismus.

Mein Modell der Gelassenheit
Aus den Interviews wurde ein Modell zur Gelassenheit erarbeitet, welches aus 16 Dimensionen besteht. Diese tragen entscheidend zur Gelassenheit

bei. Nicht alle Dimensionen sind bei allen Befragten anzutreffen und sie sind bei jeder Person anders gewichtet. Folgende Dimensionen tragen zur Gelassenheit bei:

1. Selbstwertschätzung
2. Zielorientiertheit
3. Selbstwirksamkeit
4. Risikobereitschaft
5. Selbstorganisation
6. Selbststeuerung
7. Authentizität
8. Selbstverwirklichung
9. Sinnhaftigkeit
10. Frustrationstoleranz
11. Kritikverträglichkeit
12. Offenheit
13. Teamfähigkeit
14. Konfliktstärke
15. Transzendente Bezogenheit
16. Humor

Wenn auch das vorgestellte Modell die wissenschaftlichen Kriterien der Objektivität, Reliabilität und Validität nicht erfüllt, so kann es doch zur Selbstreflexion anregen und helfen, sich der Gelassenheit anzunähern.

1. Selbstwertschätzung

Die Selbstwertschätzung fußt auf einer prinzipiellen Selbstbejahung. Wer sich selbst bejaht, hat sich zum Freund. Diese Freundschaft beinhaltet Selbstverantwortung und die Fähigkeit, sich selbst Gutes zu gönnen. Wer gelassen ist, nimmt seine Unvollkommenheit als eine Herausforderung, versucht seine Schwächen nicht mühevoll zu kaschieren oder sein Selbstbild zu erhöhen, indem er andere klein macht oder unrealistische Ziele anstrebt. Gelassenheit geht daher mit einer gewinnenden Natürlichkeit einher. Das Wissen um die eigene Unvollkommenheit und Verwundbarkeit stimmt keineswegs depressiv, sie verleiht dem Gelassenen vielmehr eine Bescheidenheit, die in ihrer Außenwirkung wohltuend ist. Sie bewahrt ihn vor Hochmut und narzisstischer Grandiosität.

Diese Selbstakzeptanz als Grundhaltung versetzt den Einzelnen erst in die Lage, konträre Denkweisen, fremde Sitten und Gebräuche nicht als Bedrohung zu empfinden, sondern als Möglichkeit zum kritischen Hinterfragen eigener Einstellungen und Positionen wahrzunehmen.

Die Befragten weisen insgesamt ein deutlich positiv gefärbtes Selbstbild auf, eine stabile Selbstachtung und ein ausgeprägtes Selbstvertrauen. Dieses grundlegend positive Selbstbild schließt bei den Interviewten keineswegs Selbstkritik, Empfindsamkeit und Unsicherheit aus. Sie denken jedoch mehr über ihre Stärken und Kompetenzen nach als über ihre Schwächen und Defizite. Diese Fokussierung stärkt ihren Willen, sich an hohe Ziele heranzuwagen. Ihr starkes Selbstvertrauen ruft nicht selten Neid und Missgunst hervor, weil es als Selbstgefälligkeit oder Selbstzufriedenheit fehlgedeutet wird.

2. Zielorientiertheit

Das Selbstwertgefühl korreliert stark mit der Zielerreichung. Je öfter eine Person ihre Ziele erreicht, desto größer sind das Selbstvertrauen, die Erfolgszuversicht und die Anstrengungsbereitschaft. Die Zielorientierung kann darin bestehen, irdische Güter wie Macht und Reichtum anzustreben oder sich ideellen Werten zu verschreiben, sei es Menschen zu helfen oder eine Stiftung zu gründen.

Alle Befragten sind ziel- und leistungsorientiert. Beispielhaft hierfür steht die Aussage des Unternehmers Leopold Stiefel: »Ich habe mein Ziel mit aller Kraft verfolgt, arbeitete Tag und Nacht und habe negativen Stress in Form von Zweifeln einfach nicht zugelassen.« Es zeichnet die Befragten aus, dass sie ihre Visionen und Ziele trotz Rückschlägen und Widerständen beharrlich verfolgen, sie oftmals erreichen oder gar übertreffen. Das Erkennen der eigenen Leistungsstärke befähigt sie, hohe Ansprüche an sich selbst und andere zu stellen und die eigenen Grenzen zu erweitern.

3. Selbstwirksamkeit

Der fehlende Glaube an die eigene Selbsteffizienz erzeugt Ängste und schürt Distress. Gelassenheit hingegen geht mit einem Gefühl von Machbarkeit einher. Es handelt sich um eine in der Realität verankerte Erfahrung, die eigenen Stärken und Fähigkeiten im entscheidenden Moment gezielt einsetzen zu können. Selbstwirksamkeit bedeutet, sich auf die eigene Person verlassen können, wie der Fußballnationalspieler Torsten Frings veranschaulicht: »Ich weiß, was ich kann, denn ich habe es oft genug bewiesen und mir einen guten Namen gemacht.« Dieses positive Grundgefühl verleiht den Befragten innere Ruhe und Souveränität. Sie verlassen sich auf ihre Kompetenzen, sie vertrauen ihrer Intuition und bauen auf ihre Erfahrungen. Probleme werden entsprechend nicht als immense Belastungen, sondern als spannende Herausforderungen interpretiert.

4. Risikobereitschaft

Gelassen zu handeln bedeutet nicht, Risiken zu meiden, wohl aber, sie realistisch einzuschätzen. Gelassene Menschen brechen selbst große Projekte ab, wenn die Risiken zu hoch sind, wie der Bergsteiger Reinhold Messner bestätigt:»Immer, wenn es mir bei meinen Touren zu gefährlich wurde, bin ich umgekehrt.« Instabile Persönlichkeiten hingegen neigen dazu, Risiken zu leugnen und Kopf und Kragen zu riskieren.

5. Selbstorganisation

Eine gute Selbstorganisation bedeutet vorauszudenken, seine Ressourcen auf einer Zeitachse vernünftig einzuteilen, seine Kräfte zu bündeln, Prioritäten zu setzen, wenn möglich Aufgaben zu delegieren und, wenn notwendig, Unterstützung zu beanspruchen.

Die Befragten schaffen sich die nötigen Bedingungen, die sie dazu befähigen, ihre enorme Arbeitslast zu bewältigen, ohne sich völlig zu verausgaben. Dies schließt Phasen der völligen Hingabe an den Beruf und des zeitweiligen bewussten Raubbaus an sich selbst nicht aus, wie im Falle des RWE-Vorstandsvorsitzenden Jürgen Großmann:»Für die nächsten fünf Jahre denke ich mal nicht so sehr an die Nachhaltigkeit und riskiere vielleicht ein Burn-out.«

6. Selbststeuerung

Die Selbststeuerung trägt zur psychischen Ausgeglichenheit und Konfliktdeeskalation bei. Sie versetzt eine Person in die Lage, ihre Gefühle und Handlungen zu steuern und sich nicht zu unüberlegten Handlungen und Risiken verleiten zu lassen.

Der Krisenmanager Thomas Fox beschreibt diese Selbstdisziplin wie folgt: »Wenn ich spüre, dass die Wut in mir hochsteigt, halte ich die Luft an, nehme mich zurück, versuche an etwas ganz anderes zu denken, um mich gedanklich abzulenken. Ich kontrolliere meine Atmung und lenke meine Aufmerksamkeit auf etwas Positives.« Wer sich im Griff hat, ist darüber hinaus imstande, unmittelbaren Versuchungen zu widerstehen und Entbehrungen bis zur Zielerreichung hinzunehmen.

Selbststeuerung schließt keineswegs die Bereitschaft und die Fähigkeit aus, auch starke Gefühle der Begeisterung, Trauer oder Wut zu empfinden und diese zum Ausdruck zu bringen. Nicht alle Interviewten sind willens und fähig, ihre intensiven Gefühlsregungen, ihre Leidenschaft und Besessenheit zu zügeln und sich zu bescheiden. Dies hindert sie daran, gelassen zu bleiben.

7. Authentizität

Authentische Personen werden aufgrund ihrer Aufrichtigkeit, Glaubwürdigkeit und Zuverlässigkeit ernst genommen und respektiert, aber nicht immer wertgeschätzt.

Die Befragten tun mit Engagement das, was sie am besten können, und schrecken nicht davor zurück, offen für ihre Überzeugungen einzutreten, selbst wenn sie sich Anfeindungen aussetzen, wie im Falle der Landtagsabgeordneten Dagmar Metzger: »98 der 100 Mitglieder waren gegen mich: Ich sei unsolidarisch und elitär, ich sei ein Verräter und nicht tragbar für die Partei.« Wer authentisch ist, wie die Landtagsabgeordnete, dreht eben sein Fähnchen nicht nach dem Wind.

8. Selbstverwirklichung

Die Selbstverwirklichung beinhaltet die in westlichen Demokratien verankerte Freiheit zur Selbstbestimmung, die Wahl- und Entscheidungsfreiheit sowie die Möglichkeit zur Entfaltung eigener Neigungen und Fähigkeiten. Wer dieses Grundbedürfnis nicht ausleben kann, wird an diesem als fundamental empfundenen Mangelzustand langfristig erkranken.

Die Interviewten legen viel Wert darauf, sich Freiräume zu verschaffen und diese zu gestalten. Sie schöpfen ihre Stärken und Fähigkeiten voll aus und sind bereit, dafür Opfer zu bringen und Nachteile in Kauf zu nehmen. ZEIT-Chefredakteur Giovanni di Lorenzo konstatiert: »Würde ich nicht ein hohes Maß an Selbstverwirklichung erfahren und diesen Beruf für sinnvoll halten, ich hätte ihn, schon aufgrund der physischen Belastungen, längst aufgeben müssen.«

9. Sinnhaftigkeit

Wer tagtäglich unfreiwillig oder gar ängstlich in die Arbeit geht und sein Wirken als sinnlos empfindet, wird langfristig an Distress zugrunde gehen. Jene hingegen, die ihrem Handeln und Erleben eine Bedeutung verleihen können, führen ein sinnerfülltes Leben und erfreuen sich psychischer Ausgeglichenheit.

Die Interviewten sehen in ihrem Beruf mehr als einen gut bezahlten Job. Sie haben ihre wahren Neigungen und Fähigkeiten erkannt und tun das, wovon sie zutiefst überzeugt sind. Das subjektive Gefühl der Sinnhaftigkeit versetzt die Befragten in die Lage, ihr Dasein als erfüllend zu empfinden – trotz vielfacher Belastungen oder gar existenzieller Bedrohung, wie die Menschenrechtlerin Mina Ahadi belegt: »Ich weiß, wofür ich kämpfe, deswegen bin ich glücklich mit meinem Leben.«

10. Frustrationstoleranz

Wer wenig belastbar ist, fühlt sich schnell überfordert, lässt sich leicht entmutigen und gibt leichtfertig die Zielverfolgung auf. Aufgrund einer verzerrten, negativen Selbsteinschätzung wird die eigene Problemlösungskompetenz als unzureichend eingeschätzt, und ein Gefühl von Hilflosigkeit schleicht sich ein. Je länger der Erfolg ausbleibt, desto geringer ist die Selbstsicherheit, die erforderlich ist, um sich den Anforderungen zu stellen. Die daraus entstehende Frustration kann je nach Intensität und Dauer in Demotivation, Resignation oder gar Depression umschlagen.

Die Interviewten verfügen dagegen über eine robuste Frustrationstoleranz. Niederlagen werden akzeptiert, ohne die Hoffnung aufzugeben, diese langfristig in Siege umzumünzen. Exemplarisch für diese Haltung steht die Aussage des Fußballtrainers Ottmar Hitzfeld: »Jede Niederlage ist Ansporn, es besser zu machen.« Das Bedürfnis sich weiterzuentwickeln trägt entscheidend zur persönlichen Vervollkommnung bei.

11. Kritikverträglichkeit

»Wer im Rampenlicht steht, muss sich ständig inszenieren«, stellt die Regisseurin Doris Dörrie fest. Und setzt sich damit der Gefahr aus, beneidet, verkannt und persönlich angegriffen zu werden.

Viele der Interviewten haben lernen müssen, mit Kritik konstruktiv umzugehen. Positives Feedback ruft bei ihnen Freude hervor. Negative Kritik, die differenziert begründet wird, dient als Ansporn, härter an sich zu arbeiten. Wenn die Integrität des Kritikers jedoch angezweifelt wird oder ihm niedrige Beweggründe attribuiert werden, wird seine destruktive Kritik relativiert oder einfach ignoriert.

12. Offenheit

Offenheit zeigt sich beispielsweise in einer Offenheit gegenüber Andersdenkenden, neuen Ideen oder Veränderungen. Offene Menschen sind zwar experimentierfreudig, lernwillig und wachstumsorientiert, aber auch unbequem, denn ihr eigenständiges Denken kann als anstrengend oder gar renitent empfunden werden, wie Herr Claassen sinngemäß feststellt: »Viele empfinden schon das Stellen der Fragen als Herausforderung, als feindseligen Akt.« Die befragten Persönlichkeiten zeichnen sich durch eine hohe Offenheit aus. Sie nehmen nichts als gegeben hin, sind nicht nur bereit und imstande, sich auf Unbekanntes und Ungewohntes einzulassen, sondern suchen gezielt nach Veränderung. Wenn sie etwas gut kennen und können, wenden sie sich neuen Herausforderungen zu.

13. Teamfähigkeit

Teamfähigkeit bezeichnet die Eignung und den Willen einer Einzelperson, sich in einer zielorientierten Gruppe zu integrieren, Verantwortung darin zu übernehmen, mit anderen zu kommunizieren und zu kooperieren. Dank der Gesamtanstrengung und dem Einbringen aller Kompetenzen entstehen Synergieeffekte, die eine schnellere und wirksamere Bewältigung komplexer Aufgabenstellungen ermöglichen, wie das Beispiel des Insolvenzverwalters Sven-Holger Undritz verdeutlicht: »Ich bin sehr daran interessiert, mit meinen Kollegen über schwierige Situationen zu sprechen, insbesondere wenn ich mir nicht ganz sicher bin. Ich nehme ihre Sicht der Dinge sehr ernst und bitte sie, mögliche Einwände offen anzusprechen. Dann fälle ich meine Entscheidungen mit einem guten Gefühl.«

Viele der Befragten nehmen innerhalb einer Organisation, eines Vereins oder eines Unternehmens eine Führungsposition ein. Durch das bewusste Einnehmen einer oder mehrerer Rollen oder Funktionen tragen sie arbeitsteilig zum Gelingen eigener oder fremder Ideen und Ziele bei. Sie tragen zudem eine soziale Mitverantwortung, indem sie beispielsweise Stiftungen gründen, wie im Falle von Jürgen Großmann oder Doris Dörrie.

14. Konfliktstärke

Gegensätzliches und Unvereinbares sind die Ursachen vieler intrapsychischer und interpersoneller Konflikte. Sie entstehen oftmals infolge enttäuschter Erwartungen, unerfüllter Zielvorstellungen und unterschiedlicher Interessen. Erst wenn die Konflikte als solche wahrgenommen werden, können sie beispielsweise durch Win-Win-Lösungen oder Kompromisse gelöst werden.

Die Interviewten gehen Konflikten nicht aus dem Weg. Sie nützen diese vielmehr als Motor für Erneuerungen, Veränderungen und Wachstum. Und sie vertreten lautstark den eigenen Standpunkt, können widersprechen und sich Respekt verschaffen, wie Horst Teltschik Vizekanzleramtschef unter Helmut Kohl, dies glaubwürdig zum Ausdruck bringt: »Hätte mich der Bundeskanzler vor anderen so niedergemacht, wie ich es bei einem Kollegen erlebt habe, dann hätte ich gesagt: ›Herr Bundeskanzler, servus, auf Wiedersehen, das war's‹.«

15. Transzendente Bezogenheit

Religiosität und Spiritualität zählen zu den Grundkonstanten der Menschheit. Sie finden ihren Ausdruck beispielsweise im Gebet oder der Meditation. Die über die reale Wahrnehmung hinausgehende innige Beziehung zu einer

»höheren Macht« hilft dem Gläubigen, Antworten zu Fragen wie Schicksal, Leiden und Tod zu finden und mit schwierigen Situationen gelassener umzugehen. Die Befolgung von Geboten und Verboten, allein oder in der Gemeinschaft, festigt seine Identität, strukturiert sein Alltagsleben und gibt ihm einen ethischen Handlungsrahmen.

Zu den wenigen Interviewten, die von sich aus einen Zusammenhang zwischen Religiosität und Gelassenheit herstellten, zählt die Vizepräsidentin des Deutschen Bundestages und Präses der Synode der Evangelischen Kirche in Deutschland, Katrin Göring-Eckardt: »In angespannten Lebenslagen tut es mir gut, zu beten und zu wissen, dass es ein Netz gibt, das uns auffängt, eine Hand, die uns hält, einen Gott, der uns behütet.«

16. Humor

Humor ist Ausdruck einer gesunden und kritischen Lebenseinstellung, die wenige Menschen besitzen. Eine humorvolle Person kann über die eigenen Schwächen selbst in Anwesenheit anderer lachen und sich so aus dem inneren Gefängnis von Schuld und Scham befreien. Humor ist daher das Gegengift zu Unterwerfung und Selbstabwertung. Wer Menschen zum Lachen bringt, trägt zum sozialen Frieden bei, indem er Spannungen auflöst und neue Perspektiven aufzeigt. Humor hinterfragt Verbote, Tabus oder Bräuche. Die Fähigkeit, das Absolute gedanklich zu relativieren, wirkt entlastend und befreiend. Humor schafft somit eine innere Distanz zum Geschehen.

Humor hilft, Krisen zu meistern und das Unabwendbare wie Verfolgung und Vertreibung besser zu ertragen. Der Shoah-Überlebende Max Mannheimer bringt das so zum Ausdruck: »Der Humor ist meine Balancierstange, die mich durchs Leben trägt.«

Mina Ahadi

Mina Ahadi wurde 1956 im Iran geboren. Sie musste ihr Medizinstudium nach der islamischen Revolution 1979 abbrechen, da sie als linke Oppositionelle verfolgt wurde. Ihr Mann wurde hingerichtet, sie floh ins kurdische Grenzgebiet zwischen Iran und Irak, wo sie zehn Jahre als Partisanin lebte. 1990 floh sie nach Österreich und zog 1996 nach Deutschland. Ihren Kampf für die Frauen- und Menschenrechte führte sie auch in Europa weiter und gründete 2001 das »Komitee gegen Steinigung«. Mit ihrem Engagement gelang es ihr, viele Menschen vor der Todesstrafe zu bewahren. 2007 gründete sie den »Zentralrat der Ex-Muslime« mit, dessen erste Vorsitzende sie ist. 2008 erschien ihre Autobiografie *Ich habe abgeschworen*.

Über gemeinsame Erfahrungen zu reden hilft

Sie sind 1956 im Iran geboren und waren in der linken Opposition gegen den Schah tätig. Wann begannen Sie, sich gegen das Regime aufzulehnen?

Ich habe mich schon als junges Mädchen gegen das Schah-Regime engagiert. Ich wollte unbedingt studieren, und da ich in einem kleinen Dorf aufgewachsen bin und nicht wusste, wo und wie ich mich einschreiben sollte, fragte ich beim Minister für Unterricht nach. Darauf erhielt ich einen belanglosen Brief, der mich dazu brachte, das System zu hinterfragen. Später folgte die Kritik am Schah und an der Kaiserin, und mir war bald klar, dass ich mit Sicherheit Probleme mit der SAVAK, der iranischen Geheimpolizei, bekommen würde.

Haben Sie in dieser Zeit unter Stress gelitten und Angst gehabt?

Ja, ich habe nachts vor Angst nicht schlafen können. Mein älterer Bruder warnte mich, dass eines Tages die Geheimpolizei käme und wir alle unser Dorf verlassen müssten, wenn ich so weitermachte. Der Satz blieb in meinem Gedächtnis haften, aber trotzdem habe ich insgeheim weiteragitiert, wenn auch sehr vorsichtig.

Woher nahmen Sie die Kraft, Ihre Angst zu überwinden?

Irgendwie spürte ich schon als Kind, als Mädchen, als Mensch, den Wunsch, frei zu sein. Ich war überzeugt, dass Freiheit etwas Gutes ist, dass es erlaubt sein sollte, einen Freund zu haben und reisen zu dürfen. In der Hauptstadt ging es viel freier zu, und der Unterschied zu dem ärmlichen Leben in unserem Dorf wurde mir immer bewusster. Dass man für eigene Gefühle und eigene Rechte kämpfen muss, gehörte von Anfang an zu meiner tiefen Überzeugung.

Hatten Sie Vorbilder, die Sie zu Ihrer kämpferischen Haltung inspirierten?

Mein Vater starb, als ich vier war, und meine Mutter war mit fünf Kindern alleine. Sie war sehr offen und sehr liberal, hat ihre Meinung gesagt und sogar in gewisser Weise für ihre eigenen und unsere Rechte gekämpft. Nach islamischem Gesetz hätte meine Mutter nur ein Achtel des Erbes meines Vaters erhalten, aber sie hat das nicht akzeptiert. Ich erinnere mich, wie Männer aus der Familie bei uns saßen und meine Mutter, verhüllt in ihren Tschador, laut erklärte, das sei nicht in Ordnung. Schließlich haben alle es akzeptiert, weil sie mit uns fünf Kindern ja allein dastand. Sie führte zwar ein angepasstes Leben, dennoch war sie ein Vorbild für mich.

Sie haben mit 19 Jahren geheiratet. Warum so jung?

Ich habe mit 18 Jahren begonnen, an der Universität Täbriz Medizin zu studieren, und lernte dort meinen späteren Mann kennen, der Physik studierte. Nach der Gründung der Islamischen Republik durch Chomeini gab es im Iran gar keine andere Möglichkeit, als zu heiraten; man durfte ja keinen Freund haben, außereheliche Intimitäten waren verboten und wurden strengstens bestraft. Wir waren erst ein Jahr zusammen, als er festgenommen wurde. Es war schrecklich, wir haben uns sehr geliebt.

Aus welchem Grund wurde er verhaftet?

Wir haben Chomeini und sein Regime bekämpft. Eines Tages wurde die Polizei auf uns aufmerksam und durchsuchte unsere Wohnung. Sie fand unsere Schreibmaschine und unseren Drucker und nahm meinen Mann sowie unsere Besucher aus Kurdistan fest. Ich selbst war zufällig nicht zu Hause. Als ich schließlich nach Hause kam, sah ich schon von weitem, was los war. Ich erkannte die bewaffneten Revolutionswächter, machte einen großen Bogen um unsere Wohnung und tauchte unter. So kam ich davon.

Was ist mit Ihrem Mann passiert?

Mein Mann und unsere fünf kurdischen Besucher wurden festgenommen, ich floh aus Teheran und nahm Kontakt zu Amnesty International auf, aber niemand konnte uns helfen. Während seiner Gefangenschaft hatte mein Mann nur einmal für zwei Minuten Besuch von seinem Bruder. Er war an Händen und Beinen angekettet. Kurz darauf wurden er und die fünf Kurden hingerichtet. Es ist unglaublich, aber ich habe tatsächlich erst später aus der Zeitung von seiner Hinrichtung erfahren.

Wie wurden Sie mit dem grausamen Tod Ihres Ehemannes fertig?

Die Hinrichtung meines Mannes war für mich ein sehr, sehr großer Schock. Als ich davon erfuhr, habe ich die ganze Nacht durchgeweint, ich konnte es einfach nicht glauben. Am nächsten Morgen sagte ein politischer Weggefährte, wir müssten die Leiche irgendwie bekommen; das Wort Leiche hat mich zutiefst erschreckt. Ich glaube, ich habe diese Tragödie nie verarbeitet. Nachdem meine Familie und ich von seiner Hinrichtung erfahren hatten, trafen wir uns bei meinem Bruder. Aus lauter Angst verbrachten wir nur eine einzige Nacht gemeinsam, das war die ganze Trauerzeremonie. Morgens musste ich wieder flüchten.

Ich versuchte irgendwie weiterzuleben, ich hatte so große Angst, dass ich jede Nacht woanders schlief. Ich lebte praktisch auf der Straße. Manchmal ging ich von einem Kino zum anderen, Polizisten und Revolutionswächter waren überall, meine Lage war sehr gefährlich. Alle hatten Angst damals. Ich weiß inzwischen, dass einige der Leute, die zu der Zeit auch politisch aktiv waren, später hingerichtet wurden.

Wie sind Sie damals mit dieser permanenten Angst zurechtgekommen, und wie gehen Sie heute damit um?
Ich habe damals versucht, nicht weiterzudenken. Heute bewege ich mich zwar frei in der Öffentlichkeit, aber immer von Angst begleitet. Ich schaue genau, wer in der Straßenbahn neben mir sitzt und ob mich jemand verfolgt. Es besteht immer die Gefahr, dass irgendein Fanatiker mich erkennt und angreift, weil ich mich öffentlich vom Islam losgesagt habe. Diese Angst ist ein Teil meines Lebens.

Haben Sie Polizeischutz erhalten?
Ja, und zwar nachdem wir 2007 den Zentralrat der Ex-Muslime gegründet haben. Ich gab mein erstes Interview im »Focus« und bekam danach fast vier Monate lang ständigen Personenschutz, es waren immer zwei Bodyguards bei mir. In letzter Zeit wurde er etwas lockerer gehandhabt, weil die Polizei der Meinung ist, die Lage sei jetzt etwas sicherer. Ich finde, es müsste in Deutschland mehr geschehen, um mein Leben und meine Familie zu schützen. Dadurch, dass wir es mit einigen islamistischen, mafiaähnlichen Organisationen zu tun haben, muss ich immer wieder sehr vorsichtig sein. Trotz dieser Angst versuche ich, möglichst normal zu leben, ohne mich zu verstecken.

Könnte es sein, dass Sie die reale Gefahr in Deutschland aufgrund Ihrer Vergangenheit überschätzen?
Keineswegs, islamistische Organisationen sprechen Morddrohungen gegen uns aus – einzig und allein, weil wir dem Islam abgeschworen haben. In Deutschland wurde beispielsweise 1992 der Lyriker und Schauspieler Farrokhzad in Bonn mit 87 Messerstichen ermordet. Bis heute wurden im Ausland 80 Oppositionelle von islamistischen Organisationen umgebracht. Ich habe bis jetzt Glück gehabt, ich wurde zwar zweimal in Köln auf offener Straße beschimpft, aber sonst ist mir nichts passiert.

Wie leben Sie mit diesem ständigen Gefühl der Bedrohung und Verfolgung?
Es ist ein sehr kompliziertes Leben. Ich kann nirgendwo alleine hingehen, nicht zum Einkaufen, nicht ins Kino, nicht zum Schwimmen, immer muss ich zwei, drei Leute organisieren, die mitgehen. Ich schaue ständig, ob ich verfolgt werde oder ob uns jemand komisch anguckt. Wenn meine Kinder zwei Minuten zu spät aus der Schule kommen,

werde ich unruhig. Vor allem versuche ich, meine Wohnung geheim zu halten. Seit ich 18 bin, habe ich immer wieder Alpträume von Männern im Auto, mit Bart und Kalaschnikow, die mich festnehmen und hinrichten.

Sie sind Mitglied des »International Committee against Executions (I.C.A.E.)«. Können Sie uns den Kampf um das Leben eines zum Tode Verurteilten erläutern?
Ja, der letzte Fall war der von Fatemeh Haqiqat-Pajouh. Sie wurde am 25. November letzten Jahres hingerichtet. Dieser Tag ist seitdem der Tag gegen Gewalt an Frauen. Sie hatte zwei Töchter von ihrem ersten Mann, wurde geschieden und heiratete erneut. Eines Nachts wollte ihr zweiter Mann eine ihrer Töchter vergewaltigen. Die Situation eskalierte, und am Ende brachte sie ihn um. Daraufhin wurde sie vom islamischen Regime verhaftet. Ich habe mit den Kindern Kontakt aufgenommen und stand drei Jahre lang in telefonischer Verbindung mit ihnen. Der Fall war sehr bekannt, und ich habe alles versucht, um diese Frau zu retten, habe viel mit dem Menschenrechtsausschuss in Brüssel gesprochen, aber wir haben ihre Hinrichtung nicht verhindern können. Die Töchter durften am Tag vor der Hinrichtung noch eine halbe Stunde von ihr Abschied nehmen. Um 4 Uhr früh wurde sie nach islamischem Ritual erhängt. Zu den Kindern habe ich noch Kontakt und schicke ihnen hin und wieder Geld.

Sie müssen permanent um Ihr Leben fürchten. Warum nehmen Sie diesen Stress auf sich?
Ich hatte schon immer das Gefühl, dass man auf die Welt kommt, um für andere da zu sein. Ich stamme aus einem Land, in dem Millionen von Menschen, vor allem Frauen, unterdrückt werden. Wenn ich die Möglichkeit habe, durch Bücher, Medien, das Europäische Parlament dafür zu kämpfen, Menschenleben zu retten, dann muss ich das einfach tun. Ich versuche immer wieder, meine Angst zu unterdrücken. Ich denke, je mehr meine Arbeit anerkannt wird, umso geringer wird die Gefahr für mich und meine Familie. Ich habe so viele Hinrichtungen erlebt, angefangen mit der meines Mannes, dass ich meine Augen nicht davor verschließen kann. Ich kann nicht im Nachhinein sagen, ich hätte von all dem nichts gewusst, so wie es nach der Hitlerzeit geschehen ist.

Was meinen Sie konkret damit?
Wir wissen, dass es heute noch öffentliche Steinigungen gibt im Iran, dazu können wir nicht schweigen, es ist unsere Pflicht, etwas dagegen zu tun. 2002 wurde z.B. Maryam Ayoubi gesteinigt. Ich habe damals gedacht, wenn die Weltöffentlich-

26

keit so etwas hört oder sieht, dann bleiben die Uhren stehen – aber das Leben geht einfach weiter! Dass eine Frau, die außerehelichen Sex hat, im 21. Jahrhundert lebendig eingegraben und so lange mit Steinen beworfen wird, bis sie tot ist, das ist einfach unfassbar. Ich weiß, wofür ich kämpfe, deswegen bin ich glücklich mit meinem Leben.

Wie können Sie bei all dem, was Sie erlebt haben, sagen »ich bin glücklich mit meinem Leben«?

Ich war 25, als die Islamisten im Iran an die Macht kamen, und ich musste mich früh entscheiden, was ich aus meinem Leben mache. Mit der Frage, ob ich das Kopftuch akzeptieren soll oder nicht, hat es angefangen. Es ging ja nicht nur um ein Kleidungsstück, ich wusste genau, dass ich sehr viele Rechte verliere, wenn ich es trage: Ich darf nicht laut lachen, darf keinen Kontakt zu Männern haben, verliere mein Scheidungsrecht; wenn ich außerehelichen Sex habe, dann werde ich gesteinigt. Ich habe mich damals bewusst gegen das Kopftuch entschieden und war bereit, alle Konsequenzen zu tragen. Es war hart, aber trotzdem bin ich jetzt glücklich, weil ich als Mensch gelebt habe und als Frau. Ich bin frei im Kopf, denn ich akzeptiere diese Gesetze, diese Kultur und diese Tradition nicht.

Ist das der Grund, warum Sie dem Islam abgeschworen haben?

Ja, und ich habe auf dem letzten Weltfrauentag in Göteborg eine flammende Rede sowohl gegen den politischen Islam als auch gegen die islamische Religion gehalten. Diese Religion, diese Kultur ist zutiefst frauen- und menschenfeindlich und hat das Leben von Millionen Frauen zerstört. Frauen sind im Islam die »Ehre des Mannes«, das heißt, eine Frau ist gar kein Mensch. In dieser Religion ist alles Sünde, ist alles schmutzig; Kinder dürfen ihren eigenen Körper nicht berühren, man darf überhaupt keine Freude empfinden. Leider helfen die Regierungen im Westen den islamischen Bewegungen unter dem Deckmantel der Religionsfreiheit. Aus meiner Sicht ist das die falsche Politik, um die Integration der Muslime zu fördern.

Wie helfen Sie sich, wenn der Stress überhandnimmt und die Alpträume Sie überfallen?

Ich versuche abzuschalten und irgendwie normal zu leben. Ich unternehme Alltägliches, gehe ins Kino oder mit meinen Kindern zum Essen und denke nicht zu viel nach. Einerseits konnte ich die Hinrichtung meines Mannes nie richtig verarbeiten, auch weil ich selbst in Gefahr war und mich schützen musste. Andererseits gelingt es mir, den positiven Teil meines Lebens und meiner Arbeit zu sehen. Ich lache mit meinen Kindern, und der Austausch hier in Deutschland mit Freunden und Bekannten aus dem Iran und aus der Zeit in Kurdistan ist mir sehr wichtig und gibt mir viel. Sie besuchen mich, und ich koche für uns, wir lachen und reden über unsere gemeinsamen Erfahrungen. Da kann ich ganz ich selbst sein, vielleicht ist das auch eine Art Aufarbeitung, auf jeden Fall hilft es mir sehr.

Welchen Stellenwert hat Ihre politische Arbeit für Sie? Was gibt sie Ihnen?

Sie spielt eine große Rolle, besonders die Menschenrechtsarbeit ist für mich keine Arbeit, sondern meine Lebensfreude und mein Lebensinhalt. Manchmal arbeite ich 12 oder 14 Stunden am Tag, aber ich ermüde nie, weil ich mich freue, wenn Menschen diese Arbeit anerkennen. Ich mag, was ich tue: lesen, eine Rede halten und mit Menschen Kontakt halten, die in Not sind. Diese Woche war ich in Frankfurt, in Brüssel im EU-Parlament, in Kopenhagen und in Zürich, also alles relativ stressig, aber das ist für mich positiver Stress. Es ist eine sinnvolle Arbeit, und ich schlafe meist sehr gut, auch wenn ich unterwegs bin. Ich habe lernen müssen, überall schlafen zu können.

Ist diese positive Lebenseinstellung angeboren oder hart erkämpft?

Ich denke, auch hart erkämpft. Ich habe erst lernen müssen, immer wieder positiv zu denken. Es war nicht leicht. In meiner Zeit als Partisanin in Kurdistan hatte ich eine tiefe Depression, ich lag einen Monat lang im Bett und konnte nicht aufstehen. Die Ursache war ein chemischer Luftangriff von Saddam Hussein gegen unser Lager. Es war wohl Lachgas. Auf einmal waren überall Tote, sogar Tiere und Bäume starben. Es war gespenstisch, die Dunkelheit kam, um mich herum sterbende Menschen, manche lachten ganz laut. Ein Alptraum! 32 Leute aus dem Lager, die ich kannte und liebte, waren auf einmal tot. Wir waren damals alle jung, aber unsere Haare wurden schlagartig weiß. In dieser Nacht dachte ich zum ersten Mal, dass ich es nicht mehr schaffe, ich war am Ende meiner Kraft.

Was hat Ihnen geholfen, wieder Kraft und Zuversicht zu finden?

Nach zehn Jahren im Untergrund gelang mir 1990 die Flucht nach Wien ins Exil. Ich habe versucht, dort weiterzustudieren, aber die Universität Täbriz weigerte sich, meiner Mutter meine Papiere auszuhändigen. In Wien hat mir ein Arzt geholfen, mich in das normale Alltagsleben in Europa einzugewöhnen, einzukaufen und ins Kino, in die Eisdiele zu gehen. Ich lernte, trotz allem das Positive zu sehen, das Glas als halbvoll zu betrachten. Diese Einstellung ist mir auch heute eine große Hilfe.

Von Mina Ahadi lernen

Sinnhaftigkeit
- Man kommt auf die Welt, um für andere da zu sein. Wer weiß, wofür er kämpft, ist ein glücklicher Mensch.

Selbstbestimmung, Authentizität und Engagement
- Lassen Sie sich nicht deformieren. Stehen Sie zur eigenen Meinung, setzen Sie sich für Freiheit, Gerechtigkeit und Eigenständigkeit ein und kämpfen Sie gegen Unterdrückung und Gleichschaltung.

Verdrängung und Ablenkung
- Denken Sie nicht über den Tageshorizont hinaus, malen Sie sich die Gefahren nicht ständig aus, und akzeptieren Sie, dass die Angst ein Teil des Alltags ist.
- Führen Sie soweit möglich, ein normales (Familien-)Leben, unternehmen Sie Alltägliches, denken Sie nicht viel über sich nach.

Beziehungspflege
- Sich mit Gleichgesinnten zu treffen und Erfahrungen zu teilen, zusammen zu lachen und zu kochen, hilft, mit der Vergangenheit und der täglichen Bedrohung besser zurechtzukommen.

Positiv denken
- Lernen Sie, das Glas als halb voll zu betrachten.

Stefan Aust

Stefan Aust, Jahrgang 1946, freier Journalist. Langjähriger Chefredakteur des Nachrichtenmagazins *Der Spiegel* und Gründer von *Spiegel TV*. Von 1966 bis 1969 Redakteur bei der Zeitschrift *konkret*, 1970 bis 1985 Mitarbeiter des Norddeutschen Rundfunks, vor allem für das Fernsehmagazin »Panorama«. Zahlreiche Buchveröffentlichungen und TV-Dokumentationen, Drehbuch des Spielfilms *Stammheim* (1986), der mit dem Goldenen Bären ausgezeichnet wurde. Stefan Aust ist Autor des Buchs *Der Baader Meinhof Komplex* und hat an der gleichnamigen Verfilmung (2008, Produzent Bernd Eichinger, Regie Uli Edel) mitgearbeitet.

»I'll cross that bridge when I get there«

Herr Aust, für wie stressanfällig halten Sie sich?

Ich bin nicht sehr stressanfällig, denn ich bin Realist und lasse mich normalerweise nicht auf Situationen ein, in denen ich in Not geraten könnte. Stress entsteht höchstens dann, wenn ich zu viel zu tun habe und die Stunden nicht ausreichen, um all die anstehenden Termine und Aufgaben zu erledigen. Außerdem ärgere ich mich über Leute, die weniger bringen, als sie sollten. Wenn sie sich anstrengen und zugeben, dass sie es trotzdem nicht schaffen, kann ich damit leben. Aber Menschen, die ihr Unvermögen vertuschen, oder jene, die mich hintergehen, die mich betrügen – die kann ich nicht leiden. Aber auch dann gerate ich nicht wirklich unter Stress, dazu habe ich in meinem Leben schon zu viel Opportunismus kennengelernt. Wissen Sie, wann ich wirklich aufgeregt bin? Wenn ich als mittelprächtiger Amateurreiter vor einem A-Springen stehe.

Brachte das keinen Stress mit sich, als im September 2008 ein Anschlag auf Ihr Haus verübt wurde?

Ich war zu dem Zeitpunkt nicht anwesend, aber meine beiden Töchter und meine Frau waren im Haus. Nachts um drei rief meine Frau an und schilderte mir, was geschehen war. Als sie sagte, dass die Nachbarn sofort die Polizei gerufen hatten, beschloss ich, nicht wie ein Bekloppter mit dem Auto nach Hause zu rasen. Stattdessen rief ich einen meiner Angestellten an, der auf unserem Hof wohnte – ein tougher Junge, der bei der Bundeswehr in Afghanistan war –, und bat ihn, sich bei meiner Familie einzuquartieren. Die Attacke auf uns hatte mit meinem Buch und dem Film »Der Baader Meinhof Komplex« zu tun. Ich habe danach erhebliche Sicherheitsvorkehrungen treffen müssen.

Haben Sie keine Angst vor weiteren Anschlägen?

Ich bin nicht anfällig für Angstgefühle. Meine Frau und ich lassen uns trotz alldem nicht aus der Ruhe bringen. Wenn wir dauernd vor Angst zitterten, dass da wieder einer hinter dem Baum steht, könnten wir überhaupt nicht leben.

Wann hatten Sie denn das letzte Mal große Angst?

Als ich vor vielen Jahren während des Iran-Irak-Krieges dicht an der iranischen Front war und plötzlich iranische Kampfflugzeuge sozusagen in Baumwipfelhöhe über uns flogen, dachte ich, das war's jetzt. Dennoch wundert es mich selbst, wie wenig Angst ich damals hatte. Auch als bei einem Segeltörn mit Freunden über dem Atlantik ein starker Sturm aufkam und das Wasser drei Tage lang von hinten über das Boot schwappte, spürte ich keine Angst. Vielleicht liegt das daran, dass ich nicht, wie so viele Menschen, von meiner Unsterblichkeit überzeugt bin.

Stress kann auch infolge unangenehmer Veränderungen entstehen. Wie haben Sie reagiert, als Ihr Vertrag beim »Spiegel« nicht verlängert wurde?

Ich hatte bereits lange damit gerechnet. Rudolf Augstein hatte mich damals gegen den erklärten Willen der Mitarbeiter KG als Chefredakteur eingesetzt. Man wollte wohl einen Pflegeleichten aus dem eigenen Haus, aber Augstein hatte als Gründer und angesichts der damaligen Gesellschafterkonstruktion das letzte Wort. Ich bekam erst einmal einen Jahresvertrag, auch daran kann man sehen, dass ich nicht besonders ängstlich bin. Mir war klar: Stellt sich heraus, dass ich es kann, dann mache ich es, geht es nicht, bin ich schnell wieder weg. Insofern war das mit dem Jahresvertrag absolut in Ordnung. Ich stellte nur eine einzige Bedingung: Ich wollte meinen Job bei »Spiegel TV« wiederhaben, und das wurde mir auch zugesagt. Viele Leute dachten, der übersteht kaum ein halbes Jahr, es lief dann aber 13 Jahre lang nicht schlecht. Als Rudolf Augstein starb, sich die Mehrheitsverhältnisse änderten und die neue Mitarbeiter KG unter der Führung eines Mannes stand, der mich loswerden wollte, wusste ich: Mein Weggang ist nur eine Frage der Zeit.

Warum eine neue Chefredaktion – waren Sie nicht erfolgreich genug?

Niemand bestritt meinen Erfolg, ich bin der Einzige, der jemals 13 Jahre lang allein als Chefredakteur tätig war; mich wundert nicht, dass dies vielen Leuten missfallen hat. Es handelt sich ja um eine außerordentlich wichtige Position, und damals wollten einfach andere die Macht, ganz egal, ob sie etwas damit anfangen konnten oder nicht. Die Mitarbeiter KG wünschte sich eine Chefredaktion, die sie besser dirigieren konnten, also habe ich zwei Nachfolger bekommen: Eine Doppelspitze ist leichter zu steuern. Umgekehrt könnte man natürlich auch sagen, sie sei demokratischer.

Eines war mir in dieser Zeit klar: Ich durfte keinen Fehler machen, denn darauf warteten die Leute geradezu. Ich durfte auch keine Angst haben, denn Angst vor Fehlern erzeugt Stress, und sie macht weniger souverän.

Was wäre denn ein entscheidender Fehler gewesen?

Zum Beispiel eine Geschichte im Heft, die nicht hieb- und stichfest recherchiert worden war. Ich bin ja als »Spiegel«-Chefredakteur nicht nur verantwortlich für das, was ich selber mache, sondern auch für die Fehler der Mitarbeiter. Ich bin ein vorsichtiger Mensch und habe immer höllisch aufgepasst, dass keine Pannen passieren. Eine Geschichte konnte noch so toll sein, wenn sie auch nur ansatzweise anfechtbar war, haben wir sie nicht veröffentlicht, wie im Fall der »Estonia« im September 1994. Viele Indizien sprachen dafür, dass sie mit Hilfe eines Sprengstoffanschlags versenkt worden war. Es wäre eine ganz tolle Geschichte gewesen, wenn wir das hätten beweisen können. Doch irgendwie hatte ich ein ungutes Gefühl, ließ mehrere aufwendige Gutachten anfertigen, und es stellte sich heraus, dass wir falschlagen. Also ließen wir die Geschichte fallen, bzw. schrieben sie so, wie es den Recherchen entsprach. Als Realist steigere ich mich nicht in irgendwelche Fantasie- und Wunschvorstellungen hinein.

Ist Vorsicht also eine Methode oder gar eine Strategie, um Stress zu vermeiden?
Ja, ich versuche immer, auf der sicheren Seite zu sein, habe immer jedes Risiko präzise abgewogen und alle Wagnisse vermieden, die nicht überschaubar waren. Natürlich musste ich in meiner Position Risiken eingehen, um überhaupt handeln zu können, aber dabei war mir immer bewusst: Jedes Risiko

birgt die Gefahr, dass man auch verlieren kann. Aber nun ja – wenn es denn schiefgeht, dann ist es eben schiefgegangen.

Erleben Sie Misserfolge nicht als Kränkung und persönliche Niederlage?
Ich kann nicht sagen, dass ich unter irgendeinem Misserfolg sonderlich gelitten hätte. Mein Gott, ich habe Bücher und auch Filme gemacht, die nicht sonderlich erfolgreich waren, aber dafür liefen andere sehr gut. Ich versuche, Misserfolge möglichst schnell abzuhaken. Wenn ich bei einem kleinen Reitturnier gegen 17-jährige Amateure antrete und verliere, dann ärgere ich mich natürlich, aber ich musste schließlich damit rechnen. Es gab ja auch die Chance zu gewinnen.

Geraten Sie nie unter Erfolgsdruck?
Entscheidend für mich ist, keine unhaltbaren Positionen zu verteidigen. Bevor ich Chefredakteur wurde, hatte ich mit der damaligen Chefredaktion einige harte Diskussionen. Da nahm mich Herr Seikel, der Geschäftsführer des »Spiegel«, zur Seite und redete mir ins Gewissen: »Sie müssen anderen auch mal die Chance geben zu gewinnen.« Dabei habe ich im Zweifel gar kein Problem zu sagen: »Es tut mir schrecklich leid, da habe ich danebengelegen.« Nur versuche ich, es gar nicht so weit kommen zu lassen.

Wie reagieren Sie auf Kritik?

Wenn mein Vorgänger als »Spiegel«-Chefredakteur, mir scheinheilig erklärt, er habe zwar die letzte Sendung von »Spiegel TV« nicht gesehen, aber sie habe doch eine miserable Quote gehabt, dann erwidere ich: »Du hast absolut recht. Ich bekomme die Krätze, wenn ich daran denke, wie schlecht diese Sendung war.« Der Mann will eine Konfrontation, er will mich plattmachen, aber ich mache die Tür so weit auf, dass er mit Schwung hindurchstolpert. So vermeide ich ungute Auseinandersetzungen. Bin ich aber von der Sendung überzeugt, halte ich beinhart dagegen: »Pass auf, die Quote war Scheiße, aber ich sage dir, es war eine ganz tolle Sendung, guck sie dir an.« Wann immer sich herausstellt, dass ich mich getäuscht und meine Position falsch eingeschätzt habe, gebe ich es zu. Ich versuche nicht, Fiktionen zu verteidigen.

Fühlten Sie sich nicht angegriffen, als Sie am 5. Februar 2008 mit sofortiger Wirkung vom Chefredakteursposten freigestellt wurden?

Das hat mich ja nicht überrascht. Aber es hätte alles fairer verlaufen können. Als ich aus meinem Urlaub zurückkehrte, erfuhr ich, dass man heimlich einen Nachfolger suchte. Ich arbeitete monatelang einfach weiter, dann teilte man mir eines Tages mit: »So, jetzt brauchen Sie nicht mehr zu kommen.«

Für mich löste die Verabschiedung weder eine narzisstische Kränkung noch eine psychologische Krise aus – ich bezog meine Existenzberechtigung ja nicht aus meiner Anstellung beim »Spiegel«. Ich wusste auch immer, dass es eine Position auf Zeit ist. Ich richte mich nach dem Spruch »man is a problem-solving animal«, der Mensch ist ein problemlösendes Tier. Ich löse erst eine Aufgabe, die mir Spaß macht, danach suche ich mir die nächste. Erscheint mir eine Sache sinnlos, dann lasse ich sie.

Sie arbeiten jetzt vornehmlich als Autor und Filmemacher. Macht das Ihnen Spaß?

Ja, es gibt auch ein Leben nach dem »Spiegel«. Ich bin mit meinem Buch unterwegs auf vielen Veranstaltungen. Sie sind so gut wie immer ausverkauft, das macht Spaß. Ich arbeite außerdem an neuen Projekten, ich habe mit einem ehemaligen Kollegen von »Spiegel TV« eine Produktionsfirma gegründet. Wir produzieren Filme, ich schreibe weitere Bücher, ein Drehbuch ist gerade abgeschlossen.

Sind Sie genauso stark eingespannt wie zu Ihrer Zeit beim »Spiegel«?

Ich bin sehr beschäftigt. Beim »Spiegel« war das Problem: Ich kam abends erschöpft nach Hause, hatte viel getan und wusste trotzdem nicht, was ich wirklich getan hatte.

Dauernd sitzt man in Konferenzen und quatscht, ständig muss man Leute dazu bringen, etwas zu tun, wozu sie vielleicht gar keine Lust haben. Es wird viel telefoniert und hin und her überlegt, welche Titelgeschichte man nimmt. Das ist keine wirklich kreative Tätigkeit. Richtig kreativ war eigentlich nur die intensive Zusammenarbeit mit der Grafik, wenn wir gemeinsam den Titel oder auch die Titelzeile entworfen haben. Was ich heute tue, Bücher schreiben und Filme machen, das ist arbeitsintensiv und zugleich kreativ und macht Spaß.

Wenn Sie auf Ihre unterschiedlichen Tätigkeiten zurückblicken – was hat Sie am meisten interessiert?
Am interessantesten waren die ersten Jahre bei »Spiegel TV«. Wir fingen damit zu einem Zeitpunkt an, als das private Fernsehen erstmals über Antenne empfangen werden konnte und somit eine große Reichweite erlangte. Wir holten uns neue Leute in diesen jungen Sektor und trainierten sie. Es war wahnsinnig viel Arbeit, aber es hat einen Höllenspaß gemacht, vor allem in den drei, vier Jahren nach dem Fall der Mauer. Da haben wir außerordentlich gute Geschichten gebracht. Das war sicherlich die stärkste Zeit von »Spiegel TV«. Das Einzige, was ich bedauere, ist, dass mir nie ein Anteil davon gehört hat.

Wie konnten Sie die vielfältigen Anforderungen als »Spiegel«-Chefredakteur und als Geschäftsführer von »Spiegel TV« gleichzeitig bewältigen?
Ich konzentriere mich keineswegs auf mehrere Dinge gleichzeitig, sondern auf eine Sache nach der anderen. Mein Grundsatz heißt: »I'll cross that bridge when I get there«, ich überquere die Brücke erst, wenn ich davorstehe. Ich mache mir also nicht zu viele Gedanken im Vorfeld, sonst verzettele ich mich bloß. Ich denke lieber schrittweise, versuche auch, Probleme Schritt für Schritt zu lösen, und wenn ich etwas noch nicht überblicken kann, dann schiebe ich es erst mal weg und warte, bis der Moment der Entscheidung tatsächlich gekommen ist.

Entscheiden Sie niemals spontan?
Doch, aber ich mache die größeren Fehler immer dann, wenn ich etwas spontan zusage. Meistens frage ich mich hinterher, warum ich das eigentlich tun musste. Allerdings versuche ich, nichts im Nachhinein zu bereuen, vor allem, wenn ich sowieso nichts rückgängig machen kann. Es wäre doch ziemlich unökonomisch, sich tagelang über Fehler zu ärgern, die nicht mehr zu ändern sind, oder? Was haben mich Leute mit der Frage genervt: »Was mache ich, wenn ...« Ich sage dann immer: »Wart mal ab, noch sind wir gar nicht so weit, vielleicht kommst du

gar nicht in diese Situation.« Wobei es natürlich zur Selbstkritik gehört, Fehler zu klären, um sie in Zukunft zu vermeiden. Grundsätzlich versuche ich, nicht zurück, sondern nach vorne zu blicken. Sonst komme ich ja gar nicht mehr dazu, in Zukunft irgendetwas nicht falsch zu machen.

Sie sind nicht nur Journalist, Buch- und Drehbuchautor, sondern auch erfolgreicher Pferdezüchter und Reiter. Was kann man in Sachen Stressmanagement von Pferden lernen?
Wenn ich mir während eines Springparcours beim ersten Hindernis schon Gedanken darüber mache, wie ich es über das letzte schaffen soll, dann komme ich schon über das erste nicht rüber.

Außerdem hat mich das Reiten gelehrt, dass ich mein Pferd nicht überfordern darf und nur zusammen mit ihm gewinnen kann, wenn überhaupt. Ich muss versuchen, das Pferd langsam da hinzubringen, wo ich es hinhaben will, aber ich muss auch seine Grenzen akzeptieren. Ich versuche auch, mich selbst nicht zu überschätzen, bemühe mich aber, mein Limit Schritt für Schritt zu erhöhen. Mir geht es immer darum, meine Fähigkeiten realistisch einzuschätzen, aber gleichzeitig an mein Limit zu gehen.

Herr Aust, die letzte Frage: Haben Sie sich vor unserem Gespräch jemals über das Thema Stress Gedanken gemacht?
Nein.

Von Stefan Aust lernen

Stress vorbeugen
- Hüten Sie sich vor Ihren eigenen Fantasie- und Wunschvorstellungen. Achten Sie darauf, Menschen und Sachlagen realistisch einzuschätzen.
- Lassen Sie sich nicht auf Situationen ein, in denen Sie in Not geraten könnten.

Probleme schrittweise lösen
- »I'll cross that bridge when I get there«: Konzentrieren Sie sich nicht auf mehrere Schritte gleichzeitig, sondern tun Sie eine Sache nach der anderen.
- Wenn Sie etwas noch nicht überblicken können, schieben Sie es auf, bis Ihnen eine Entscheidung möglich ist.

Verantwortlich handeln und Pannen vermeiden
- Als Vorgesetzter haben Sie Verantwortung für das, was Sie selber tun, und für die Fehler Ihrer Mitarbeiter. Wägen Sie daher Risiken ab, meiden Sie unüberschaubare Wagnisse.
- Wenn Sie Risiken eingehen, rechnen Sie mit der Gefahr des Scheiterns.

Nach vorne blicken
- Es ist unökonomisch, sich tagelang über Fehler zu ärgern, die nicht mehr zu ändern sind. Denken Sie lieber an Ihre vergangenen Erfolge.
- Analysieren Sie Fehler, um sie in Zukunft zu vermeiden. Und wenn dann dennoch etwas schiefgeht, werten Sie es nicht als persönliche Niederlage.

Vom Reitsport lernen
- Pferd und Reiter können nur gemeinsam gewinnen.
- Wer von Anfang an negativ denkt, wird nicht über das erste Hindernis hinauskommen.
- Die Kunst besteht darin, die eigenen Grenzen als Reiter und die des Pferdes realistisch einzuschätzen und diese schrittweise auszuweiten.

Rüdiger Barth

Rüdiger Barth, geboren 1960 in der Nähe von Siegen/NRW, arbeitet seit 25 Jahren mit schwer kranken und sterbenden Kindern und Jugendlichen. Der Fachpfleger für Kinderintensiv- und Kinderpalliativmedizin leitete fast 15 Jahre eine pädiatrische Intensivstation, danach war er in einer Pflegeeinrichtung und in der häuslichen Pflege mit überwiegend schwer kranken und dauerbeatmeten Kindern tätig. Seit sieben Jahren leitet er das Kinder- und Jugendhospiz Balthasar in Olpe/Sauerland, die erste solche Einrichtung in Deutschland. Er hat zwei gesunde Töchter und seit über 15 Jahren ein schwerbehindertes Pflegekind. Er lebt in Kreuztal/Siegerland.

Menschlichkeit ist für alle motivierend und mindert den Stress

Herr Barth, wie kamen Sie auf den Namen »Kinderhospiz Balthasar?«

Hospize sind Herbergen an langen Wanderwegen, und Balthasar gilt auch als Schutzpatron der Wanderer. Er ist auch derjenige, der das Licht und das Leben gesucht hat. Da wir in Trägerschaft eines Franziskanerinnenordens aus Olpe sind, ist es uns wichtig, die Inhalte der katholischen Kirche zu leben.

Ihr Haus wurde im September 1998 als erstes Kinderhospiz in Deutschland eröffnet. Wie kam es dazu?

Die Initiative zum Bau dieses Hauses ging von betroffenen Eltern aus. Sie haben sich im ersten Kinderhospiz der Welt, im »Helen House« in Oxford, kundig gemacht und gründeten dann mit Franziskanerinnen unser Kinderhospiz.

Mit welchen unheilbaren Krankheiten kommen die Kinder und Jugendlichen zu Ihnen?

Etwa zehn Prozent haben Krebs, die meisten leiden an angeborenen Krankheiten des Stoffwechsels, der Muskulatur oder des Gehirns. Sie werden vermeintlich gesund geboren, ihre ersten Jahre sind oft unauffällig. Je nach Erkrankung werden sie dann im Alter von drei bis fünf Jahren auffällig, sprechen schlechter oder fangen an zu stolpern. Zu dem Zeitpunkt hatten sie schon sehr viel erlernt, konnten sprechen und laufen, waren aufgeweckt und frech wie alle Kinder. Und dann kommt irgendwann die Diagnose, dass sie unheilbar krank sind. Nach und nach verlieren sie ihre erlernten Fähigkeiten. Irgendwann können sie nicht mehr essen, nicht mehr schlucken, nicht mehr sitzen, bis sie vollkommen pflegebedürftig sind.

Wie viel Zeit verbringen die Kinder und ihre Familien in Ihrem Hause?

Die meisten Familien kommen für ein paar Wochen im Jahr zu uns und gehen zwischendurch auch wieder nach Hause. Durch diesen ständigen Wechsel der Belegung betreuen wir im Moment 250 unheilbar kranke Kinder und Jugendliche und deren Familien.

Wird das Kinderhospiz Balthasar von Familien bewusst als letzter Ort des Zusammenseins ausgesucht?

Ja, in dieser belastenden Zeit sind wir für einige Familien ein zweites Zuhause, und sie können unsere Hilfe in Anspruch nehmen. Allerdings unterstützen wir sie auch, damit sie es leisten können, dass ihr Kind zu Hause sterben kann. Doch manche Eltern schaffen es nicht, sie wollen lieber hierbleiben, oder aber sie haben ihrem Kind versprochen, dass sie mit ihm nach Olpe fahren, wenn es ihm schlecht geht. Die Jugendlichen suchen sich oft ganz bewusst dieses Haus zum Sterben aus.

Ab welchem Alter können Kinder von Ärzten oder ihren Eltern mit ihrer Diagnose konfrontiert werden?
Dazu muss man wissen, dass Kinder je nach Alter etwas anderes unter Tod verstehen. Für ein Kleinkind im Alter von fünf, sechs Jahren bedeutet der Tod, dass sie weggehen, so wie die Oma zu Besuch gekommen ist und dann wieder ging. Das ist wohl auch gut so – verstünden sie die Endlichkeit ihres Sterbens, ihre kleinen Seelen würden daran zerbrechen. Etwa ab dem zehnten Lebensjahr haben die meisten Kinder schon erste Todeserfahrungen in ihrem Umfeld gemacht: Der Hamster stirbt oder die Oma ist gestorben und sie kommen nicht mehr wieder. Mit 13, 14 Jahren begreifen die meisten betroffenen Kinder den Tod schon so wie wir Erwachsene und treffen bereits eigene Entscheidungen. Ich denke da an Christoph, einen vierzehnjährigen Jungen mit einer Muskelerkrankung. Er hat genau festgelegt, ab wann er keine künstliche Beatmung mehr nutzen wollte. Er wünschte sich, hier im Haus zu sterben, und bat mich, dass ich mich danach vor allem um seine Mama kümmern sollte.

Ist Ihre Beziehung zu allen Kindern gleich intensiv?
Nicht ganz. Zu Christoph z. B. hatte ich eine besonders gute Beziehung. Er bewegte sich in seinem Elektrorollstuhl und brauchte sehr viel fremde Hilfe in einem Alter, wo andere Jugendliche immer selbstständiger werden. Er wusste, dass er in Kürze sterben wird. Wenn wir zusammensaßen, redeten wir etwa anderthalb Stunden über das Sterben, aber auch über ganz normale Dinge wie z. B. über seine neuen Entdeckungen im Internet. Zum Schluss sagte er:»Oh schade, wieder zu Ende, hast du keine Zeit mehr für mich?« Dabei war er es doch, der keine Zeit mehr hatte. Oft habe ich unser Gespräch um eine halbe Stunde verlängert. An einem Montag ist er hier im Haus gestorben, nachdem ihn all die Menschen besucht hatten, die ihm wichtig waren. Es ging ihm schon am Wochenende sehr schlecht, aber er hat bis zum Montag durchgehalten, auch weil ich Samstag und Sonntag nicht im Haus war. Obwohl er es eigentlich nicht wollte, hat er sich doch Sauerstoff geben lassen, um es noch bis zum Montagmorgen zu schaffen. Er hat mich sehr beeindruckt und berührt.

Was hat Sie dazu bewogen, diesen Beruf zu ergreifen?
Ursprünglich war ich Bankkaufmann. Nach dem Zivildienst beschloss ich, Kinderkrankenpfleger zu

werden und begann nach der Ausbildung in der Intensivstation. Danach war ich 15 Jahre Leitung dieser Kinderintensivstation – eine erfüllende, aber auch stressintensive Zeit. Allein die Bedienung der zahlreichen technischen Geräte erfordert ein hohes Maß an Konzentration. Als ich dann in dieses Haus kam, waren Hospize für Kinder in Deutschland durchaus noch sehr umstritten. Viele Ärzte z.b. meinten, man brauche keine Kinderhospize, sterbende Kinder würden in Kliniken versorgt. Doch viele Eltern von sterbenskranken Kindern hatten irgendwann genug von der Intensivmedizin, sie wünschten sich, dass ihr Kind die ihm verbleibende Zeit so schön und so sinnvoll wie möglich verbringt.

Ist Ihr Beruf sehr belastend für Sie?
Ja, vor allem deshalb, weil man zu den Kindern oft eine enge und emotionale Beziehung aufbaut. Ich und meine Mitarbeiter müssen allerdings aufpassen, nicht abzuheben, nachdem man uns häufig sagt, dass wir hier quasi Übermenschliches leisten. Wir müssen auf dem Teppich bleiben. Das ist wichtig, wenn man an den Grenzbereichen des Lebens arbeitet.

Schaffen Sie es, Ihre Arbeit hinter sich zu lassen und abzuschalten, wenn Sie zu Hause sind?
Nein, nicht ganz. In der Anfangszeit habe ich mich nach der Arbeit mit den meist weiblichen Mitarbeitern getroffen, um mit ihnen zu reden und so Erlebtes zu verarbeiten. Da Frauen aber Stress und Emotionen anders verarbeiten als Männer, habe ich mich aus den Gesprächsrunden verabschiedet. Danach habe ich verrückte Sachen probiert, Paragleiten beispielsweise. Kollegen von mir laufen Marathon oder sägen Holz – alles Versuche, sich körperlich so zu verausgaben, dass man nicht mehr über die Arbeit nachdenkt. Ein erfahrener Chefarzt empfahl mir, ich solle auf dem Weg nach Hause einen Punkt festlegen, ab dem man die Arbeit gedanklich hinter sich lässt. Das probiere ich bis heute, und es gelingt auch teilweise, aber nie ganz. Ein Schicksal wie das von Christoph lässt mich nicht so einfach los.

Was tun Sie privat, um zu regenerieren?
Ich gehe viel spazieren, arbeite gerne im Garten, betreibe Nordic Walking oder gehe in die Sauna. Dort atme ich durch. Es tut mir auch gut, in meiner Freizeit gar nichts zu tun. Ich habe 25 Jahre lang neben der Arbeit im schlecht bezahlten Intensivbereich noch andere Jobs gehabt, um Geld zu verdienen und das neu gebaute Haus zu finanzieren. Das war zu viel.

Woran merkten Sie, dass es Ihnen zu viel wurde?
An verschiedenen körperlichen

Symptomen. Ich habe aufgrund von übermäßigem Stress Bluthochdruck, und vor einigen Jahren bekam ich Herzrhythmusstörungen, die aber Gott sei Dank nicht gravierend sind. Ich bin auch froh, dass ich hier im Hospiz Einzelcoaching und Supervision in Anspruch nehmen kann. Ich darf mich nicht vom Stress auffressen lassen und muss als Leiter auch dafür sorgen, dass sich meine Mitarbeiter regelmäßig erholen und gesund bleiben.

Wie hat Ihnen das Coaching geholfen?
Ich habe gelernt, Prioritäten zu setzen. Als ich vor fast sieben Jahren mit der Arbeit im Hospiz begann, wollte ich mit großem Elan alles Mögliche verändern. Nun delegiere ich bestimmte Aufgaben an andere, und da es seit einigen Jahren hier ganz gut läuft, ist es schön zu hören: »Herr Barth, seien Sie doch zufrieden mit dem, was Sie erreicht haben.«
Wenn ich mir unser jetziges Team anschaue, bin ich glücklich und stolz: so viele unterschiedliche Charaktere, die für die Kinder und ihre Familien eine Top-Arbeit leisten!

Worauf legen Sie als Vorgesetzter besonders viel Wert?
Ich achte darauf, die Mitarbeiter zu schulen, z.B. in Kommunikation und Gesprächsführung. Die Mensch-lichkeit ist eine weitere wichtige Voraussetzung, um in einem Team zu kooperieren; sie ist gerade in unserem Haus für alle motivierend und mindert deutlich den täglichen Stress. Bei uns muss keiner sein Gehirn, sein Herz, seine Persönlichkeit an der Pforte abgeben. Ich meine, dass es stressfördernd und demotivierend ist, wenn man selber nicht derjenige sein darf, der man ist, wenn man sich ständig verbiegen muss. Das hohe Engagement der Mitarbeiter hier ist nur möglich, weil unser interdisziplinäres Team derartig gut zusammenarbeitet und Hierarchien nicht so wichtig sind. Es spielt keine Rolle, wer hier Arzt ist, wer Pflegeperson, Pädagoge oder »nur« Zivi oder Hausmeister.

Woher kommt es, dass sich Personen in pflegenden Berufen häufig überfordern und zu sehr verausgaben?
Bei uns ist der Kontakt zu den kranken Kindern und ihren Familien sehr eng – eine dauernde Gratwanderung zwischen emotionaler Bindung und Abgrenzung. Jedem von uns fällt es schwer, ein Kind aufzugeben und zu akzeptieren, dass ihm nicht mehr zu helfen ist. Sterbebegleitung ist auch Lebensbegleitung. Daher kommt es wohl, dass sich die Kolleginnen oder Kollegen sehr leicht verausgaben, insbesondere die jüngeren.

Gehen Frauen in diesem Bereich anders mit Stress um als Männer?

Ganz sicher, denn die meisten Frauen sind sehr emotional und mitteilsam, wir Männer aber eher zurückhaltend, reden weniger und denken mehr technisch. Wenn etwa ein Junge im Rollstuhl über große Schmerzen klagt, dann fühlt die Mutter mit dem Kind, während der Vater am Rollstuhl hantiert oder die Sitzposition verändert. Männer wollen meist aktiv eingreifen, das gilt auch für unsere männlichen Kollegen. Ich weiß nicht immer, wo sie mit ihrer Trauer bleiben, sie können schlechter darüber reden.

Führen solche extremen Lebenssituationen nicht auch zu Spannungen oder Konflikten?

Doch, auch unsere Mitarbeiter brauchen Supervision und Coaching. Wir tauschen uns im Team regelmäßig aus, um Konflikte und Missverständnisse gar nicht erst entstehen zu lassen. Zusätzlich braucht man eine Teamkultur, wo man als Einzelner auch Schwächen zugeben kann. Alle müssen gut informiert sein, sie wissen über unsere Belegungszahlen Bescheid, kennen die Ergebnisse von Elternumfragen und wissen auch, wie wir wirtschaftlich dastehen. Das motiviert.

Und, wie steht Balthasar wirtschaftlich da?

Leider werden Kinderhospize in Deutschland schlecht finanziert. Zwei Drittel unserer gesamten Betriebskosten decken sich über Spenden. Sie stammen von vielen Hundert Menschen, von Unternehmen oder sogar von Kindern, die vor der Tür stehen, ihr Portemonnaie aufmachen und sagen, das, was ich habe, das gebe ich euch für die kranken Kinder. Es ist ein Kompliment an alle Spender, dass dieses Haus seit über zehn Jahren existiert. Jedes Jahr stehe ich vor derselben schwierigen Aufgabe, Spenden zu akquirieren. Alle Mitarbeiter werden eingebunden, es gibt Infostände und Veranstaltungen zu unseren Gunsten. Das kann sehr anstrengend und auch stressig sein, denn wir alle sind ja vorrangig dazu da, uns hauptamtlich unseren Kindern und ihren Familien zu widmen.

Wie fühlt es sich an, wenn eine so wertvolle Tätigkeit wie die Ihre finanziell nicht entsprechend gewürdigt wird?

Es macht mich unzufrieden, manchmal sogar wütend. Ich versuche es positiv zu sehen, dass sich so viele Mitarbeiter anstrengen, damit die Spenden eben doch fließen. Auch dass uns die Krankenkassen nicht ausreichend finanzieren, ärgert uns, aber dafür freuen wir uns über die Menschen, die uns unterstützen, selbst wenn es oft nur kleine Beträge sind. Diese Einstellung ist für mich eine gute Form der Stressbewältigung, insbesondere wenn ich an den Stress denke, den wir bei Verhandlungen mit offiziellen Stellen und Kostenträgern erleben.

Hat Sie die ständige Beschäftigung mit dem Leben und Sterben verändert?

Ja, das Leben bekommt eine ganz andere Tiefe. Gerade sterbenskranke Kinder zeigen uns, was wichtig und was unwichtig ist. Ich möchte jede Stunde meines Lebens gut nutzen, für mich und für andere. Ich möchte mir nichts zuschulden kommen lassen. Wir können das Gute und Wichtige viel leichter erkennen als etwa ein Büroangestellter, und deshalb bin ich froh, dass ich hier arbeite. Die normalen häuslichen Probleme verlieren an Bedeutung in Anbetracht der Probleme und Gefühle, die wir hier erleben. Ein platter Reifen am Auto oder der lästige Besuch schwieriger Verwandter lösen kaum noch Stress bei mir aus. Solche alltäglichen Ärgernisse haben einen anderen Stellenwert bekommen.

Ist diese Haltung für Ihre Familie nicht schwer zu ertragen?

Da kann ich nur zustimmen. Als ich noch im Intensivbereich arbeitete und meine Töchter sich das Knie aufschlugen oder die eine sich sogar den Finger brach, sagte ich jedes Mal, das sei doch nun wirklich nicht schlimm. Ich sah immer nur die Schwerkranken aus der Klinik vor mir, die schweren Erkrankungen und großen Operationen. Als mir meine Kinder eines Tages an den Kopf warfen: »Bei dir kann man haben, was man will, für dich ist man nie richtig krank!«, hat mich das damals sehr getroffen. Aber sie hatten völlig Recht, und ich kann gut verstehen, dass sie sauer waren.

Wie viel Zeit bleibt Ihnen überhaupt, um Freundschaften zu pflegen?

Wenig. Aufgrund der Früh-, Spät- und Nachtschichten in der Klinik und der unregelmäßigen Arbeitszeiten sind einige Freundschaften zerbrochen. Das macht schon ein bisschen einsam. Da ich auch noch jedes zweite Wochenende und oft sogar an den großen Feiertagen wie Weihnachten oder Silvester arbeitete, blieben mir nur diejenigen Freunde, die es aushielten, dass wir uns nur sehr selten treffen konnten.

Gibt es Tage, an denen Sie ungern zur Arbeit gehen?

Ja, wenn ich die Belastung und die Arbeitszeiten überhaupt nicht mehr auf die Reihe bekomme und sich meine gesundheitlichen Probleme bemerkbar machen. Aber eines ist ganz klar – ich habe meine Arbeit noch keinen Tag bereut, die Arbeit im Kinderhospiz ist genau das, was ich tun will, und ich mache sie sehr gerne.

Von Rüdiger Barth lernen

Von Kindern lernen
- Sterbenskranke Kinder zeigen uns, was wichtig und was unwichtig ist: Nutzen Sie jede Stunde Ihres Lebens für sich und andere.

Abschalten und Abstand gewinnen
- Legen Sie abends auf dem Weg nach Hause einen Punkt fest, an dem Sie die Arbeit gedanklich hinter sich lassen.
- Tun Sie in Ihrer Freizeit einfach mal gar nichts.

Sich coachen lassen
- In Helferberufen ist es wichtig, Einzelcoaching und Supervision in Anspruch zu nehmen.
- Coaching hilft Prioritäten zu setzen, eigene Grenzen zu erkennen, Aufgaben zu delegieren.

Die richtige Perspektive einnehmen
- Die eigenen alltäglichen Probleme relativieren sich angesichts des Leids anderer – dann lösen sie kaum noch Stress aus.

Mit Menschlichkeit führen
- Menschlichkeit ist eine wichtige Voraussetzung, um in einem Team zu kooperieren; sie ist für alle motivierend und mindert deutlich den täglichen Stress.
- Keiner muss sein Gehirn, sein Herz, seine Persönlichkeit an der Pforte abgeben, keiner muss sich ständig verbiegen, jeder darf sein, wer er ist .
- Viele Konflikte und Missverständnisse entstehen erst gar nicht, wenn man sich im Team regelmäßig austauscht.
- Wer Menschen führt, darf sich nicht vom Stress auffressen lassen und muss auch dafür sorgen, dass sich seine Mitarbeiter regelmäßig erholen.
- Schulen Sie Ihre Mitarbeiter.

Den Beruf als Berufung auffassen
- Wer sich aus Überzeugung und Begeisterung für einen Beruf entscheidet, wird mit den damit verbundenen Einschränkungen leichter fertig.

Guy Bodenmann

Prof. Dr. Guy Bodenmann ist ordentlicher Professor für Klinische Psychologie an der Universität Zürich. Zuvor war er Professor für Klinische Beziehungspsychologie an der Universität Fribourg und leitete dort als Direktor während 14 Jahren das Institut für Familienforschung und -beratung. Er gehört zu den international führenden Experten im Bereich Stress und Coping bei Paaren. Guy Bodenmann hat ein Stresspräventionstraining für Paare (*paarlife*) entwickelt und mit der bewältigungsorientierten Paartherapie wesentliche Impulse in der kognitiven Verhaltenstherapie mit Paaren eingebracht. Er ist Autor einer Vielzahl von wissenschaftlichen Publikationen. Guy Bodenmann ist verheiratet und Vater von drei Kindern.

Ohne Pflege gibt es längerfristig keine Liebe

Sie zählen zu den international renommiertesten Experten in Sachen Stress und Partnerschaft. Wie definieren Sie Stress?

Wir definieren Stress als ein Ungleichgewicht zwischen den Anforderungen an eine Person und ihren Möglichkeiten, darauf zu reagieren. Wenn man in einer schwierigen Situation realisiert, dass man zu wenig Ressourcen hat, um die Anforderungen erfolgreich zu meistern, dann entsteht ein Überforderungsstress. Und wenn man mehr Ressourcen hat, als die Situation von einem verlangt, dann kommt leicht Unterforderungsstress auf.

Gibt es in Beziehungen tatsächlich so etwas wie einen Unterforderungsstress?

Ja. Betrachtet man die sogenannte Stressleistungskurve, dann zeigt sich, dass ein Mittelmaß an Stress am positivsten ist: Zu wenig Stress ist ungünstig und zu viel Stress ebenfalls. Das gilt auch in der Partnerschaft. Eine Partnerschaft mit zu viel Stress, zu vielen Konflikten und Spannungen, ist eine ungünstige Konstellation. Da ist ständig Sand im Getriebe und zu wenig Ruhe. In einer monotonen, zu eingeschliffenen Partnerschaft wiederum fehlt das Salz in der Suppe, der positive

Stress. Dieser günstige Stress, der sogenannte Eustress, der belebende Kick, ist wichtig für die Partnerschaft.

Es kann also auch ein Zuviel an Harmonie in einer Beziehung geben?

Ja natürlich. Der nordamerikanische Psychologe John Gottman unterscheidet drei Typen von Paaren: zunächst einmal die harmonischen Paare; dann die impulsiven und als drittes die vermeidenden Paare. Die harmonischen Paare begegnen sich mit sehr viel Wertschätzung, Empathie und Echtheit. Es besteht aber das Risiko, dass sie sich später zu vermeidenden Paaren entwickeln, denn es fehlt häufig die stimulierende Spannung. Eine Studie von Gottman belegt, dass langfristig die impulsiven Paare die günstigste Prognose haben, weil sie sich aneinander reiben und so die Spannung, das knisternde Moment, erhalten bleibt.

Worauf sollten harmonische Paare achten, damit die stimulierende Spannung erhalten bleibt?

Solche Paare sind stolz drauf, dass sie nur wenige Konflikte aufweisen, wir hingegen machen ihnen Mut, Konflikte zuzulassen, anstatt sie zu unterdrücken. In einer Beziehung kommen zwei Menschen mit völlig unterschiedlicher Sozialisation und in der Regel auch unterschiedlichen

Geschlechts zusammen, da muss per se schon mit Spannungen gerechnet werden, denn da treffen meistens verschiedene Vorstellungen, Ideen, Normen und Ziele aufeinander. Diese Unterschiede darf man nicht einfach unter den Teppich kehren.

Haben es Partner, die einander ähnlich sind, nicht doch leichter miteinander?

Ja, Ähnlichkeit verursacht natürlich weniger Sand im Getriebe, weniger Stress. Sieht man sich den Verlauf solcher Beziehungen an, kommt es allerdings häufig zu einer Entwicklungsschere: Durch unterschiedliche Rollen, unterschiedliche Karrierebedingungen, ganz besonders durch Kinder, entwickeln sich viele dieser Frauen und Männer in der Partnerschaft auseinander. Sie sind sich nach fünf oder zehn Jahren nicht mehr ähnlich, da sie nicht den gleichen Weg gegangen sind. Das wäre an und für sich die Chance, Neues und Spannendes zu bewirken, was aber nur geht, wenn sie sich nicht zu sehr entfremdet haben.

Was führt denn letzten Endes zur Entfremdung bei Paaren?

Paaren, die Konflikten aus dem Weg gehen, fehlt der positive Stress – es mangelt an intensiver, intimer, emotionaler zwischenmenschlicher Begegnung. Das Gleiche gilt auch für Paare, die zu wenig Zeit füreinander haben. Die Kommunikation wird oberflächlicher, zu sach-, problem- und lösungsorientiert. So spart man Zeit und vermeidet Stress, doch diese oberflächliche Harmonie geht auf Kosten der Intensität. Solche Paare leben sich meistens auseinander. Selbst die sogenannten impulsiven Paare entfremden sich, wenn sie sich keine Zeit füreinander nehmen. Heute, so die neuesten Befunde der Scheidungsursachenforschung, sind es nicht mehr nur diese klassischen Streitpaare, die sich scheiden lassen, sondern vielmehr die entfremdeten Paare. Sie sind auch therapeutisch schwieriger zu behandeln als die vermeintlich gestressten Streitpartnerschaften, weil ihnen die Substanz verlorengegangen ist.

Worauf ist dieser Substanzverlust zurückzuführen?

Die Hauptursache ist das, was wir als Verstärkerverlust bezeichnen: Je länger eine Partnerschaft dauert, desto größer die Gewöhnung. Da taugen Persönlichkeitsmerkmale wie Intelligenz, Sexappeal, Attraktivität, Status und Reichtum nicht als Vorhersage für eine stabile Partnerschaft, weil man sich an all das gewöhnt. Wir nennen es Verstärkerverlust, weil man nicht mehr die Möglichkeit hat, sich gegenseitig zu verstärken, das Attraktive am anderen nicht mehr sieht. Die zweite Ursache ist ein Mangel an Zeit und nachlassende Pflege der Beziehung. Um dem oft schleichenden Verstärkerverlust entgegenzuwirken, muss das Wir-Gefühl fortwährend gepflegt werden. Man muss sich auch bewusst machen, wie wichtig Vertrauen, Intimität, gemeinsame Erfahrungen und gegenseitige Wertschätzung sind – das ist der Kitt einer langjährigen Beziehung. Ohne Pflege gibt es längerfristig keine Liebe.

Und welche Rolle spielen die Kinder in einer Partnerschaft?

Kinder haben eine paradoxe Wirkung: Sie schweißen Eltern zwar zusammen, doch in einer sehr angespannten Beziehung reicht der Kitt gerade mal bis zum 6. Lebensjahr des Kindes, ab dann steigen die Trennungs- und Scheidungsraten. Sind mehrere Kinder da, bleiben viele Eltern auch länger zusammen, wobei Söhne Beziehungen meist stärker stabilisieren als Mädchen. Allerdings verschlechtert sich mit jedem Kind die Beziehungsqualität. Paradoxerweise strapazieren Kinder zwar das Leben von Vater und Mutter und sorgen, vor allem in der Pubertät, für erheblichen Stress, doch solange sie das zentrale Thema in der Familie sind, wirken sie weiterhin als Bindeglied. Erst wenn die Kinder aus dem Haus gehen, fällt die Klammer weg, die die Familie zusammengehalten hat. Dann geschieht, was es früher seltener gab – die Partnerschaft wird nach zwanzig oder noch mehr Jahren beendet.

Wie nachteilig wirkt sich der Alltagsstress auf die Partnerschaft aus?

Wir unterscheiden in der Forschung zwischen Mikro- und Makrostressfaktoren: einerseits die kleinen Alltagswidrigkeiten, andererseits die großen Ereignisse wie Unfall, Krankheit, Arbeitslosigkeit etc. Es hat sich gezeigt, dass es eher die kleinen, alltäglichen Dinge sind, die die Partnerschaft gefährden: Einer ist wütend über den verpassten Bus, ein anderer kommt schlecht gelaunt von der Arbeit nach Hause, weil der Chef ihn kritisiert hat – das sind die kleinen Ereignisse, die Stress in die Beziehung bringen. Hier fehlt das Verständnis für den missgelaunten Partner. Anders ist es beim Makrostress, bei dramatischen Erfahrungen, hier können wir mit dem Verständnis des anderen rechnen. Da entsteht Empathie, da geht man aufeinander ein.

Ist Empathie erlernbar?

Ja. Der eine baut Stress ab, indem er dem Partner anekdotenhaft erzählt, was er erlebt hat, der andere bringt den aufgestauten Stress mit nach Hause. Meistens geht es bei den Konflikten aber weder um den verpassten Bus oder die Kritik des Vorgesetzten, sondern um typische Ereignisse, um Auslöser für bekannte

Schemata, die in der Persönlichkeit angelegt sind. Wenn der Partner eine starke Tendenz hat, alles kontrollieren zu müssen, dann ist für ihn der verpasste Bus ein dramatisches Nicht-Kontrollerlebnis. Wenn jemand Kritik grundsätzlich als einen Mangel an Wertschätzung erlebt, dann wird ihn die Kritik des Chefs erheblich destabilisieren – er fühlt sich als Person infrage gestellt. Erst aufgrund einer Aktivierung persönlich relevanter Schemata oder Konstrukte wird man vom Stress übermannt. Hier müsste sich das Paar zusammensetzen und sich Zeit nehmen, um gemeinsam herauszufinden, warum der Betroffene die Situation als so schlimm empfindet. Erkennt der Partner, dass der Stress des anderen mit seiner Persönlichkeit zu tun hat, dann ist seine Not eher verständlich und nachvollziehbar. So wird jene Empathie möglich, die dem Gestressten den Druck von den Schultern nimmt.

Wie erreicht man einen Partner, der seinen Stress in sich hineinfrisst und sich zurückzieht?

Es gibt zwei wesentliche Verhaltensmuster, mit denen Menschen auf Konflikte reagieren: Das eine ist der Rückzug, das andere die Gereiztheit, also Aggression. Dabei ist es für einen Partner schwieriger, mit Rückzug umzugehen, da aggressives Verhalten leichter zu dechiffrieren ist als Verschlossenheit. Man kommt

an einen Menschen, der seine Emotionen bunkert, nur schwer heran. Dieser glaubt häufig, man merke ihm den Stress gar nicht an, aber das ist natürlich ein Irrtum. Ein sensibler Partner spürt deutlich, wenn es dem anderen schlechtgeht. Bezeichnenderweise erwartet ein typisch reservierter Mensch sogar, dass man sein Dilemma versteht, sein demonstratives Schweigen hat durchaus appellativen Charakter. Gut wäre es, wenn er zugeben könnte, dass es ihm nicht gutgeht, dass er aber noch etwas Zeit und Ruhe für sich braucht. Zu einem späteren Zeitpunkt kann der Partner ihn dann auffordern zu erzählen, was vorgefallen ist.

Was brauchen introvertierte Menschen von ihrem Partner, um sich öffnen und Stress abbauen zu können?

Sie müssen die gebunkerten Gefühle erst einmal zulassen, brauchen ihre Zeit, um überhaupt an sie heranzukommen. Danach begegnen sie dem Partner dann auf einer ganz anderen Ebene. In diesem Zusammenhang habe ich die Trichtermethode entwickelt: Unten befindet sich das für einen Menschen typische Schema, oben das »daily hassle«, die Alltagswidrigkeit, die das Schema auslöst. Oberflächlich sind wir gereizt, schlecht gelaunt, verärgert, darunter ist meistens viel Traurigkeit, Angst, Resignation, Scham oder ein Gefühl der Wertlosigkeit. Da hilft es nichts, wenn der Partner dem anderen auf der rein rationalen Ebene begegnet und ihn sachbezogen zu unterstützen versucht. Der Betroffene wird sich unverstanden fühlen und noch weiter zurückziehen: Was er braucht, ist Empathie, Verständnis auf der tiefen Ebene des Gefühlstrichters. Dann kann sich der in Form von Traurigkeit äußernde Stress auflösen, die Partner finden wieder Berührungspunke, und es entsteht eine neue Intimität.

Gibt es Paare, die Intimität und Innigkeit geradezu meiden?

Ja, es gibt die sogenannten unsicher vermeidend gebundenen Paare. Diese Menschen haben das Gefühl, keinen Wert zu haben, und glauben, sehr stark sein zu müssen, weil ihr Partner sie sonst verlässt. Solche Menschen können sich kaum auf eine intime, innige Begegnung einlassen. Sie verschließen sich aus Angst, wieder einmal verletzt zu werden und als Person keine Bestätigung zu finden. Nur wenn Vertrauen entsteht, kann dieser Selbstschutz, dieser Panzer, aufbrechen: Wenn jeder dem anderen mit seinen Stärken und Schwächen verständnisvoll begegnet, wenn sich ein Paar auf gleicher Ebene trifft, dann kann auch ein unsicherer Partner die Angst, sich emotional zu entblößen, verlieren.

Wie bringen Sie Paaren bei, intensive, lebendige Begegnungen zu pflegen?

In unseren Kursen versuchen wir Paare aufzufangen, bevor sie in einen desolaten Zustand geraten. Wenn sie bereits dort sind, leisten wir mit unseren Konzepten den sehr anstrengenden Beziehungsaufbau: Partner lernen wieder, humaner und positiver miteinander umzugehen, sie trainieren Kommunikation und üben, Konflikte konstruktiv zu lösen. Wenn sie so weit sind, kommen wir zur Krönung der Therapie, der »Acceptance Work«: Hier geht es um die Akzeptanz der jeweiligen Schwächen und Stärken. Das ist die schöne, letzte Phase der Therapie, die sich auf die ganz zentrale Frage fokussiert: Zu welchen Kompromissen sind die Partner bereit? Welche Schwächen können sie beim anderen annehmen?

Acceptance Work klingt nach harter Arbeit. Droht dabei nicht die Romantik auf der Strecke zu bleiben?

Wenn wir die Romantik pflegen, bleibt sie auch erhalten. Doch dazu benötigt man bestimmte Kompetenzen, die unseren Spielraum, unsere Handlungsmöglichkeiten erweitern. Je mehr Kompetenzen wir haben, desto mehr können wir Liebe und Romantik erleben und erhalten. In der Verhaltenstherapie mit Paaren tun wir nichts anderes, als sie zu befähigen, anders als bisher mit dem Alltagsstress umzugehen. Wenn

Paare gut miteinander kommunizieren, wenn sie immer wieder Nähe herstellen, dann blühen Romantik, Liebe und auch Sexualität wieder auf. Gerade die Sexualität leidet besonders unter dem Alltagsstress: Bei Frauen nimmt die Libido stark ab, Männer hingegen brauchen, gerade wenn sie besonders gestresst sind, Sexualität als Ventil. Da treffen sich Frauen und Männer nicht, was wiederum Stress auslösen kann.

Wie gut haben Sie Ihren Stress im Griff?

Nun ja, mein Level an Stress ist riesig – drei Kinder und enormer beruflicher Druck. Um den Stress abzubauen, versuche ich das umzusetzen, was wir in unseren »paarlife«-Stressbewältigungsseminaren lehren. In meinem Fall bedeutet das auch: nicht zu viele Aufträge annehmen, Interviews und Vorträge genau einplanen, bewusst festlegen, wie viele Workshops und Kongresse ich pro Jahr unterbringen möchte. Diese Planung versuche ich diszipliniert durchzuziehen, sonst wäre ich völlig überfordert.

Ziehen Sie dieses disziplinierte Zeit- und Stressmanagement wirklich konsequent durch?

Ja, eigentlich schon, aber natürlich auch mit Hilfe meiner Frau, die ab und zu energisch auf den Tisch klopft und sagt: »Das ist alles viel zu viel, jetzt musst du reduzieren!«

Dieses gemeinsame Positionieren ist eine wesentliche Grundlage für unser Leben. Wir schauen beide, dass genügend Zeit für uns als Paar und für die Familie bleibt. Und wenn wir uns bewusst Zeit füreinander nehmen, dann versuchen wir, diese Begegnung auch richtig auszufüllen. Wir tauschen nicht nur Banalitäten aus, sondern bemühen uns um Intensität und versuchen die Idee, gemeinsam zu wachsen, auch wirklich zu praktizieren.

Was machen Sie, um Stress abzubauen?

Mir hilft Karate, um wieder mit mir ins Lot zu kommen und abzuschalten. Wenn ich abends völlig erledigt bin, gehe ich in den Karateraum, trainiere dort eineinhalb Stunden und bin dann wie neugeboren.

Wann kommt der Punkt, wo Sie selbst sagen, jetzt reicht es?

Solange mir die Arbeit Spaß macht, empfinde ich sie als positiven Stress. Es gibt allerdings Phasen, in denen mir alles zu viel wird und ich an meine Grenzen stoße. Häufig hängt es mit Schwierigkeiten zusammen – wenn die Dinge nicht so toll laufen, dann kann auch bei mir der Stress voll durchschlagen. Doch es gibt ja auch immer wieder Phasen, in denen ich nichts mache, zum Beispiel in den Ferien. Da wird nicht gearbeitet, kein Handy, keine E-Mail, in dieser Zeit bin ich nur Ferienmensch.

Von Guy Bodenmann lernen

Liebe und Romantik pflegen

- Ruhen Sie sich nicht auf dem glücklichen Anfang Ihrer Beziehung aus. Romantik und Liebe bedürfen besonderer Pflege, um sie am Leben zu erhalten.

Konflikte austragen

- Oberflächliche Harmonie geht auf Kosten der Intensität: Entwickeln Sie stimulierende Spannung, kehren Sie unterschiedliche Vorstellungen, Ideen, Normen und Ziele nicht unter den Teppich.
- Gehen Sie Konflikten nicht aus dem Weg, sonst mangelt es Ihrer Partnerschaft an intensiver, intimer, emotionaler Begegnung.

Der Entfremdung entgegenwirken

- Schaffen Sie Möglichkeiten, sich gegenseitig zu verstärken, das Attraktive am anderen zu sehen, nehmen Sie sich genug Zeit füreinander, pflegen Sie das Wir-Gefühl.

Kommunikation erzeugt Nähe

- Wenn Paare gut miteinander kommunizieren, wenn sie immer wieder Nähe herstellen, dann blühen die Romantik, Liebe und Sexualität wieder auf.
- Nehmen Sie sich Zeit füreinander. Wenn sich Ihre Kommunikation zu sehr auf die Lösung von Sachproblemen beschränkt, wird sie zunehmend oberflächlich.

Rücksicht auf die Kinder

- Achten Sie darauf, Ihre Kinder nicht als Kitt und Bindeglied für Ihre Partnerschaft zu instrumentalisieren.

Sich als Paar entwickeln

- Selbst in schwierigen Phasen können Partner lernen, wieder human und positiv miteinander umzugehen und Konflikte konstruktiv zu lösen.

Utz Claassen

Utz Claassen, geboren 1963 in Hannover, Unternehmensberater, Unternehmer, Wissenschaftler und Buchautor. Als Topmanager gelangen ihm drei große Unternehmenssanierungen. Er ist Principal Senior Advisor für Cerberus Deutschland und Senior Partner von Valiance Capital. Bis 2007 war er Vorstandsvorsitzender der EnBW Energie Baden-Württemberg AG. Er ist Vorsitzender von »BDI initiativ Innovationsstrategien und Wissensmanagement« sowie Honorarprofessor am Institut für Controlling der Leibniz Universität Hannover und Professor für Innovative Unternehmensführung, Risikomanagement und Wissensmanagement an der GISMA Business School, außerdem Mitglied des Stiftungsrates der Georg-August-Universität Göttingen.

Entschleunigung ist wichtiger, als ich dachte

Herr Claassen, mit 17 Jahren hatten Sie ein Einser-Abitur in der Tasche, mit 22 einen Studienabschluss, mit 25 die Promotion. Wie haben Sie Ihre Schul- und Studienzeit erlebt?

Sehr unterschiedlich. Ich fand alles interessant, mir hat alles Spaß gemacht. Die Institution Schule fand ich weniger spannend, deshalb habe ich mich bemüht, das Ganze so schnell wie möglich hinter mich zu bringen. In meiner Schulzeit habe ich fast jeden Nachmittag Fußball gespielt – ich hatte das Glück, nie viel lernen zu müssen.

Gab es deswegen Neider?

Ich war nur kurz in der ersten Klasse und bin schnell in die zweite gekommen. Das war vor allem für die Eltern der Zweitklässler ein Problem, aber auch für mich spürbar. Insofern habe ich Neid und Missgunst im Alter von sechs Jahren erstmals erlebt und bin ihnen seither häufig begegnet.

Wie war die Universität?

Auf Anhieb eine ganz andere Erfahrung als die Schule, weil alles so frei zu sein schien. Wobei ich die Kritik an der Schule teilweise auch auf die Universität übertragen würde: Da wird sehr viel Wissen vermittelt und abgefragt. Ein höheres Maß an intellektueller Transferleistung und an wirklich problemlösungsorientierter Anwendung fehlt leider oftmals. Ich war ein sehr konstruktiv-kritischer Student und habe in den Vorlesungen die Dozenten mitunter auch herausgefordert. Die haben wirklich Toleranz und Größe gezeigt.

Wie haben Sie Ihre Professoren herausgefordert?

Ich habe immer Freude an intellektuellem Diskurs und intellektueller Herausforderung gehabt. Wir leben leider in einer Gesellschaft, in der Diskurs, Hinterfragen, Herausforderung nicht wirklich erwünscht sind, sondern häufig als lästig, ja geradezu als aggressiv empfunden werden. Das ist eindeutig ein Problem in unserer Wirtschaftswelt. Die ist doch sehr stark auf Abstimmen, Abnicken, bequemes konsensbasiertes Entscheiden ausgerichtet und nicht auf intellektuelle Durchdringung und Infragestellen.

Würden Sie sagen, dass intellektuelle Auseinandersetzung Stress bei Entscheidungsträgern hervorruft?

Ja, das kann man in dieser Klarheit und Härte sagen. Probleme, Reibungen, Anfeindungen, Diffamierungen, die tauchten bei mir immer dann auf, wenn ich Fragen gestellt und Antworten gefunden habe, die keiner hören wollte. Ich selbst habe eine wesentliche Angewohnheit: so lange Fragen zu stellen, bis ich die

Dinge verstehe und durchdringe. Viele empfinden schon das Stellen der Fragen als Herausforderung, als feindseligen Akt, und außerdem werden auf dem Wege der Beantwortung mitunter Sachverhalte transparent, die bestimmte Leute lieber nicht klar vor Augen hätten.

Sie mindern also den eigenen Stress, sprich die Unsicherheit, indem Sie ganz gezielt immer wieder Fragen stellen, bis Sie begriffen haben, worum es geht?
Ich mindere den Stress, indem ich die für mich bestmögliche Arbeit leiste. So kann ich mit ruhigem Gewissen sagen: »Mehr war für mich nicht machbar.« Das Stellen von Fragen und das Durchdringen von Sachverhalten ist für mich letztlich ein Instrument zur Stressbewältigung, da besteht ein mittelbarer Wirkungszusammenhang.

Aber erzeugen Sie nicht, indem Sie sich nicht mit den erstbesten Antworten zufrieden geben, bei den anderen Stress?
Ich erzeuge bei denen Stress, die entweder etwas zu verbergen haben oder die mit ihrer Aufgabenstellung überfordert sind. Wer ordentlich und anständig arbeitet, wer ein gutes Gewissen hat und wer in seiner Aufgabe kompetent ist, der muss sich keine Sorgen machen. Durch diese Form des Arbeitens, durch das Immer-wieder-Infragestellen, hat

man die Möglichkeit, besser zu werden.
Manchmal wird der Eindruck erweckt, diese Form von Management hätte Belastungen oder Reibungen in Teams gebracht. Das ist falsch. Teilweise führt es vielleicht zu Stress, bei sehr vielen aber auch vor allem zu Motivation. Die Kernaufgabe einer Führungskraft liegt ja nicht darin, nur die richtigen Entscheidungen zu treffen. Sie müssen ja eine Mannschaft auch motivieren, Umsetzungsdisziplin sicherstellen, Begeisterung erzeugen, Kreativität fördern. Derjenige, der an der Spitze einer Organisation steht, bringt diese dann nach vorne, wenn er die Potenziale der Mitarbeiter bestmöglich zur Entfaltung bringt. Er sollte jemand sein, der seine Leute an die Leistungsgrenze führt, aber nicht darüber hinaus – das ist mitunter ein schmaler Grat.
Stress und Probleme treten bei potenziellen oder realen Veränderungsverlierern auf. Die sorgen sich, weil dann vielleicht Probleme hochkommen, die nicht gern angepackt werden. Besonders ranghöhere Personen fürchten, dass sie infolge der geschaffenen Transparenz zu Veränderungsverlierern werden.

Wie gehen Sie persönlich mit dem Widerstand bei solchen Veränderungsprozessen um?
Veränderung ist kein Selbstzweck, sondern nötig, damit es dem Ge-

samtorganismus bessergeht. Die Verantwortung des Vorstandschefs oder des Spitzenmanagers besteht ja nicht gegenüber einzelnen Personen, sondern gegenüber der Gesamtheit. Und wenn ich weiß, dass eine Veränderung für die Gesamtheit von Bedeutung ist, dann darf ich mich nicht von dem Widerstand, auf den ich treffe, abhalten lassen. Bei solchen Widerständen versuche ich zunächst, Konflikte durch Kompromisse zu entschärfen, und wenn das nicht geht, dann muss ich sie notfalls anders lösen.

Was hat Sie bei solchen Veränderungen besonders belastet?

Da unterscheide ich zwei Aspekte der Belastung: Zum einen die Betroffenheit eines Managers, der sieht, dass die gesamte Belegschaft Angst um die Existenz des Unternehmens hat, wie zum Beispiel jetzt in der Opelkrise. Eine solche Betroffenheit geht ja an einer vernünftigen Führungskraft nicht spurlos vorüber. Doch mit dieser Belastung kann man umgehen: indem man das macht, was für die Zukunft dieses Organismus am besten ist. Das typische Problem ist nur: Nicht immer ist das vermeintlich Sozialste auch das Beste und das langfristig Tragfähige. Sehr viele Entscheidungsträger weichen dem Druck, der Belastung aus, indem sie den Weg des geringsten Widerstands gehen und den Mitarbeitern Versprechungen machen,

die sie am Ende nicht halten können. Ich glaube, der ehrliche Weg ist, sauber zu analysieren und die Ergebnisse dann zügig umzusetzen. Dabei erscheint manches als hart, was sich später als höchst sozial erweist, während vieles, was auf den ersten Blick sozial erscheint, in seiner Auswirkung äußerst unsozial ist. Die andere Form der Belastung ist die Diffamierung. Da muss man ganz einfach lernen, Anfeindungen nicht auf sich selbst zu beziehen.

Welche persönlichen Anfeindungen haben Sie schon erfahren?

Ich habe schon vieles erlebt, bis hin zu Morddrohungen. Einmal wurde mein Auto bei Tempo 80 wenige Zentimeter hinter mir von einer Kugel getroffen.

Wie haben Sie sich wieder beruhigt?

Ich hatte ja nicht stundenlang Todesangst, das war »nur« eine Schrecksekunde. Ich habe am nächsten Tag mit meinem Aufsichtsratsvorsitzenden gesprochen, und mein Personenschutz wurde verstärkt. Meine Sanierungsbemühungen habe ich aber fortgesetzt.

Welche besonderen Fähigkeiten braucht ein Sanierer aus dem Blickwinkel der Stressperspektive?

Wahrheit, Klarheit, Konsequenz. Das heißt logisch-deduktiv und nicht meinungsbasiert handeln. Also Diagnose der Situation, Ableitung der nötigen Therapie und zügige und konsequente Umsetzung. Ich würde sagen, analytisch benötigt ein Sanierer dasselbe Instrumentarium wie jeder gute Manager, aber weil eine Sanierung meistens mit hohem Zeitdruck, mit Existenzrisiko für das Unternehmen und mit Reibungen und Widerständen verbunden sein kann, braucht er eine besondere Tatkraft und eine hohe Belastbarkeit.

Welche körperlichen Reaktionen, welche Art von Stress spüren Sie, wenn Sie monatelang rund um die Uhr arbeiten?
Es gibt drei Formen der Belastung: die intellektuelle, die psychische und die zeitliche Belastung. Die intellektuelle Belastung habe ich nicht so wahrgenommen, weil ich den Zustand geistiger Erschöpfung nicht kenne. Ob ich zwei oder 20 Stunden arbeite, ändert an meiner Konzentrationsfähigkeit nichts. Mit der psychischen Belastung gehe ich folgendermaßen um: Zum einen, indem ich mir sage:»Ich kann nur das tun, was in meinen Kräften steht.« Und dabei gebe ich an Kraft alles, was ich habe. Ich habe mich zudem immer bemüht, Dinge in ihrer Relativität zu sehen und nicht an der Last einer Aufgabe zugrunde zu gehen. Zum zweiten versuche ich zu abstrahieren, Anfeindungen nicht auf meine Person zu beziehen, sondern auf meine Rolle.
Die zeitliche Belastung ist das Schwierigste, denn der kann man sich nun wahrlich nicht entziehen, und ich habe sowohl bei Seat als auch bei EnBW Phasen gehabt, wo ich über Wochen und Monate hinweg keine Nacht mehr als vier Stunden geschlafen habe. Damit kann man umgehen, wenn man sich vergegenwärtigt, dass das wahrgenommene psychologische Schlafbedürfnis größer ist als das körperlich, physiologische.

Haben Sie ein Ritual, um den Tag abzuschließen?
Ritual ist zu viel gesagt. Ich mache Folgendes: Ich arbeite alles weg. In meinem Büro gab es keinen Ablageschrank und keinen Aktenordner, aber einen gläsernen Schreibtisch. Nun kann ich das leicht sagen, weil man als Chef ja ein Sekretariat hat. Ich habe mich aber bemüht, dass das, was an einem Tag zu mir kam, auch am selben Tag wieder rausging. Das dient der Arbeitseffizienz, aber auch der eigenen Entspannung, wenn man hinterher weiß, dass alles erledigt wurde.
Zu Hause arbeite ich den vergangenen Tag immer nochmal nach. Ich mache mir jede Nacht für den nächsten Tag einen Zettel, auf dem nicht nur meine Termine stehen, sondern auch wichtige Ideen und Anregungen und das, was ich ganz konkret am nächsten Tag abarbeiten muss. Einschlafprobleme habe ich in meinem Leben noch nie gehabt.

**Schaffen Sie es, täglich Ihre
E-Mails abzuarbeiten?**
Nein, das ist meistens nicht machbar. Bei EnBW trafen die Mails in meinem Sekretariat ein. Das hat gefiltert und mir nur die relevanten hingelegt. Heute übt meine Frau diese Filterfunktion aus.

**Wie finden Sie und Ihre Frau
Zeit zu zweit, losgelöst von den
Anforderungen?**
Meine Frau und ich sind in vielfältiger Hinsicht ein Team. Sie hat früher schon sehr viele Dinge für mich wahrgenommen, koordiniert, organisiert. Das hat sich jetzt noch deutlich intensiviert. Meine Frau ist aber auch meine beste Beraterin und Sparringspartnerin und das vielleicht wichtigste Mittel zur Stressbekämpfung, weil sie in fast klinischer Klarheit Dinge auf ihre Ursachen zurückführt und mich auf den Boden holt. Sie hat eine frappierende Fähigkeit, Situationen und Menschen zu durchschauen. Sie ist nicht hartherzig, sondern ganz lieb, aber ich bekomme von ihr kein Mitleid, sondern eine »faktenbasierte Analyse«, wie ich es selbst immer fordere. Da schlägt sie mich mit meinen eigenen Waffen.

**Das Wort »faktenbasiert« erweckt
den Anschein, als ob Gefühle und
Intuition in Ihrer Urteilsfindung gar
keinen Platz hätten. Ist das so?**
Ich bin von Natur aus ein sehr emotionaler Mensch. Dass man im Umgang mit Menschen, in der Bewertung von Situationen, in der Frage der Umsetzbarkeit von Strategien und Entscheidungspaketen letztlich immer auch der Intuition folgen muss und dass das alles auch eine menschliche und damit hochemotionale Sache sein kann, das steht völlig außer Frage. Aber ich glaube, der Entscheidungsprozess selbst muss faktenbasiert, analytisch, logisch-deduktiv sein und nicht meinungsgesteuert, ideologiebasiert oder emotional.

**Welchen Raum nimmt die Intuition
bei der Entscheidungsfindung ein?**
Die Intuition muss eine ganz wichtige Rolle spielen bei der Bewertung von Menschen. Mit Vertrauen fängt ja alles an, und mit Vertrauen hört alles auf.

**Woher nehmen Sie die Zeit,
um sich mit der Durchdringung
einer Materie zu befassen?**
Das ist die vielleicht wichtigste Frage für die Bewältigung unserer grundsätzlichen Probleme in Ökonomie, Politik und anderen Bereichen. Wenn Sie CEO sind, haben Sie zwar eine große Gestaltungskraft, einen großen Gestaltungsspielraum. Aber in Ihrer individuellen zeitlichen Disposition sind Sie eigentlich zu 95 Prozent fremdbestimmt. Jetzt, wo ich seit etwa eineinhalb Jahren nicht mehr CEO bin, habe ich eine

sehr interessante Erfahrung gemacht: Ich arbeite heute nicht weniger als vorher, aber mit sehr viel höherer persönlicher Dispositionskraft über das Wann, Wo, Wie und Mit Wem. Das führt dazu, dass ich bestimmte Dinge noch sorgfältiger durchdringen kann als früher. Jetzt kann ich sagen, dass das Thema Entschleunigung wichtig ist, vielleicht noch wichtiger, als ich gedacht hätte. Diejenigen, die Entschleunigung fordern, sind eigentlich nicht Feinde der Effizienz, sondern Freunde der Effektivität.

Wann werden wir aus der momentanen Krise herauskommen?

Ich glaube, dass wir durch die Art unserer Reaktion darauf die Krise verlängern.

Sie meinen, dass Stress durch die Art unserer Stressbewältigung verlängert wird?

Ich nehme nur ein einfaches Beispiel: Die Kurzarbeit, die derzeit ja fast flächendeckend eingesetzt wird, ist zunächst ein Mittel, die Probleme der Krise sozial abzufedern. In letzter Konsequenz ist sie aber für die Politik insbesondere auch ein Mittel, faktische Arbeitslosigkeit zu kaschieren. Bei den Unternehmen, das ist das Entscheidende, kann Kurzarbeit zwar durchaus ein hochintelligentes Mittel sein, temporäre Probleme zu absorbieren, sie kann aber auch ein Weg sein, den Restrukturierungsdruck zu senken und damit den Restrukturierungsprozess hinauszuschieben. Das unterstreicht das Obengesagte: Das, was auf den ersten Blick sozial erscheint, ist nicht immer in seiner Auswirkung wirklich sozial.

Von Utz Claassen lernen

Sich intellektuell auseinandersetzen

- Widersetzen Sie sich dem konsensorientierten Abnicken, stellen Sie das Selbstverständliche und das Absolute infrage.
- Sich Fragen stellen und Sachverhalte durchdringen mindert den Stress.

Menschen und Unternehmen führen

- Eine Führungskraft führt an die Leistungsgrenze, aber nicht darüber hinaus.
- Versprechen Sie nur, was Sie auch halten können.

Konflikte austragen

- Weichen Sie dem Druck nicht aus, lassen Sie sich von Widerstand nicht abhalten, wenn die Veränderung der Allgemeinheit dient.
- Wer unbequeme Lösungen findet, muss mit Anfeindungen rechnen.

Psychischen Belastungen standhalten

- Machen Sie sich klar: »Ich kann nur das tun, was in meinen Kräften steht.«
- Abstrahieren Sie: Beziehen Sie Anfeindungen auf Ihre Rolle, nicht auf die eigene Person.

Effizient arbeiten

- Arbeiten Sie alles, was an einem Tag reinkommt, am selben Tag ab. Es entspannt, zu wissen, dass alles erledigt ist.
- Notieren Sie vor dem Schlafengehen Termine, wichtige Ideen und Anregungen.

Entschleunigen

- Entschleunigung ist nicht Feind der Effizienz, sondern Freund der Effektivität.

Intuition

- Im Umgang mit Menschen und Situationen, in der Frage der Umsetzbarkeit von Strategien und Entscheidungen sollte man auch die Intuition einbeziehen.

Entscheidungen

- Der Entscheidungsprozess selbst muss faktenbasiert, analytisch, logisch-deduktiv sein – und sich nicht an Meinungen orientieren.

Kai Diekmann

Kai Diekmann wurde im Juni 1964 in Ravensburg geboren. Nach dem Abitur und zwei Jahren bei der Bundeswehr begann er 1985 ein Volontariat beim Axel Springer Verlag, das ihn nach Hamburg, Bonn und New York führte. Anschließend war er von 1987 bis 1989 Parlamentskorrespondent für *BILD* und *Bild am Sonntag*. Nach Stationen bei der *Bunten*, der *B.Z.* und zwei Jahren als Chefredakteur der *Welt am Sonntag* wurde Diekmann im Januar 2001 Chefredakteur von *BILD* und Herausgeber von *BILD* und *BILD am Sonntag*. Seit 2007 ist er auch Geschäftsführer von *Bild.de* und Gesamtherausgeber der *BILD*-Gruppe. Kai Diekmann ist Autor mehrerer Bücher, zuletzt erschien 2007 *Der große Selbstbetrug.*

Erfolg hängt davon ab, dass man's selber macht

Herr Diekmann, worin besteht Ihre Hauptaufgabe bei *BILD*?

Ich bin sozusagen der Vorarbeiter. Der Job des Chefredakteurs bei *BILD* unterscheidet sich grundsätzlich von der gleichen Tätigkeit bei anderen Zeitungen. In meinem früheren Leben war ich auch einmal Chefredakteur der *Welt am Sonntag*. Der Entstehungsprozess dieser Zeitung ist ein völlig anderer als der von *BILD*: Die Zeitung entsteht über die Woche einfach von unten nach oben. Die Kollegen in den einzelnen Ressorts füllen ihre Seiten weitgehend selbstständig. Da habe ich eine ganze Zeit lang gebraucht, um der Zeitung meinen persönlichen Stempel aufzudrücken.

Bei *BILD* läuft der Entstehungsprozess genau umgekehrt: Die Zeitung wird von oben nach unten gemacht. Das heißt, nachdem viele Kollegen viele gute Inhalte zusammengetragen haben, wird die Zeitung aus einem Guss gleichsam komponiert. Alle Seiten müssen aufeinander abgestimmt sein, wie eine Symphonie. Und der Chefredakteur, der Blattmacher, ist derjenige, der diesen Prozess von ganz oben aktiv steuert. Das hat nichts mit dem Bild eines Chefredakteurs zu tun, der in seinem Büro sitzt, nachdenkt, Zigarre raucht und am Nachmittag in den Raum ruft: »Vergesst mir Südostasien nicht!«

Neben dem reinen Blattmachen gibt es natürlich viele andere Aufgaben, die vor allem mit Krisenmanagement zu tun haben. Wenn etwas schiefgeht oder wichtige Entscheidungen auf einer anderen Ebene anstehen, gebe ich das Blattmanagement sofort ab und kümmere mich um diesen Vorgang.

Bleiben wir beim Thema Stress und Krise. Welche übergeordneten Denk- und Verhaltensweisen befähigen Sie, diese Krisen zu meistern?

Krisen entsprechen meist bestimmten Mustern, die einem nach einer Weile bekannt sind. Da habe ich nach inzwischen fast neun Jahren als *BILD*-Chefredakteur auch eine gewisse Erfahrung. Am einfachsten sind für mich Krisen dann zu bewältigen, wenn ich an meinem Schreibtisch sitze – also vor Ort in der Redaktion bin. Am schwierigsten sind Krisen, wenn ich auf Reisen bin und als einziges Instrument ein Handy habe. Wenn ich meine Mitarbeiter um mich habe, die Kollegen, die Juristen, den Pressesprecher, die sofort kompetent Auskunft geben können – Fehlverhalten unsererseits, kein Fehlverhalten, wir liegen richtig oder nicht –, dann ist eine Krise meist sehr überschaubar. Ich bin immer dann sehr gelassen, wenn ich das Gefühl habe, über alle wichtigen Informationen zu verfügen.

Gab es nie Krisen, in denen Sie keinen Ausweg wussten?

Nein. Einen Ausweg gibt es immer. Aber ich habe am Anfang meiner Tätigkeit bei BILD eine Krise durchgemacht, die auf den ersten Blick durchaus alle Attribute der Ausweglosigkeit hatte. Damals ging es um das inzwischen berühmte »Bolzenschneider-Foto« des damaligen Umweltministers Jürgen Trittin. Dieses falsch beschriftete Bild unterstellte Trittin, er sei bei einer gewalttätigen Demonstration gewesen, auf der Linksextreme Werkzeug und Schlagstöcke mit sich herumtrugen. Das hat zu einer veritablen Krise geführt, weil natürlich BILD reflexartig unterstellt wurde, hier habe man zum Nachteil von Jürgen Trittin absichtlich ein Foto gefälscht. Ich war noch keine drei Wochen BILD-Chefredakteur, ich besaß noch nicht die Erfahrung, um angemessen zu reagieren. Und dazu kam, dass Jürgen Trittin es nicht besonders darauf anlegte, den Konflikt schnell beizulegen. Er ließ sich sogar sehr viel Zeit damit, meine Anrufe entgegenzunehmen.

Haben Sie sich entschuldigt?

Ich habe mich selbstverständlich entschuldigt – als er den Anruf dann annahm. Und ich habe vor allem eine Sache getan, die ich seitdem immer mache: Ich habe die Abläufe intern geklärt, nach außen hin aber die volle Verantwortung selbst übernommen.

Fällt es Ihnen schwer, sich zu entschuldigen, wenn etwas in Ihrer Verantwortung liegt?

Es fällt mir genauso wenig schwer, mich bei Mitarbeitern zu entschuldigen, wenn ich ungerecht oder cholerisch gewesen bin, wie mich bei einem Politiker oder jemand anderem zu entschuldigen, wenn wir einen Fehler gemacht haben.

Bei so viel Verantwortung ist Ihr Tag lang. Wann beginnt er, wann hört er auf?

Er beginnt gegen acht mit der Zeitungslektüre und hört an einem normalen Arbeitstag abends gegen neun auf. Dazu kommt eine Reihe von Abendveranstaltungen und natürlich auch, dass ich rund um die Uhr per Telefon und Blackberry erreichbar bin.

Wann bleibt es still, wann wird alles abgeschaltet?

Nie. Noch nie in den jetzt fast neun Jahren als BILD-Chef habe ich nicht mit meiner Redaktion telefoniert, wenn am nächsten Tag eine Zeitung erschienen ist. Selbst wenn ich nicht da war – bei der Geburt meiner Kinder, im Urlaub – habe ich immer die Schlagzeile des nächsten Tages gekannt.

Haben Sie nicht manchmal das Bedürfnis, etwas nicht zu wissen?

Nein, nie. Schon allein, weil ich am Ende dafür verantwortlich bin und niemals meinem Vorstandsvorsitzenden erklären möchte: »Tut mir leid, ich habe davon nichts gewusst.« Die moderne Technik kann zwar ein Fluch sein, hier ist sie aber ein Segen. Sie macht es möglich, dass ich jederzeit die Zeitungsproduktion verfolgen kann. Wenn ich etwa wissen möchte, wie die Seite eins von morgen zum jetzigen Zeitpunkt aussieht, dann kann ich das sofort feststellen.

Wenn die Medien nicht ruhen, bedeutet das also, dass Sie auch nicht zur Ruhe kommen?

Das stimmt. Zu Hause habe ich ein zweites Büro, das an das *BILD*-Redaktionssystem angeschlossen ist. Zum Leidwesen meiner Redaktion melde ich mich auch sehr regelmäßig. Das heißt, dass ich auch an freien Tagen mit meinen Stellvertretern die Zeitung bespreche und wichtige Schlagzeilen oder Geschichten diskutiere. Das ist für mich aber positiver Stress. Es entlastet mich, wenn ich weiß, dass ich informiert bin. Bestimmte Texte werden mir standardmäßig geschickt, als E-Mail. Egal wo ich bin, bekomme ich zum Beispiel immer den Kommentar, die Rubriken »Gewinner« und »Verlierer« und Ähnliches. Damit ich darüber informiert bin, was die Zeitung plant, und zur Not noch eingreifen kann.

Haben Sie denn überhaupt ein Familienleben?

Wenn wir zu Hause sind, sind wir zu Hause. Ich lege überhaupt keinen Wert darauf, am Wochenende etwa auf Veranstaltungen zu gehen.

Und was tun Sie dann?

Ich lese vor allem in Ruhe Zeitung, weil ich zeitungssüchtig bin. Ich habe das Glück gehabt, mein Hobby zum Beruf machen zu können. Zeitungslesen ist für mich Inspiration, Unterhaltung, Spaß – keine Arbeit. Es macht mir unglaublich viel Freude. Ich kann gar nicht anders.

Was gibt Ihnen Ihre Familie, damit Sie sich regenerieren können?

Am wichtigsten für mich ist die ungeheure Lässigkeit meiner Frau. Als *BILD*-Chefredakteur ist man nicht gerade der beliebteste Journalist des Landes. Insofern bin ich natürlich vielen Anfeindungen ausgesetzt. Und das erträgt meine Frau nicht nur mit stoischer Ruhe und Gelassenheit, sondern sie kann sich sogar über viele Attacken unglaublich amüsieren, die mich sehr ärgern. Und wenn man dann noch vier Kinder hat, die klein sind und denen eh alles egal ist, dann schaltet man schnell völlig ab.

Wie distanzieren Sie sich innerlich von Anfeindungen?

Das ist Teil meiner Jobbeschreibung, das gehört dazu. Wir teilen hart aus und sind mitunter auch ungerecht oder überzogen. Dann darf man auch nicht empfindlich sein, wenn man selbst Kritik einstecken muss.

Sie nehmen es also in Kauf, manchmal ungerecht zu sein oder über das Ziel hinauszuschießen?
Das gehört zum sportlichen Charakter der Zeitung. Und manche Themen muss man auch überspitzen, um sie auf den Punkt zu bringen. Als etwa die Kreditanstalt für Wiederaufbau im vergangenen Herbst über 300 Millionen Euro an die schon längst insolvente Investmentbank Lehman Brothers überwies, da war die KfW bei uns »Deutschlands dümmste Bank«. Das ist vielleicht nicht zu 100 Prozent präzise. Gleichwohl ist es treffend, denn es kristallisiert ein Gefühl. Das ist die emotionale Komponente von *BILD*.

Hat *BILD* denn nicht einen gesellschaftlichen oder politischen Auftrag? Zu vermitteln zum Beispiel zwischen Bevölkerungsgruppen anstatt Gräben aufzureißen, Emotionen zu schüren?
Zunächst einmal ist eine Zeitung kein Erziehungsorgan, sondern dient der Nachrichtenvermittlung und der Orientierung. Und das ist es es auch, was *BILD* leisten will. Wobei wir einen besonderen Anspruch haben: Wir sprechen kein elitäres Nischenpublikum an, sondern sind mit einer Reichweite von zwölf Millionen Lesern der Zeitung und noch einmal fast sechs Millionen Lesern online ein echtes Massenmedium. Das bedeutet, dass wir uns vor allem darum bemühen müssen, klare, ein-fache, verständliche Botschaften zu vermitteln und den Menschen Zusammenhänge zu erklären, die sonst möglicherweise nicht erklärt oder nicht verstanden würden. Das wollen wir neben der Nachrichtenvermittlung ganz besonders: Orientierung geben und Lebenshilfe anbieten. Aber weil wir so viele Menschen erreichen, tragen wir natürlich auch Verantwortung. Deshalb bemühen wir uns, nicht zur Eskalation von Konflikten beizutragen.

Was stresst Sie persönlich?
Positiver Stress ist für mich, wenn ich als Tempomacher sozusagen vorauslaufend die Geschwindigkeit bestimmen kann. Unter negativen Stress gerate ich immer dann, wenn ich meinem eigenen Zeitplan hinterherlaufe. Wenn ich das Gefühl habe, Termine sind nicht einzuhalten, Unerwartetes türmt sich auf, das einen klar strukturierten Tag völlig aus dem Lot bringt – und das dann drei oder vier Tage hintereinander. Wenn ich fürchte, in 25 Postmappen schlummern Bomben, und ich nur hoffen kann, dass ein Mitarbeiter sie für mich erkennt und entschärft. Negativer Stress ist für mich, wenn zu viele Entscheidungen unter zu hohem Zeitdruck getroffen werden müssen.

Was tun Sie konkret, um diesen Stress zu handhaben?
Auf der ganz banalen körperlichen

Ebene bin ich niemand, der irgendwelche Stressbewältiger braucht. Ich bin kein Kaffeejunkie, ich rauche nicht, ich bin kein exzessiver Schokoladenesser. Ich trinke Unmengen stillen Wassers, maximal zwei Kaffee und zwei Espresso pro Tag, gehe mittags nicht essen, sondern esse im Winter Gemüse und im Sommer Obst in meinem Büro. Ich brauche keine Ablenkung. Ansonsten versuche ich durch diszipliniertes Abarbeiten, den Tag wieder in den Griff zu bekommen. Übrigens dann meist mit sehr guter Laune. Bei uns wird immer viel gelacht.

In kurzer Zeit viele wichtige Entscheidungen zu treffen erzeugt Stress. Worauf kommt es beim Entscheiden besonders an?
Ich brauche das Gefühl, dass meine Entscheidungen umgesetzt werden. Ich möchte, dass Aufgaben schnell abgearbeitet werden. Es macht mich rasend, wenn etwas liegenbleibt oder wenn keine Rückmeldung kommt.

Was bedeutet »rasend« konkret?
Dass ich dann auch laut werden kann. Wenn es mich richtig nervt, dass jemand einen Fehler das dritte oder vierte Mal wiederholt. Es macht mich auch rasend, wenn Leute zu viel delegieren. Ich bin jemand, der vieles selber macht, und ich hasse es, wenn andere immer weiterdelegieren. Erfolg hängt maßgeblich davon ab, dass man auch einmal selber tätig

wird. Das ist eine Erfahrung, die ich immer wieder allen predige: Macht es selber! Greift selbst zum Hörer!

Wie kommen Sie von Ihrer Raserei runter?
Sehr schnell. Meist, indem ich irgendeinen dummen Witz mache.

Haben Sie das Gefühl, dass Ihre Raserei zu etwas führt?
Ich glaube ja. Ich bin aber auch nie dauerhaft verärgert. Ich weiß selbst bei schweren Konflikten nach einer Woche nicht mehr, warum ich auf jemanden böse war. Ich bin absolut harmoniesüchtig, und wir haben im Team ein harmonisches Verhältnis. Bei uns wird viel gelacht, obwohl wir uns nichts ersparen. Ich kann den Leuten auch einmal sagen: »Das ist Mist, das ist richtig grandioser Unsinn« – und trotzdem verstehen wir uns, und niemand nimmt es dem anderen übel. Der Betreffende macht dann vielleicht am nächsten Tag einen Witz über mich in der Konferenz, und alle fallen über mich her, weil er mich mit irgendetwas gut getroffen hat.

Und das lassen Sie tatsächlich zu?
Natürlich. So wie ich mich für Fehler und Übertreibungen der Zeitung entschuldige, so halte ich das auch bei mir persönlich. Und zwar durchaus auch offensiv. Wenn ich etwa in Konferenzen erläutere, was gestern nicht gut war, sage ich immer zuerst:

»Das war mein Fehler, mein Versagen.« Damit nicht der Eindruck entsteht, ich würde Schuld weiterreichen.

Gehört Humor zum Umgang mit Stress?
Ja, absolut. Das ist das Allerbeste, für mich ein ganz wichtiger Bestandteil des Stressabbaus.

Verlieren Sie auch manchmal den Humor? Ich habe zum Beispiel bei Bildblog.de eine Kampagne gesehen, in der es sinngemäß hieß: Fotografiert den Diekmann, zum Beispiel in Badehose am Strand.
Auch das gehört dazu. Dann fotografieren die mich halt. Neulich hat mich jemand mit einer Kamera auf irgendeiner Messe verfolgt. Der bekam dann ein Interview. Auch dort gilt: Ich bin Frontrunner meiner Redaktion, meiner Zeitung, der Marke. Es ist ja Teil der Jobbeschreibung, dass ich vieles aktiv auf mich ziehe, damit meine Redaktion in Ruhe arbeiten kann.

Wie werden Sie diesen Druck los?
Ich kann persönlich fast alles aushalten, wenn ich am Ende einen Erfolg sehe. Oder zumindest das Gefühl habe, alles Menschenmögliche getan zu haben. Wenn wir zum 60. Geburtstag der Bundesrepublik eine Miniserie »Kanzler über Kanzler« haben, die keine andere Zeitung in Deutschland hat: Kohl schreibt über Konrad Adenauer, Gerhard Schröder über Willi Brandt, Angela Merkel über Ludwig Erhard. An solchen Erfolgen arbeiten wir sehr lange. So etwas hinzubekommen, so etwas zu haben, das ist etwas, an dem ich mich aufrichte. Das gleicht alle Schwierigkeiten und Misserfolge völlig aus.

Das heißt, der positive Erfolg wappnet Sie gegen Stress und lässt Angriffe, Anfeindungen abprallen?
Ich bin da relativ unbekümmert, vielleicht sogar ein wenig naiv, mache aber auch immer wieder die Erfahrung, dass es wahrscheinlich zwei Kai Diekmanns gibt. Einmal das öffentliche Bild, das von mir gezeichnet wird. Und dann den Eindruck, den meine Freunde, Kollegen und mein engeres Umfeld von mir haben. Ich habe selbst ein relativ klares und entspanntes Bild von mir. Ich weiß, was mich interessiert und was nicht, und wie ich mit Menschen umgehen will. Ich weiß, wo wir Fehler machen, und dass ich mich bemühe, diese Fehler abzustellen. Die Marke *BILD* ist heute ganz anders positioniert als möglicherweise noch vor 25 Jahren. Aber es gibt natürlich auch eine mehr als 50-jährige Geschichte vor meiner Zeit. *BILD* ist ein Tanker, der sich mitunter nur langsam bewegt. Aber ich weiß, was wir in den letzten Jahren geschafft haben. Und eigentlich bin ich ganz zufrieden damit.

Von Kai Diekmann lernen

Den Beruf als Berufung verstehen
- Glück ist, sein Hobby zum Beruf zu machen.

Das Tempo selbst bestimmen
- Positiver Stress bedeutet, die Geschwindigkeit selbst zu bestimmen.
- Negativer Stress entsteht dann, wenn man dem eigenen Zeitplan hinterherlaufen muss, weil Unerwartetes sich auftürmt, alles aus dem Lot gerät, wenn zu viele Entscheidungen unter zu hohem Zeitdruck getroffen werden müssen.

Die moderne Technik nutzen
- Wer Verantwortung trägt, muss Bescheid wissen. Die digitale Vernetzung mit dem Büro reduziert den Stress, weil man das gute Gefühl hat, immer auf dem Laufenden zu sein und zur Not eingreifen zu können.

Wichtiges selbst in die Hand nehmen
- Nicht alles lässt sich weiterdelegieren. Erfolg hängt maßgeblich davon ab, dass man bestimmte Dinge selbst erledigt.

Sich ein dickes Fell zulegen
- Wer hart austeilt, muss selbst Kritik einstecken können.

Offen sein für Kritik und Verantwortung für Fehler übernehmen
- Zu Fehlern und seiner Verantwortung muss man stehen.
- Für Fehlverhalten muss man sich entschuldigen – auch bei Mitarbeitern.

Spannungen mit Humor entschärfen
- Dumme Witze machen, gemeinsam lachen, sich gegenseitig auf den Arm nehmen, hilft, Stress loszuwerden.

Sich am Erfolg aufrichten
- Man kann viel aushalten, wenn man Erfolg hat oder alles dafür getan hat.

Zuversichtlich bleiben
- Auch in Krisen gilt: Einen Ausweg gibt es immer.

Das Familienleben genießen
- Das Wochenende sollte frei von Terminen bleiben.

Giovanni di Lorenzo

Giovanni di Lorenzo wurde 1959 in Stockholm geboren. Nach dem Abitur in Hannover studierte er Kommunikationswissenschaft, Neuere Geschichte und Politik in München. Nach ersten journalistischen Erfahrungen bei der *Neuen Presse* in Hannover arbeitete di Lorenzo als Moderator der Jugendsendung »Live aus dem Alabama« für den Bayerischen Rundfunk. Von 1987 an war er für die *Süddeutsche Zeitung* tätig. Seit 1989 moderiert Giovanni di Lorenzo die Talkshow »3 nach 9« von Radio Bremen. 1999 wurde er Chefredakteur der Berliner Tageszeitung *Der Tagesspiegel*, der er bis heute als Herausgeber verbunden ist. Seit August 2004 ist Giovanni di Lorenzo alleiniger Chefredakteur der Wochenzeitung *DIE ZEIT*.

Die Identifikation mit dem, was man tut, ist das beste Mittel gegen Stress

Herr di Lorenzo, wieso kamen Sie in Schweden zur Welt?
Meine Eltern haben sich auf einer Zugreise von Kopenhagen nach Stockholm kennen und lieben gelernt. Die »Macht des Zufalls« brachte sie zusammen: Meine Mutter, eine junge Italienischlehrerin an der deutschen Schule in Rom, war auf dem Weg nach Schweden. Mein Vater, der von zu Hause abgehauen war, bestieg denselben Zug wie sie. Als meine Mutter entdeckte, dass sie ihre Schlafwagenkarte verloren hatte, ging sie ziemlich aufgelöst in ein normales Zugabteil. Dort saß mein künftiger Vater. Er sprang auf, warf seine Zigarette aus dem Fenster, um ihr mit ihren Koffern behilflich zu sein. Sie kamen sich näher, und bald danach kam ich auf die Welt.

Sie haben sowohl die italienische als auch die deutsche Staatsbürgerschaft. Wie kommen Sie damit zurecht?
Eine einzige Staatsbürgerschaft entspräche nicht meiner Identität. Bis 2004 besaß ich nur den italienischen Pass, dann wurde mir klar, wie absurd das ist: Ich lebe in Deutschland, ich arbeite hier, kann aber nicht wählen. Außerdem empfand ich es gewissermaßen auch als illoyal, mich nicht zu diesem Land, das mir sehr viel gegeben hat, zu bekennen. Zum Glück konnte ich die deutsche Staatsbürgerschaft annehmen, ohne die alte Bindung aufgeben zu müssen.

Wann haben Sie Ihre Liebe zum Journalismus entdeckt?
Es war wie eine Berufung. In meiner Schule in Hannover, einer Art linken Musterschule, mussten wir nach dem Abitur ein Berufspraktikum absolvieren, und ich landete per Zufall bei der *Neuen Presse*. Dort traf ich auf einen fantastischen Ressortleiter. Dieser Mann, Anfang 30 und ein richtiger Profi, ließ mich gleich am zweiten Tag einen Artikel über Angelo Branduardi schreiben. An dem Tag, als dieser Artikel in der Zeitung erschien, fuhr ich abends nach Hause und wusste, das ist mein Beruf. Eigentlich wollte ich Psychoanalytiker oder Manager werden, nun war mir klar, ich werde Journalist.

Was empfanden Sie beim Schreiben Ihres ersten Artikels?
Es war ein unglaubliches Gefühl. Ich war während meiner Schulzeit Schülersprecher, Klassensprecher und Stadtschülersprecher, also sehr aktiv, doch mein Wirkungsbereich war natürlich begrenzt. Die Vorstellung, dass man als Journalist mit seiner Botschaft Zehntausende er-

reicht, elektrisierte mich. Eine gewisse missionarische Ader besaß ich also von Anfang an.

Inzwischen sind Sie Chefredakteur der Wochenzeitung *DIE ZEIT*. Welche Botschaften sind Ihnen besonders wichtig?

Gerade angesichts der Wirtschaftskrise und der steigenden Konkurrenz in der Medienbranche wollen wir einen Kontrapunkt setzen zur Flüchtigkeit, zum billigen Effekt, zur gefälligen Manipulation. Das Spektrum der Medien in Deutschland ist zwar gut und breit gefächert, aber guter Journalismus kostet sehr viel Geld. Das Internet zieht Leser ab, und die Sparrunden, unter denen jetzt viele Zeitungen zu leiden haben, gehen auf Kosten der Substanz.

Was bedeutet Substanz für Sie als Journalist und Chefredakteur?

Die Beurteilung ist immer etwas subjektiv, aber selbst wer uns nicht mag, kann nicht bestreiten, dass *DIE ZEIT* Qualität, Tiefgang und Akkuratesse besitzt. Wir verkörpern alte journalistische Tugenden, sehen aber nicht mehr altmodisch aus.

Allerdings leben wir in einer schnelllebigen Zeit, viele Menschen nehmen sich keine Zeit für *DIE ZEIT*. Ist das nicht ein Problem?

Die Schwierigkeit existiert, ist aber keineswegs unüberwindlich. Ich war in meinem Berufsleben schon immer eine Art Spezialist für schwierige Objekte. Als ich die »Seite drei« der »Süddeutschen« übernahm, hieß es, die Stücke seien zu lang, die Ära der großen Reporter sei vorbei, kein Leser würde sich noch mit diesen langatmigen Beiträgen befassen. Dann wechselte ich zum scheinbar hoffnungslos verstaubten »Tagesspiegel«, dem Blatt für die »Witwen von Wilmersdorf«. Der *ZEIT* hatte man seit den 90er-Jahren schon mehrmals das Totenglöckchen geläutet. Diese langen Formate seien doch nur etwas für biedere Studienräte, hieß es, bevor meine Vorgänger und ich Reformen anschoben. Nun hat *DIE ZEIT* das erfolgreichste Geschäftsjahr ihrer Geschichte hinter sich. Das macht mir Mut, an den alten journalistischen Tugenden festzuhalten und gleichzeitig mit behutsamen Erneuerungen weiterzumachen.

Erneuerungen erzeugen Stress, sei es positiver oder negativer. Wie ist es Ihnen gelungen, Ihre Redakteure für Veränderungen zu gewinnen?

Veränderungen müssen natürlich vermittelt werden. Ich muss die Leser mitnehmen und zumindest auch einen Teil der Redaktion, sonst stehe ich auf verlorenem Posten, und die Veränderungen nützen gar nichts. Beim *Tagesspiegel* hat eine Zelle von Redakteuren damals versucht, mich rauszumobben, und verschickte unter anderem in die ganze Republik diffamierende anonyme Briefe über mich. Vom *Spiegel* bis zur *BILD* wurde in der gesamten Presse darüber berichtet. Auch heute bei der *ZEIT* führen meine Änderungsversuche zu allerhand Friktionen, aber letztlich hat uns das Echo der Leser, der Öffentlichkeit, aber auch der Mehrheit der Redakteure immer Recht gegeben.

Woher nahmen Sie die Gewissheit, dass Sie mit Ihrem Konzept erfolgreich sein würden?
Es gibt keine Gewissheit, sondern nur Bauchgefühl: Was ist diese Woche von Interesse oder auch: Welcher Titel interessiert mich? Manchmal irren wir uns, oft liegen wir richtig, wir gehen jedes Mal ein Risiko ein. Sich dann der Überprüfung, der Abstimmung der Käufer am Kiosk auszusetzen – darin liegt der Stress.

Wie sind Sie damit fertiggeworden, beim *Tagesspiegel* gemobbt zu werden?
Natürlich haben mir die anonymen Angriffe etwas ausgemacht, aber am schwersten fiel mir, so tun zu müssen, als wäre ich davon vollkommen unbeeindruckt. Ich musste ja meinen Weg unbeirrt weitergehen und konnte mich kaum jemandem anvertrauen. Ich habe diese Zeit als eine Phase großer Einsamkeit in Erinnerung. Ich hatte doch so viele richtige Schritte unternommen – das Layout vorsichtig reformiert, viele gute Leute von der *Süddeutschen* geholt –, und auf einmal kommt aus dem Hinterhalt diese Dröhnung. Kein Mensch kann dir vorher sagen, ob du so etwas aushältst oder nicht. Zum Glück hatten wir schnell eine Ahnung, wer der Drahtzieher sein könnte. Als er das Haus verließ, um einen neuen Job anzutreten, war bald Ruhe, aber diese Zeit war wirklich sehr hart.

Gelingt es Ihnen, Probleme innerhalb der Redaktion direkt und offen anzusprechen?
Der Prüfstein für die Eignung als Chefredakteur oder überhaupt als Chef ist die Fähigkeit, Mitarbeitern ins Gesicht sagen zu können, was los ist. Ich habe schon mehrere Kollegen direkt und offen damit konfrontieren müssen, dass sie für eine bestimmte Aufgabe nicht die Richtigen sind. Die meisten Chefs scheuen solche Situationen wie der berühmte Teufel das Weihwasser. Besonders bitter ist es, eine Kündigung auszusprechen und somit massiv in die Lebens- und Berufsplanung eines Mitarbeiters einzugreifen. Ich habe zumindest immer versucht – und es ist mir wohl in den meisten Fällen gelungen –, nicht verletzend zu sein und unter keinen

Umständen den ganzen Menschen infrage zu stellen.

Sie sind nicht nur Chefredakteur der *ZEIT*, sondern auch einer der drei Herausgeber des *Tagesspiegel* und Moderator der Sendung »3 nach 9«. Wie bekommen Sie so viele Funktionen überhaupt unter einen Hut?

Ich bin gut organisiert, sonst würde ich untergehen. Ich bereite mich auf jede Aufgabe penibel vor, vermeide Verschleiß, indem ich dafür sorge, dass sich die Termine nicht überlappen und ich nicht unter Zeitdruck gerate. Ich bin aber bestimmt kein Naturtalent, ich muss mir meine Organisation regelrecht erobern: Ob es um die Zusammenstellung der Termine geht, um die damit verbundenen Vorbereitungen oder um die Reiseplanung – nichts darf schiefgehen, sonst gerate ich unter Druck. Dann beherrsche nicht ich meine Aufgaben, sondern die Aufgaben beherrschen mich. Ich muss auch sichergehen, dass die verschiedenen Rollen nicht miteinander konkurrieren: Der eine Giovanni darf dem anderen keinen Stress machen! Natürlich gibt es Phasen, in denen ich richtig müde und abgespannt bin, aber meistens empfinde ich jede Tätigkeit als Bereicherung. In irgendeiner Form nützt mir jede neue Erfahrung auch noch auf anderem Gebiet.

Heißt das, dass Sie Ihre vielen Aktivitäten nie als Belastung empfinden?

Manchmal wird es natürlich zu viel. Es kommt schon vor, dass ich am Dienstag erst nachts um zwei die Redaktion verlasse, Mittwochvormittag nach Berlin zum *Tagesspiegel* fahre, abends wieder in den Zug steige, der Zug auch noch verspätet ist, und ich dann kurz vor Mitternacht hier ankomme. Anschließend lese ich im Bett noch *DIE ZEIT*, damit ich am Donnerstag fit bin für die Konferenz. Am anstrengendsten sind aber die vielen Veranstaltungen nebenbei, vor allem weil ich die Vorbereitungen dafür in die Abend- oder Nachtstunden legen muss. Wenn zu viele Veranstaltungen kurz aufeinander folgen, macht das nur noch wenig Freude, aber im Großen und Ganzen überwiegen die guten Momente.

Wie äußert sich bei Ihnen der negative Stress?

Ich bin morgens müde, abends müde, Müdigkeit durchdringt alle Facetten meines Lebens. Spätestens da weiß ich, dass ich auch mal Nein sagen muss. Meine Mitarbeiter achten schon darauf, dass sich nicht zu viele Termine anhäufen. Die Leute vom Verlag habe ich ebenfalls gebeten: »Versucht, mich ein bisschen zu schonen, es hat keinen Sinn, dass ich mich zu sehr aufreibe, das mag auch *DIE ZEIT* nicht.«

Reduzieren Sie Ihren Stress also dadurch, dass Sie Ihre Termine steuern und sich Grenzen setzen?

Ja, obwohl es eine Illusion ist zu glauben, ich könnte selbst über meinen Terminkalender verfügen. Ich bin fest angestellt und somit sind weite Teile des Tages fremdbestimmt. Aber ich schaffe mir dennoch eigene Inseln: Ich gehe beispielsweise vergleichsweise spät ins Büro, weil ich morgens Zeit und Ruhe brauche, um mein Pensum an Zeitungen zu lesen. Die wirklich wichtigen Telefonate führe ich auch lieber morgens zu Hause und nicht zwischen Tür und Angel im Büro. Insofern komme ich morgens bereits mit einer gewissen beruflichen »Grundierung« ins Büro. Das tut mir gut.

Was tun Sie, um den Stress bei Ihren Mitarbeitern in Grenzen zu halten?

Ich verlange viel Einsatz und muss aufpassen, unsere Leistungsträger nicht zu sehr zu belasten. Zwei neue Mitarbeiter habe ich gebeten, mich unbedingt wissen zu lassen, wenn es zu viel wird. Ich arbeite mich manchmal in einen solchen Rausch hinein, dass ich nicht merke, wenn das für andere so nicht geht. Ansonsten nehme ich mir für jeden Zeit, der mit einem Problem zu mir kommt. Allergisch reagiere ich nur auf eine gewisse Mischung von überschaubarem Einsatz und hohem Anspruchsdenken. Ich glaube, für

die Kollegen ist das wirksamste Mittel gegen negativen Stress die Freude an dem, was sie tun – und das, ohne Angst haben zu müssen.

Identifikation mit Ihrer Arbeit ist für Sie also ein probates Mittel gegen Stress?

Ganz bestimmt. Würde ich nicht ein hohes Maß an Selbstverwirklichung erfahren und diesen Beruf für sinnvoll halten, ich hätte ihn, schon aufgrund der physischen Belastungen, längst aufgeben müssen. Zehn Jahre als Chefredakteur – man rechnet das eigentlich in Hundejahren – sind schon eine irre lange Zeit. Aber ich bin gegen Larmoyanz, denn immerhin tue ich etwas, womit ich mich voll und ganz identifizieren kann. Die Überbelastung von Menschen, die für wenig Geld unter grauenvollen Chefs einer stupiden Arbeit nachgehen – dieser Stress ist viel schlimmer. Wir sollten uns auch immer wieder bewusst machen, dass der Mensch die Möglichkeit hat, sein Leben zu großen Teilen selbst zu gestalten und Verantwortung für sich zu übernehmen.

Was tun Sie, um immer wieder neue Impulse zu bekommen?

Meine ständigen Reisen und all die verschiedenen Baustellen, die ich betreue, haben den Vorteil, dass ich dauernd neuen Antrieb erfahre. Wäre ich an ein und denselben Standort gebunden, mir fiele zu wenig ein. Ich brauche die Auseinandersetzung mit Neuem, Begegnungen, Gespräche, ruhig auch Provokation.

Auf welche besonderen Stärken können Sie sich verlassen?

Ich glaube, ich bin nicht unbedingt ein Chef für Schönwetterphasen, ich eigne mich mehr für schwierige Situationen. Man kann sich auf mich verlassen – wenn ich eine Aufgabe anpacke, dann versuche ich, ihr mit aller Kraft gerecht zu werden.

Was tun Sie, um zu regenerieren?

Erstens habe ich eine glückliche Prädisposition – ich kann gut abschalten. Wenn ich abends aus dem Büro trete, lasse ich den Beruf hinter mir, schleppe ihn nicht mit nach Hause. Ich weiß ja, dass ich alles Menschenmögliche geleistet habe, und schließe daher innerlich Frieden mit mir selbst. Zweitens befolge ich ein altes, bewährtes Rezept: Ich befasse mich in meiner Freizeit mit Dingen, die mir Freude machen, manchmal nur kurz, aber dafür umso intensiver. Ich genieße sehr bewusst das Zusammensein mit meiner Familie und widme mich auch meinen Hobbys. Ich interessiere mich für Kunst und für Antiquitäten. Diese mentalen Ausflüge in eine andere Welt entspannen mich und geben mir viel Energie. Nicht zuletzt beziehe ich natürlich auch aus meinen beruflichen Erfolgserlebnissen sehr viel Kraft. Da Sie Psychologe sind, gebe ich zu: Darin steckt natürlich auch ein gewisses Suchtpotenzial.

Von Giovanni di Lorenzo lernen

Motivation durch Selbstverwirklichung und Sinnhaftigkeit
- Starke physische Belastungen hält man nur aus, wenn man seinen Beruf für sinnvoll hält und durch ihn ein hohes Maß an Selbstverwirklichung erfährt.

Selbstverantwortung übernehmen
- Man sollte sich bewusst machen, dass man sein Leben zu großen Teilen selbst gestaltet und sich für seinen Beruf selbst entschieden hat.

Sich inspirieren lassen
- Ein fordernder Beruf mit vielen Reisen und vielseitigen Aufgaben liefert ständig neue Impulse.

Grenzen erkennen
- Man muss auch bereit sein, Nein zu sagen.
- Wem klar ist, dass er das Menschenmögliche geleistet hat, kann mit sich selbst Frieden schließen.

Als Chef authentisch sein
- Der Prüfstein für die Eignung als Chef: offen und ehrlich mit den Mitarbeitern umgehen.
- Den Mitarbeitern negativen Stress ersparen und für eine angstfreie Arbeitsatmosphäre sorgen.
- Bei Kritik oder gar einer Kündigung: unter keinen Umständen den ganzen Menschen infrage stellen.

Sich gut organisieren
- Wer Termine genau plant und Aufgaben penibel vorbereitet, vermeidet Verschleiß.

Abschalten
- Auch wenn die Freizeit knapp ist: Man sollte sich dann intensiv mit völlig anderen Dingen beschäftigen, die Freude machen.
- Mentale Ausflüge in eine fremde Welt entspannen und geben Kraft.

Doris Dörrie

Doris Dörrie, geboren in Hannover, übernimmt als Regisseurin und Autorin eine führende Rolle im deutschen Film. Sie studierte Theaterwissenschaften und Schauspiel in den USA, dann folgte die Ausbildung an der Hochschule für Film und Fernsehen in München. Ihr Kinofilm *Männer* (1985) wird ein internationaler Erfolg. Weitere Filme folgen, u.a. *Keiner liebt mich* (1994), *Bin ich schön?* (1998), *Der Fischer und seine Frau* (2004) und *Kirschblüten-Hanami* (2008). Ihre Arbeit umfasst auch Dokumentarfilme, Romane, Kurzgeschichten, Kinderbücher und Operninszenierungen. Sie wurde vielfach ausgezeichnet, u. a. mit mehreren deutschen Filmpreisen und dem deutschen Buchpreis für den Roman *Das blaue Kleid* (2001).

Still sitzen, Klappe halten, auf den Atem achten, sonst nichts

Frau Dörrie, welche Begriffe fallen Ihnen zum Thema Stress ein?
Vergangenheit, Zukunft und Gegenwart. Wir rennen ständig hinter etwas her und sind gleichzeitig auch schon wieder hintennach. Wenn man gedanklich zerrissen ist zwischen alldem, was man nicht geschafft hat, und dem, was noch zu machen ist, dann gerät man unter enormen Stress.

Wie schaffen Sie es, aus diesem Gedankenkarussell auszusteigen?
Ich versuche innezuhalten, mich in den Augenblick, in das Jetzt, zurückbringen und mich selbst und die eigene Umgebung, die kleinsten Dinge und Geräusche, bewusst wahrzunehmen. Dabei hilft eine simple Methode: atmen – die Aufmerksamkeit ganz und gar auf den ein- und ausströmenden Atem richten. Gerade in meinem Beruf fällt das richtig schwer. Man hat dauernd ein Drehbuch im Kopf, strickt an einer Geschichte, schreibt und überlegt nonstop: Wenn ich das jetzt mache, dann passiert das und das, dann könnte ich aber doch, und dann müsste ich stattdessen ... Um mich nicht komplett zu verlieren, muss ich mich zwingen, immer wieder in den gegenwärtigen Moment

zurückzukehren und bewusst zu atmen. Wenn mich die Gedanken wieder ablenken und vom Atmen wegtragen, fange ich wieder von vorne an, lasse wieder los und atme. Diese Atemmeditation kann jeder machen, ohne Übung und Training. Wenn man sie konsequent anwendet, verflüchtigt sich der Stress schnell.

Haben Sie heute schon bewusst geatmet?
Ich hatte heute schon sehr viel Stress – habe alles falsch gemacht, zu viel Kaffee getrunken, nichts gegessen, weil ich keine Zeit hatte. Dann bin ich mit dem Auto losgefahren, habe in der Tiefgarage geparkt und da diesen kleinen Moment der Ruhe genutzt, um bewusst zu atmen. Eine kleine Pause einzulegen und sich bewusst zu machen, wo man wirklich gerade ist, kann Wunder bewirken. Man schiebt die Fantasien und Gedanken über das Sollen und Müssen beiseite und atmet und hält sich dadurch wirklich in diesem Augenblick, jetzt, auf.

Kennen Sie Phasen, in denen negativer Stress Ihre Kreativität blockiert?
Zum Glück nicht. Ich habe in mir immer das gefunden, was ich mein Zimmer nenne. Es ist ein großer Luxus, ein wahres Privileg, so ein Zimmer der Fantasie, der Kreativität und der Kunst zu haben – und für dieses Zimmer auch noch den Schlüssel zu besitzen. Selbst in Zei-

ten von ganz großem psychischem Stress kann ich dieses Zimmer betreten und mich meiner Kunst widmen. Ich schreibe dort, ich drehe Filme, inszeniere eine Oper oder male. Je nachdem, was ich gerade tue, sieht mein Zimmer anders aus, das ist etwas wirklich Großartiges.

Wann haben Sie denn dieses Zimmer für sich entdeckt?

Ich habe mich schon als Kind von meinen vielen Schwestern und der sehr großen, lauten Familie zurückgezogen. Ich habe viel gelesen und konnte so einen inneren Raum für mich gewinnen. Dort habe ich mit all den Figuren aus den Büchern gelebt und gespielt. Ich schuf mir eine andere Welt und lebte doppelt.

Wie sind Sie zum Lesen gekommen?

Ich wurde dazu erzogen, denn jeden Abend haben wir uns nach dem Abendessen hingesetzt und gelesen – die ganze Familie. Wir hatten keinen Fernseher. Bei uns wurde immer viel erzählt und Literatur als überlebenswichtig angesehen. Ohne Bücher zu leben war für uns unvorstellbar. Später entdeckte ich dann die Bilder. Kein Fernseher, sehr selten Kino, also erschuf ich mir einen eigenen Raum für eigene Bilder.

Sind Sie auch in der Schule, als Sie das Lesen lernten, in diese Fantasiewelt eingetaucht?

Es war für mich sehr aufregend, lesen zu lernen: Dass Buchstaben plötzlich ein Wort und damit ein Bild ergeben, eine ganz andere Welt eröffnen, hat mich fasziniert. Irgendwann ging ich die Straße entlang und entdeckte, dass ich plötzlich alle Wörter lesen konnte. Ich weiß es noch wie heute: Auf einmal hatten die Buchstaben eine Bedeutung, auf Schritt und Tritt begegneten mir die Wörter »Bäckerei«, »Schmuck«, »Obst« – überall Wörter und damit auch Bilder.

Haben Sie denn das Fernsehen als Kind nicht vermisst?

Doch, es war ein absoluter Makel, keinen Fernseher zu haben. Ich kann mich gut daran erinnern, wie ich einmal spätnachmittags aus dem Fenster guckte und die Straßen komplett leer waren, weil alle vor dem Fernseher saßen, nur wir nicht. Das fand ich schon hart. Es war auch schrecklich für mich, wenn die anderen Kinder morgens in der Schule über all die Fernsehsendungen redeten, die sie gesehen hatten, über *Raumschiff Enterprise* und was es sonst so gab. Also studierte ich die Fernsehzeitschriften, las die Inhaltsangaben und tat dann so, als hätte ich all das auch gesehen, um mitreden zu können.

Wird heute nicht viel zu viel ferngesehen? Ist das eine Gefahr?

Nicht das Fernsehen an sich ist gefährlich, sondern die dauernde Verführung durch alle audiovisuellen Medien, Handys, Internet, Computerspiele. Unentwegt werden wir dazu verleitet, den gegenwärtigen Moment zu verlassen und uns woanders aufzuhalten. Wir betreten die virtuelle Welt und trennen unseren Körper von unserem Kopf. Wir sind nicht mehr sehr oft wirklich bei uns. Außerdem entwickeln wir immer mehr Fantasien darüber, wie die eigene Welt aussehen sollte und wie man auf jeden Fall zu sein hat: Warum ist mein Aussehen und mein Verhalten, warum sind meine Beziehungen und meine Lebenswelt nicht so, wie sie mir die Werbung und die virtuellen Welten vorspiegeln? Diesen Druck, einem bestimmten Bild zu entsprechen, sehe ich als Dauerstress an. Wir tauchen immer mehr in eine virtuelle Welt ab und verpassen darüber womöglich unser wirkliches Leben. Wir entfernen uns vom realen Kontakt zu unseren Freunden, unseren Liebsten. Wir halten uns vielleicht noch in einem Raum mit ihnen auf, aber unser Geist schwirrt woanders herum. Das hat mit Aufmerksamkeit und Achtsamkeit nicht mehr viel zu tun.

Tun wir zu viele Dinge gleichzeitig?
Bestimmt. Ich kann durchaus eine E-Mail schreiben, gleichzeitig noch wahrnehmen, was im Fernsehen läuft, und eine Unterhaltung führen. Ich bilde mir dann ein, dass ich das alles irgendwie verarbeiten kann,

doch die Frage ist: Wo bin ich eigentlich? All dieses hat mit Geschwindigkeit und Beschleunigung zu tun. Ich denke, je mehr ich gleichzeitig lebe, umso mehr erlebe ich. Aber die scheinbar langweiligen oder eher beschaulichen Zeiten, zum Beispiel die Ferien, wo wenig passiert und man nur am Strand liegt, diese Zeiten fühlen sich im Nachhinein oft sehr viel intensiver an als jene vollgepackten Tage und Wochen, in denen man zigtausend Dinge tut. Am Ende weiß man gar nicht mehr, was man gemacht hat. Wir drehen uns um, und unser Leben ist vorbei.

**Sie drehen Filme, inszenieren Opern, schreiben Bücher ...
– wie schaffen Sie es überhaupt, irgendwann zur Ruhe zu kommen?**
Ich versuche zu üben, so viele Augenblicke wie möglich wirklich zu erleben und mich nicht aus der Gegenwart durch meine unruhigen Gedanken wegtragen zu lassen: Wie ist heute das Wetter, wie fühlt sich der Regen an, unter welchem Baum stehe ich gerade. Ich versuche, jeden Regentropfen zu spüren und wahrzunehmen. Es gibt mein Leben doch nur in der Gegenwart und nicht in der Vergangenheit oder in der Zukunft.

Wann haben Sie diese Form der Meditation für sich entdeckt?
In dem Augenblick, als mein Leben eine sehr tragische Wende nahm.

Mein Mann erkrankte an Leberkrebs und starb drei Jahre später. Während seiner Krankheit wollte ich natürlich für ihn da sein, aber auch für meine kleine Tochter. Ich musste die Familie plötzlich von einem Tag auf den anderen ganz alleine versorgen. Es gab sehr viele, ganz konkrete Probleme, aber am schlimmsten war diese irrsinnige Angst, meinen Mann zu verlieren. Da war für mich der Punkt erreicht, wo die üblichen Methoden, wie der Versuch, vernünftig zu sein, sich zur Ruhe zu zwingen, nicht mehr funktionierten. Das Einzige, was für mich stimmte, war: hinsetzen, Klappe halten und auf den Atem achten, sonst nichts. Ich befand mich im Würgegriff der Angst, und diese Angst hat mich fast funktionsunfähig gemacht. Nur die gezielte Atemmeditation hielt mich davon ab, vor Angst aus dem Fenster zu springen.

Haben Sie auch bei Ihrer Arbeit mit Ängsten zu kämpfen?

Nein, arbeiten heißt für mich spielen. Ich glaube, es ist eine ganz besondere Fähigkeit des Homo ludens, des spielenden Menschen, zur gleichen Zeit hochkonzentriert und selbstvergessen zu sein. Das ist ein Glückszustand, um den wir Kinder beneiden, die ein Sandschloss bauen und ganz und gar darin aufgehen. Ich erreiche diesen Zustand, wenn ich Filme mache, wenn ich schreibe oder eine Oper inszeniere. Das be-

deutet für mich, im Flow zu sein, ein Zustand höchster Kreativität. Man erreicht so andere Wellen im Gehirn.

Werden Sie im Alltag nicht dauernd in Ihrem Flow gestört?

Na klar. Ständig. Ich trage zu Hause einen Hut, wenn ich schreibe, was eigentlich heißt, dass mich niemand ansprechen darf. Hält sich aber niemand dran. Aber ich habe eine eigene Vorstellung vom Alltag: Ich liebe ihn, er ist mein großer Lehrer, ich glaube, dass man die großen Mysterien auch im Alltag entdecken kann, man darf nur die Dinge, die auf einen zukommen, nicht von sich weisen. Neulich lagen, ungelogen, 48 einzelne Socken vor mir auf dem Boden, kaum eine passte zur anderen, denn meine Familie ist einfach nicht in der Lage, ein gleiches Paar Socken in die Wäsche zu tun. Nun könnte ich mich natürlich maßlos darüber ärgern, aber mit ein bisschen Überwindung kann ich es auch lustig finden, mitten in einem Berg unterschiedlicher Socken zu sitzen. Ich versuche, den Situationen ein spielerisches Moment abzugewinnen, anstatt mich darüber aufzuregen. Eine solche Sockenproblematik kann Kreativität anregen.

Wie können denn Socken zu Kreativität inspirieren?

Nun, ich kann über das Problem ungleicher Socken spontan mit Frauen und auch mit Männern ins Gespräch kommen. Jeder kennt es. Es verbindet. Man kann es auf verschiedenen Ebenen diskutieren. Sind Sockenpaare von vornherein dazu verdammt, auseinandergerissen zu werden? Was würde Plato dazu sagen? Ist eine einsame Socke für immer unglücklich? Gibt es einen Planeten, wo sich all die verschwundenen Socken aufhalten? Wie ist das Verhältnis von Kunstfiguren zu ihren Socken? Wer legt Hamlets Socken zusammen? Wie kommt Rigoletto, der alleine für seine Tochter sorgt, mit einem Durcheinander an Socken zurecht? Das große Ziel beim Erzählen von Geschichten ist es, Kontakt aufzunehmen, Verbindungen zu schaffen, und das funktioniert oft auf der ganz einfachen Ebene des Alltags. Ich könnte eine Geschichte über einen Mann und eine Frau erfinden, die sich im Waschsalon über ihre Socken kennenlernen. Die Socke kann ich also als kleinen kreativen Funken nutzen, den ich dann weiterspinnen kann. Ich starte gern ganz unten – sozusagen auf der Sockenebene – und versuche dann, Kreise zu ziehen und andere Dinge daraus zu entwickeln.

Stehen Sie bei der Organisation Ihrer Arbeit unter Zeitdruck?
Frauen, die arbeiten und sich zugleich um ein Kind kümmern, müssen sich zeitlich ganz anders einteilen als Männer. Das ist leider immer noch so und wird sich auch nicht

so schnell komplett ändern. Mir hat meine Tochter Disziplin beigebracht: keine Zeit, nachts den großen Künstler zu spielen und zu sagen, na ja, die Inspiration kommt vielleicht um drei oder vier Uhr in der Früh, dann schlafe ich eben tagsüber. So habe ich als Studentin und davor auch als Filmemacherin gelebt. Das war vorbei. Meine kleine Tochter gab einen klaren Takt an, und ich hatte mich zu fügen.

Gab es viele Machtkämpfe zwischen Ihnen und Ihrer Tochter?
Nein, denn die Wünsche eines Kindes sind einfach und klar: Wenn es Hunger hat, dann will es essen, da gibt es nichts zu diskutieren. Ich musste lernen, meine Zeit gut zu nutzen. Auch konnte ich nicht zickig sein und sagen: »Ich brauche aber meinen Schreibraum, meinen Tisch und einen schönen Blick, um kreativ zu sein.« Also habe ich mich irgendwo hingesetzt und geschrieben, manchmal auch nur zehn Minuten lang, während meine kleine Tochter schlief oder spielte. Es war ein ungeheuer gutes Training für mich – mein Kind hat mir beigebracht, sehr, sehr effektiv zu arbeiten und viel schneller zu sein als meine männlichen Kollegen.

Sind Ihre Pläne nicht ständig durcheinandergeraten?
Doch natürlich, das kann sehr stressig sein. Ich musste eben lernen,

weniger krampfhaft an Plänen festzuhalten, da ein Kind gern alle Pläne zertrümmert. Das kennt jede Mutter: Wenn man eine Arbeit unbedingt zu Ende bringen will, spielt das Kind garantiert nicht mit – es wird krank oder findet seinen Schuh nicht, und man fängt an, die gesamte Wohnung abzusuchen. Meine Tochter hat mich zur Flexibilität erzogen, notfalls tauschte ich das ursprüngliche Arbeitskonzept gegen ein neues aus. Wenn ich das nicht eingeübt hätte, wäre ich vollkommen verzweifelt – und mein Kind ebenfalls!

Hatten Sie noch andere Lehrmeister?
Ja, der Tod gibt mir immer den richtigen Rat. Ich stelle mir den Tod vor, sehe mich als Skelett an seiner Seite und frage mich dann selbst als Tote, was ich von dem halte, was ich gerade im Leben mache. Mein Skelett – oder der Tod – werden sich die meiste Zeit totlachen. Ha, ha, ha, der Tod lacht sich tot. In Anbetracht der ziemlich kurzen Zeit auf Erden ist das meiste, was wir tun, ziemlich lächerlich.

Führt der Gedanke an unsere Vergänglichkeit unser Leben ad absurdum?
Ja, der Tod lässt das Leben mit allen unseren seltsamen Anstrengungen ziemlich absurd erscheinen. Leider haben wir dieses Memento mori, das

ja eine lange Tradition in Europa hatte, vollkommen vergessen, weil wir wahnsinnige Angst davor bekommen haben. Wir glauben, der Gedanke an den Tod führe zu Depression und Traurigkeit, dabei soll er uns daran erinnern, dass wir gefälligst Spaß an unserem kurzen Leben haben sollten. Dahinter steckt die Aufforderung »carpe diem« oder »enjoy it while you can« – ein sehr effektiver, wenn auch nicht immer einfacher Trick, das Leben angesichts unserer Vergänglichkeit bewusst zu genießen.

Die Vergegenwärtigung des Todes zur Stressreduktion?
Klar, wir erkennen dann doch, dass all die Dinge, mit denen wir uns die Hölle heiß machen, sehr, sehr relativ sind. Wenn man sich vorstellt, dass man in nicht allzu langer Zeit zum Skelett wird, dann ist man vielleicht eher geneigt, all die negativen Emotionen, den Hass und die Wut, den Neid und die Eifersucht zu relativieren. Vielleicht stimmt es ein bisschen netter und milder, und man erkennt, dass der Streit, der gerade so irrsinnige Wogen schlägt und so viel Stress erzeugt, gar nicht sein muss.

Wenn es Streit gibt während einer Filmproduktion, gehen Sie dann auf Distanz zu sich selbst und sagen: Stopp, was machen wir hier eigentlich?
Ich versuche mich oft zurückzu-

holen, denn gerade wenn wir an einem Film oder einer Oper arbeiten, finde ich es besonders idiotisch, sich zu streiten. Es ist ein solcher Luxus, eine so tolle, privilegierte Tätigkeit, mitten in diesem großen Spielplatz zu sitzen und dort spielen zu dürfen, dass man sich da nun wirklich nicht gegenseitig fertigmachen sollte. Es gibt männliche Kollegen, die behaupten, Film sei Krieg. Das finde ich lächerlich und auch sehr schade, denn die Zeit, die man hier miteinander verbringt, kann toll sein. Außerdem ist es Lebenszeit!

Bringen Ihre Schauspieler eigene Ideen und Änderungsvorschläge ein? Und gehen Sie darauf ein?
Ja, natürlich. Bei einem Film wie *Kirschblüten – Hanami* haben wir gemeinsam immer wieder über das Thema Vergänglichkeit gesprochen. Mit manchen Schauspielern arbeite ich übrigens seit 25 Jahren. Für mich ist es eine Art Sport, mit ihnen meine Konzepte neu zu überdenken und zu revidieren. Ich bin kein konzeptioneller Filmemacher, der alles festzurrt und genau plant. Ein Actionfilm, der schon aufgrund des gewaltigen technischen Aufwands jede Improvisation unmöglich macht, wäre mir viel zu unspielerisch. Mir macht es großen Spaß, immer wieder Freiräume zu öffnen, mich von den Schauspielern und allem, was um mich herum passiert, inspirieren

zu lassen. Ich schaue, wie weit die Realität bereit ist, der Fiktion etwas zu schenken.

Wie wichtig ist es Ihnen, sich immer wieder zu öffnen?
Ein Regisseur muss offen sein und sich ungeschützt, also »nackt«, zeigen, sonst sind auch die Schauspieler nicht bereit, sich herzuzeigen. Natürlich macht es Angst, unter vielen fremden Leuten über sehr diffizile, fragile Emotionen zu reden, da ist die Verletzlichkeit groß. Man muss es auch aushalten, womöglich sehr peinlich zu sein, und darf keine Angst davor haben, sich zum Narren zu machen. Männer geraten da meistens viel schneller unter Stress als Frauen, weil sie glauben, die Chefs spielen zu müssen. Sie halten ihre wahren Emotionen zurück. Ich glaube, ich habe es da einfacher gehabt, weil man mich als Frau sowieso nicht ernst nimmt.

Welche Filmszenen waren denn besonders peinlich?
Sexszenen sind für alle Regisseure, Schauspieler und das gesamte Team extrem peinlich, absolut grauslich. Niemand mag diese Szenen drehen, die eine so intime Begegnung in einen technischen Vorgang verwandeln. Da kommt man um sieben Uhr früh an den Drehort, die Schauspieler sind schon nackt, man muss ihnen irgendwie zeigen, wie sie auf dem Bett oder sonst wo Sex vortäu-

schen sollen. Das Ganze mit Humor zu nehmen, hilft dann doch ein bisschen, den Stress abzubauen. Als wir in Tokio die Szene mit Elmar Wepper im Pornoclub drehen mussten, haben wir vorher über Rezepte für die Weihnachtsgans geredet, das hat uns entspannt. Sehr wichtig ist es, gegenseitiges Vertrauen zu schaffen.

Ist Authentizität eine Voraussetzung, um Vertrauen herzustellen?
Ja, nur ist es natürlich ein schwerer Job, zu offenbaren, wie man wirklich ist. In einem Moment weiß man es, im nächsten spielt man schon wieder eine Rolle. Ich gebe ja niemals alle meine Vorstellungen, meine gesamten Wünsche und Ängste preis. Ich bin ich und gleichzeitig viele andere. Eine sehr philosophische Frage: Wie viel an mir ist Fiktion und Erfindung, und wo ist das wahre Ich? Besonders interessant scheint mir, inwiefern man bereit ist, »niemand« zu sein. Es ist wahnsinnig anstrengend, dauernd jemand sein zu müssen: So sollte ich sein, so ziehe ich mich an, so rede ich, so bin ich, so denke ich. Das ist Stress hoch 100. Ist es nicht viel entspannender, auf den Atem zu achten, in sich hineinzuschauen und festzustellen, wie angenehm es ist, »niemand« zu sein?

Hilft Ihnen das Atmen bei den Fragen: Was tue ich und wozu?
Eigentlich weiß ich nicht einmal, wie alt ich bin. Ich weiß das durch Feedback und durch meine Geburtsurkunde und meinen Pass, aber in diesem Moment hier weiß ich nicht einmal, wie alt ich bin. Das Gefühl für mein biologisches Alter ist fließend, ich bin fünf und 17 und 22 und 42 und 50, alles gleichzeitig. Immer wieder sekundenlang diesen kleinen Hauch von »niemand« zu erwischen, ist eine irrsinnige Befreiung. Der Niemand ist halt ein sehr stressfreier Mensch im Vergleich zum Jemand.

Warum fällt es uns so schwer, »niemand« zu sein und zu zeigen, was wir alles sein können?
In unserer Kultur ist es ganz furchtbar, »niemand« zu sein. Gerade wir Frauen treiben uns seit 50 Jahren an, weil wir aufholen wollen. Wir möchten den öffentlichen Raum erobern, der uns früher verwehrt war. Nun haben wir ihn erobert, und um ihn nicht zu verlieren, wollen wir ihn auch verteidigen, müssen »jemand« sein, dürfen bloß nicht älter werden und müssen eine ganz bestimmte optische Erscheinung wahren. Damit uns das gelingt, spielen wir viele verschiedene Rollen, sind gleichzeitig Mutter, Karrierefrau und Partnerin. Wir sind wirklich sehr getrieben. Davon handelt mein Film *Der Fischer und seine Frau*, wo es um mehr, mehr, und noch etwas mehr geht. Es ist nie genug, und das bedeutet Stress.

Wie unterscheidet sich der weibliche Stress vom männlichen?

Friedrich Engels hat einmal gesagt: »Ein Mann ist, was er macht, eine Frau ist, was sie ist.« Diesen Satz habe ich in dem Film *Männer* untergebracht, und alle lachen im Kino darüber. Jedenfalls erzeugen hierarchische Zwänge bei Männern großen Stress, aber dafür fühlen sich Frauen, da sie »sind, was sie sind«, ständig aufgerufen, alle zu versorgen, alles zu managen und die Welt am Laufen zu halten. Im Gegensatz zu Männern gönnen sie sich kaum kontemplative Pausen. Nennen Sie mir eine Frau, die angeln geht, sich hinsetzt und nichts tut. Frauen übernehmen so viele Rollen und wollen derartig viele Dinge unter einen Hut bringen, dass ihr Stressfaktor deutlich höher ist. Sie meinen, die Welt würde sich ohne sie nicht weiterdrehen, und wahrscheinlich ist es auch so.

Einen Film zu produzieren ist ja mit Stress verbunden. Wie war das bei *Kirschblüten – Hanami?*

Dadurch, dass ich digital gedreht habe, konnte ich in *Kirschblüten* mein ursprüngliches Konzept immer wieder aufgeben und Änderungen einbauen. Mein Team war auch recht klein, da ich es nicht vertrage, wenn sehr viele Leute Einfluss nehmen und alles kontrollieren wollen. Mein Ziel ist es, Geschichten anders zu erzählen, das Spielerische zu bewahren und das Budget nicht so anwachsen zu lassen, dass die Kontrolle zu groß wird. Wenn das klappt, ist das Filmemachen insgesamt für mich kein Stress. Der Stress beginnt dort, wo die Öffentlichkeit ins Spiel kommt. Den Film vermarkten zu müssen, Hunderte von Interviews zu geben, manchmal im 20-Minuten-Takt, das ist Stress. Immer und immer wieder dasselbe erzählen, jedem, auch dem 150. Journalisten, das Gefühl der Einmaligkeit zu geben, weil er ja ein Anrecht darauf hat, als Individuum wahrgenommen zu werden – das ist wahnsinnig anstrengend. Da fällt es mir schwer, klar zu sehen, ob ich jetzt noch wahrhaftig bin oder eine PR-Maschine.

Spielt der Erfolgsdruck nicht auch eine große Rolle?

Na klar, ich muss genau überlegen, was nicht nur mich, sondern auch die anderen Menschen interessieren könnte. Und den Leuten, die mit mir arbeiten, muss ich das Gefühl geben, dass die Geschichte, die ich erzähle, Chancen auf Erfolg hat. Bei einem so teuren Medium ist das für mich eine Verpflichtung.

Freut es Sie nicht, geliebt, bewundert und beneidet zu werden aufgrund Ihres Erfolgs?

Doch, aber es ist auch stressig, gedoppelt zu werden, also gleichzeitig als eine private und eine öffentliche Figur zu existieren. Ich kann nicht einschätzen, wie diese öffentliche Figur wirklich wahrgenommen wird, sie ist ja eine abgespaltene Person. Sie ist eine Version von mir. Je nachdem, ob ich in einer Frauenzeitschrift auftauche, auf dem Titelblatt der deutschen Bahn, im Feuilleton der *FAZ* oder in der *Bunten* – ich werde in jedem Kontext anders gelesen und goutiert. Falsch beurteilt zu werden gehört zum üblichen Stress. Aber ich kann mein öffentliches Bild nicht kontrollieren.

Fühlen Sie sich von Journalisten häufig verkannt und benutzt?
Wer im Rampenlicht steht, muss sich ständig beobachten und inszenieren. Ich kann auch sagen, die Leute sollen denken, was sie wollen, ich kann mein Bild in der Öffentlichkeit sowieso nicht schützen. Nur wenn private Fotos, wenn sehr emotionale Momente, Augenblicke der Freude oder Trauer, durch die Presse geistern, dann fühle ich mich benutzt und ausgebeutet. Da ist es wichtig, immer wieder klare Grenzen zu setzen, denn solche Übergriffe sind mehr als der übliche Stress.

Wie reagieren Sie, wenn Sie sich missverstanden fühlen?
Ich bin dann extrem verletzt. Journalisten können das nicht verstehen, weil sie denken, sie verletzen nur die öffentliche Figur, doch wie mir geht es fast allen Künstlern. Es gibt Künstler, die nach einer schrecklich schlechten Kritik nie wieder ein Bild gemalt oder nie wieder einen Film gemacht haben. Sie fühlen sich vernichtet und im innersten Kern ihrer Identität getroffen.

Schaffen Sie es, sich von dem vernichtenden Gefühl irgendwann zu distanzieren?
Das ist schwierig, ich habe dann schon Mordgedanken. Ich möchte den, der mich verletzt hat, zumindest verprügeln. Zum Glück habe ich in diesen Dingen ein kurzes Gedächtnis. Manchmal treffe ich auf so einen Kritiker, der mich gnadenlos verrissen hat, er druckst dann herum, während ich ihm in aller Freundlichkeit begegne, weil ich den Verriss längst vergessen habe. Manch eine besonders gemeine Kritik bleibt dann aber doch hängen, und es geht mir immer wieder durch den Kopf: Wie kann der nur! Das kann doch nicht wahr sein! Einmal habe ich einen Kritiker angerufen, um ihn zur Rede zu stellen, aber der hat sofort panisch aufgelegt.

Wie schaffen Sie es, dass nach einer Kränkung Ihre Energie wieder fließt?
Indem ich mich selbst nicht so ernst nehme. Das ist der Trick. Da hole ich wieder Herrn Tod an meine Seite und frage ihn:»Was sagst du zu der schlechten Kritik?« Ich werde ihn laut lachen hören, und er wird sagen:»Eine schlechte Kritik? Ich bitte dich!«

Von Doris Dörrie lernen

Atemmeditation

- Atemmeditation ist eine sehr einfache Übung, die überall durchführbar ist und auch in extremen Krisensituationen hilft.
- Halten Sie inne, nehmen Sie nur sich und die Umgebung und Ihren ein- und ausströmenden Atem wahr. Wenn Ihre Gedanken abschweifen, fangen Sie wieder von vorne an.
- Indem Sie sich auf den Augenblick konzentrieren, schieben Sie Ihre Gedanken über das Sollen und Müssen und Ihre Ängste beiseite.

Beschaulichkeit

- Nicht die Momente sind besonders intensiv, in denen man möglichst viele Dinge parallel erledigt, sondern vielmehr die, in denen vordergründig wenig passiert, man scheinbar nichts tut.

Flexibilität

- Kleine Kinder sind eine gute Schule: Sie bringen mit ihren natürlichen Grundbedürfnissen festgefügte Zeitraster durcheinander.
- Halten Sie nicht krampfhaft an Ihren Plänen fest. Üben Sie, flexibel zu bleiben und auch kurze Momente effektiv zu nutzen.

Humor

- Kränkungen oder das Gefühl, nicht verstanden zu werden, lassen sich besser verkraften, wenn man sich selbst nicht so ernst nimmt.
- Bemühen Sie sich, ärgerlichen Situationen ein spielerisches Moment abzugewinnen. Wechseln Sie die Perspektive: Der humorvolle Blick eröffnet neue Perspektiven und führt zu unerwarteten Erkenntnissen.

Authentizität

- Die Medien, die Werbung spiegeln uns eine perfekte Welt vor. Ihr entsprechen zu wollen, erzeugt Dauerstress.
- Bleiben Sie bei sich, im Hier und Jetzt. Akzeptieren Sie Ihre Unvollkommenheit.
- Versuchen Sie nicht immer, einer Rolle zu entsprechen. Immer jemand sein zu müssen, ist Stress. Niemand zu sein ist sehr entspannend.

Endlichkeit

- Machen Sie sich bewusst, dass Sie sterblich sind. Dann werden Sie auf viele gegenwärtige Probleme gelassener reagieren.

Bernd Eichinger

Bernd Eichinger, Drehbuchautor und Produzent. Nach dem Studium an der Hochschule für Fernsehen und Film in München gründete er 1974 seine erste Produktionsfirma Solaris Film. In den 70er-Jahren produzierte er viele Autorenfilme von Regisseuren wie Wim Wenders, Alexander Kluge, Edgar Reitz oder Hans-Jürgen Syberberg. Zu seinen Kinoerfolgen zählen u.a. *Christiane F. – Wir Kinder vom Bahnhof Zoo* (Regie Uli Edel), *Der Name der Rose* (Regie Jean-Jacques Annaud), *Der Untergang* (Regie Oliver Hirschbiegel), *Das Parfum – Die Geschichte eines Mörders* (Regie Tom Tykwer) sowie *Der Baader Meinhof Komplex* (Regie Uli Edel). Allein im deutschsprachigen Raum haben mehr als 80 Millionen Besucher seine Produktionen gesehen.

Wenn ich gestresst bin, brauche ich einen Befreiungsschlag

Herr Eichinger, Sie sind am 11. April 1949 in Neuburg an der Donau geboren. Hatten Sie eine schöne Kindheit?

Ich bin in dem Etwa-2000-Seelen-Dorf Rennertshofen aufgewachsen, wo mein Vater Landarzt war. Meine Eltern hatten sich dort in einen Bauernhof eingemietet, meine Schwester und ich sind auf dem Land in großer Freiheit inmitten von Kühen, Schweinen, Katzen und Hunden groß geworden. Bis zum fünften Schuljahr lief alles prima, doch dann wechselte ich nach Neuburg an der Donau auf die Oberschule und fuhr jeden Morgen mit meiner Schwester im Bus etwa zwölf Kilometer bis in die Stadt. Das war schon anstrengender. Mit elf schickten mich meine Eltern dann nach Deggendorf im Bayerischen Wald in ein von Priestern extrem streng geführtes Stift.

War diese frühe Trennung von zu Hause schmerzhaft für Sie?

Ich habe den Wechsel damals ohne Protest akzeptiert und mir gar keine Gedanken darüber gemacht. Erst viele Jahre später wurde mir bewusst, dass die Entscheidung meiner Eltern, mich derartig früh und ohne ersichtlichen Grund ins Internat zu stecken, unser Vertrauensverhältnis ziemlich belastet hat. Aus heutiger Sicht kann ich sagen, dass ich meinen Eltern von da an jegliche Erziehungskompetenz abgesprochen habe. Ich ließ mir überhaupt nichts mehr sagen. Das Gute daran ist, dass ich mich dadurch sehr früh emanzipiert habe.

Probleme hatte ich, der so viel Freiheit gewohnt war, mit der pedantischen Reglementierung des Schulalltags. Kein Wunder, dass ich irgendwann wegen Unbotmäßigkeit aus dem Internat flog.

Ich nahm mir ein Zimmer in Deggendorf, besuchte aber nach wie vor dieselbe Schule. Ich war 16, schwänzte den Unterricht und hatte meinen Spaß. Als ich auch noch aus der Schule flog, schickten mich meine Eltern nach München in ein Internat. Im Erasmus-Grasser-Gymnasium machte ich mein Abitur und befreundete mich mit einem Studenten, der die Münchner Filmhochschule besuchte. Er nahm mich dorthin mit, ich durfte Kabel tragen und schauspielern. Daraufhin beschloss ich, mich in der Filmhochschule zu bewerben.

Hat Sie der gnadenlose Wettbewerb um einen Platz nicht abgeschreckt?

Damals gab es über 450 Bewerbungen für nur elf Studienplätze. Mein Entschluss stand fest. Ich habe mir irgendwie 2000 Mark zusammengestottert, um einen 16-mm-Film drehen zu können, den ich den Bewerbungsunterlagen beilegte. Damit kam ich tatsächlich unter die ersten elf.

Sie haben 1974 – als 25-Jähriger – die Solaris Filmproduktion gegründet. War das für Sie ein großes Wagnis?
Nein, damals empfand ich das nicht so. Ich habe damals für Geissendörfer, der bereits ein renommierter Regisseur war, zunächst die Aufnahmeleitung und dann die Produktionsleitung übernommen und Drehbücher geschrieben, die auch alle verfilmt wurden. Ich war bald ein gefragter Produktionsleiter und habe viel verdient. So bekam ich die 20 000 Mark zusammen, um die Filmproduktion zu gründen.

Woher nahmen Sie damals den Mut?
Ich habe es mir einfach zugetraut. Nun hatte ich als Student ja viele Filme gedreht. Wir hatten an der Filmhochschule überhaupt kein Geld zur Verfügung, und ich musste lernen, einen Film auch mit einem minimalen Budget hinzubekommen. Mir fiel das so leicht, dass mir klar wurde, ich muss jetzt schnell einen neuen Sprung wagen und eine eigene Firma gründen.

Hatten Sie denn keine Angst, mit Ihrer Firma zu scheitern?
Keineswegs, Herausforderungen machen doch Spaß. Ich bin ein eher träger und fauler Mensch, also muss ich mich selber herausfordern, sonst gebe ich mich nur noch dem Müßiggang hin: Ich faulenze, trinke zu viel, schlage mir die Nächte um die Ohren. Ich bin ein exzessiver Charakter, und wenn ich meine Exzessivität nicht beim Arbeiten austoben kann, dann tobe ich mich woanders aus. Es gab in meinem Leben immer wieder Phasen, in denen mir bewusst wurde, dass ich etwas Neues anfangen muss, sonst komme ich nicht weiter. Der Entschluss, diese Produktionsfirma zu gründen, war für mich keine Belastung, kein Stress, sondern im Gegenteil, eine absolute Befreiung. Endlich war ich mein eigener Herr.

Was hat Sie 1978, nach dem Zusammenbruch der Constantin Film, dazu bewogen, bei der Neuen Constantin Film GmbH Geschäftsführender Gesellschafter zu werden?
Wieder dasselbe. Vier Jahre nach der Gründung der Solaris wusste ich, hier kann ich nichts mehr lernen. Ich verdiente gutes Geld, wurde respektiert, aber für mich bewegte sich nichts mehr. Ich wurde richtiggehend depressiv und hing nur noch melancholisch herum. Ich hatte einfach keinen Bock mehr.

Was wollten Sie denn erreichen?
Ich hatte mir ganz am Anfang vorgenommen, möglichst viele Filme zu machen, um möglichst viel zu lernen, und habe schnell gemerkt,

dass mich die deutsche Filmlandschaft nicht wirklich interessiert. Ich dachte mir, entweder ich verändere die Landschaft, oder ich höre auf, so einfach ist das. Ich habe erkannt, dass ich die Filmlandschaft in Deutschland nur verändern kann, indem ich Anschluss an den internationalen Film finde, und das ging über den Verleih. Deshalb habe ich mich in die Neue Constantin eingeklinkt. Auf einmal entstand eine Verbindung zu großen internationalen Filmemachern wie Francis Ford Coppola. Genau das wollte ich.

Sie waren sehr erfolgreich mit Ihren Filmen, haben zahlreiche Preise bekommen – welcher Film hat Sie besonders viel Kraft und Nerven gekostet?

Ganz klar: »Die unendliche Geschichte«. Ich habe damals mit Anfang 30 einen der teuersten Filme der Filmgeschichte weltweit gemacht – 33 Millionen Dollar hat er gekostet. Die Finanzierung stand noch nicht, und trotzdem haben wir angefangen zu drehen. Sämtliche Bavaria-Studios und Hunderte von Arbeitern waren mit unserem Film beschäftigt. Während in den Hallen alles aufgebaut wurde, saß ich mittendrin und schrieb noch die Drehbücher. Jeder wusste um die finanziellen Probleme, und wenn ich morgens reinkam, schauten 500 Augenpaare gebannt auf mich und prüften, wie ich drauf war.

Und, wie waren Sie drauf? Sind Sie unter solchem Druck überhaupt ansprechbar?

Ja klar. Ich bin nachts viel herumgefahren, habe viel zu viel getrunken und war selten daheim. Ich hatte auch Schlafstörungen, das weiß ich noch. Aber es war eine wilde, schöne Zeit, die ich nicht missen möchte. Ich wusste auch, wenn das schiefgeht, kann ich nie mehr in meinem Leben einen normalen Beruf ergreifen. Wenn so ein Unternehmen den Bach runtergeht, ist man bis ans Ende seines Lebens ein Sozialfall. Die Bavaria hätte ich mit in die Katastrophe gezogen. Ein Schlag, von dem ich mich wohl nie wieder erholt hätte.

Konnten Sie in der Situation überhaupt kreativ sein und weiterschreiben?

Um kreativ zu sein, muss man den Stress wegdrücken und jeden Tag sein Pensum absolvieren. Das habe ich getan. Irgendwann war zwar mein Geld zu Ende, aber wir haben trotzdem weitergedreht. Mit dem Regisseur habe ich mich dann auch noch zerstritten, und wir mussten ihn austauschen. Um den Stress komplett zu machen, zog Michael Ende, der Autor des Romans »Die unendliche Geschichte«, seinen Namen zurück. Mir war klar: Wir müssen zusehen, dass die Kugel dennoch weiterrollt. Wenn sie zum

Stillstand kommt, werden wir sie nie mehr anstoßen können.

Woher kam dann die Rettung?

Nachdem wir drei Wochen gedreht hatten, habe ich aus dem Material, das wir bereits hatten, eine Art Promorolle geschnitten. Mit dieser Rolle, praktisch eine Plastiktüte mit Filmmaterial, flog ich in die USA und bin dort von Studio zu Studio gelaufen, bis ich nach vielen langen Verhandlungen bei Warner Bros. tatsächlich den Deal ausgehandelt habe, den ich brauchte. Der Film wurde ordentlich zu Ende gedreht und hat sehr viel Geld eingespielt.

Was hat Ihnen damals geholfen, trotz aller Widrigkeiten weiterzumachen?

Das Bewusstsein, am Ball bleiben zu müssen, egal, was geschieht. Es ist wie beim Wellenreiten: immer weitersurfen, die Welle reiten, und zwar ohne auch nur einen Moment innezuhalten. Wenn die Welle über einen hereinschlägt, ist man tot. Also gilt es, die ungeheuren Kräfte, die da am Werk sind, für sich zu nutzen.

Von Ihnen stammt der Ausspruch: »Wenn ein Film ein Misserfolg wird, vergesse ich das sofort. Dann wird bei uns nicht mehr darüber geredet, denn man lernt nichts aus seinen Misserfolgen.« Ist das wirklich so?

Ja, ich habe die Misserfolge schließ-lich in meinem Gedächtnis gespeichert, ich muss nicht auch noch darüber nachdenken. Es muss vorwärtsgehen. Ich bin weder ein Schaumschläger noch ein Fantast. Ich nehme mir nichts vor, was ich nicht durchziehen kann.

Welche Rolle spielt die Intuition?

Ich bin ein Künstler, von daher spielt die Intuition eine große Rolle. Sowohl Intuition als auch langjährige Erfahrung sind nützlich, aber sie schützen nicht immer, machen nicht unbedingt alles leichter: Man kennt manche Fallen so gut, dass man auch Gefahr läuft, zu viele Gefahren zu wittern. Das kann von Nachteil sein.

Wie behalten Sie den Überblick?

Man braucht die Gabe, das Wichtige vom weniger Wichtigen zu unterscheiden. Man setzt Prioritäten, die man dann gnadenlos befolgt. Man braucht auch die Fähigkeit, andere von einem Filmprojekt so zu überzeugen, dass sie ihr Geld investieren.

Wissen Sie, was besonders hilfreich war? Ich habe unendlich viele Abenteuerbücher gelesen und genau hingeschaut, welche Unternehmungen gut ausgehen. Mir wurde klar, worauf es ankommt: eine Mischung aus Erfahrung und Risiko, aber auch die Fähigkeit, den richtigen Moment abzupassen. Mir geht es ähnlich wie Messner, dessen Bücher ich alle kenne. Er weiß als Bergsteiger genau, jetzt ist der richtige Augenblick! Und genau in diesem Augenblick muss man los. Manchmal erkennt man aber auch: Nee, der Zeitpunkt ist doch falsch. Dann muss man den Mut haben, kehrtzumachen und auf die nächste Chance warten.

Wie haben Sie Ihre Misserfolge hinter sich gelassen?

Zwei Nächte hintereinander durchsaufen, einfach um den Stress wegzukriegen. Ich bin dann wahnsinnig viel mit dem Auto herumgefahren, jede Menge Tankladungen geleert, immer nachts. Die Bewegung, aus dem Fenster gucken, mal stehen bleiben und Menschen beobachten – das brauche ich dann. Ich habe auch oft im Auto geschlafen. Ich suche das Abenteuer, kehre um fünf Uhr früh in einer Fernfahrerkneipe ein, einfach, um etwas ganz anderes zu sehen. Einmal bin ich mit meiner Assistentin um zehn Uhr nachts, nach der Arbeit, in meinem Porsche nach Wien gerast. Dort haben wir Freunde besucht, und am nächsten Morgen waren wir um zehn Uhr morgens wieder im Büro. Manchmal bin ich nachts nach Italien gefahren, habe am Meer gefrühstückt und bin dann wieder zurück. Jahrelang habe ich auch aus reiner Lebenslust Gläser an die Wand geschmissen.

Gab es in Ihrem Leben Momente, wo Sie nicht weiterwussten?

Nein, ich habe eher Verschnaufpausen eingelegt, nachgedacht und dann weitergemacht. Denn es hilft einem niemand. Das ist einfach so.

Verdrängen Sie Probleme, um die negative Energie wegzudrücken?

Ja, das ist wichtig. Ich würde noch weitergehen – ich versuche negative Energieströmungen zu sprengen. Wenn beispielsweise ein Gespräch für mich unerträglich ist und ich mich über den anderen aufrege, verlasse ich einfach den Raum. Vor allem, wenn ich mich schwach fühle, brauche ich einen Befreiungsschlag. Meiner Erfahrung nach lösen sich viele Probleme schon dadurch, dass man sie erst einmal liegen lässt. Ein Beispiel: Ich sollte an einer wichtigen Sitzung teilnehmen, von der viel für mich abhing. Doch ich wusste, die Sache wird schlecht für mich ausgehen, ich kann gar nicht gewinnen. Ich sah mich den Konferenzsaal betreten, wo ungefähr 15 Leute auf mich warteten, die alle gegen mich sind. Als ich morgens unter der Dusche stand, überlegte ich fieberhaft, was ich tun könnte, und auf einmal kam mir die Eingebung: Ich gehe da einfach nicht hin, ich erscheine nicht zu meiner eigenen Schlachtung!

Und wie haben die Leute darauf reagiert?

Sie waren zunächst platt, und dann

haben sie plötzlich gemerkt, dass auch ich sie unter Druck setzen kann und dass alle verlieren, wenn ich nicht mitmache. Eine solche Strategie ist natürlich riskant, ich würde sie nicht beliebig oft wiederholen.

Und wenn ein Projekt für Sie nicht stimmt – können Sie sich davon verabschieden?

Inzwischen kann ich das. Wenn ich merke, dass ich meine Tage größtenteils mit Menschen verbringe, mit denen ich gar nicht reden will, und täglich Dinge tue, die ich gar nicht tun will; wenn ich merke, dass ich mich an Orten aufhalte, wo ich überhaupt nicht sein möchte, dann wird mir klar, dass in meinem Leben etwas falsch läuft. Dann muss ich etwas ändern, und zwar um jeden Preis. An bestimmten Schnittstellen im Leben sollte man erkennen, was einem wirklich wichtig ist. Für mich war es nie wichtig, Geld anzuhäufen. Ich habe irrsinnigen Respekt vor Geld, aber ich benötige es nur, um Filme zu realisieren, und Filme sind nun mal teuer. Ich brauche keine Reichtümer, um mich glücklich zu fühlen, und sage mir immer wieder: Ich bin nicht erpressbar.

Ist denn Macht für Sie nicht wichtig?

Macht reizt mich nicht. Was habe ich davon? Ich empfinde Macht gar nicht als Macht. Sicher, ich muss über eine gewisse Machtfülle verfügen, um auf Ressourcen zurückgrei-

fen zu können, wenn ich meine Projekte durchziehen will. Doch Macht um der Macht willen macht mir keinen Spaß.

Hatten Sie bei all dem Stress nicht auch mal Lust, alles hinzuschmeißen und auszusteigen?

Sie können Ihr Lebenswerk nicht von heute auf morgen einfach hinschmeißen und nach Poona gehen. Da bauen Sie den Stress drei Monate lang ab, und dann bereuen Sie es, und der Katzenjammer holt Sie ein. Sicher, ich habe einmal nach einem Streit mit meinem Partner klipp und klar gesagt, das mache ich nicht mehr mit. Ich habe mein Amt zur Verfügung gestellt, aber das war auch notwendig.

War das ein durchdachter Schritt, oder haben Sie impulsiv reagiert?

Das war überlegt impulsiv. Zunächst habe ich das Amt des Vorstandsvorsitzenden kommissarisch weiterhin so lange ausgeübt, bis es ordentlich übergeben werden konnte. Aber ich bin bei meiner Entscheidung geblieben, was aus vielerlei Gründen richtig war. Nachdem ich mich meiner Managementaufgaben entledigt hatte, konnte ich für die Firma in anderer Funktion vielleicht sogar mehr Positives erreichen. Als die Firma an die Börse ging, wurde es allerdings komplizierter. Obwohl ich gar nicht Manager sein wollte, sollte ich Vorstandsvorsitzender werden. Die Rettung kam, als ich das Angebot bekam, die 25 Prozent Anteile zu verkaufen. Das habe ich getan und hatte endlich wieder meine Freiheit. Die Anhäufung von Macht hat mich zu sehr in Abhängigkeit gebracht. Fast sechs Jahre habe ich gebraucht, um mich von dieser Abhängigkeit zu befreien.

Haben Sie diese Abhängigkeit als negativen Stress empfunden?
Die Doppelbelastung als Manager und Produzent hat mich, vor allem körperlich, so überfordert, dass ich Herzrhythmusstörungen bekam – die typische Managerkrankheit. Ich war in gewisser Weise selber schuld, ich sah es kommen und hätte schneller reagieren müssen. Meine Herzrhythmusstörungen habe ich inzwischen wieder im Griff.

Ihnen wird vorgeworfen, Sie würden sich überall einmischen und alles bestimmen wollen. Stimmt das?
Natürlich bringe ich mich ein und gestalte wichtige Prozesse wie Drehbuch, Besetzung und Schnitt mit. Manche Drehbücher schreibe ich sogar selber, was nicht unbedingt zu den Aufgaben eines Produzenten gehört. Entscheidend ist die richtige Wahl eines Autors, ich überlege lange und sehr genau, wen ich beauftrage. Er muss nicht nur gut sein, er muss auch auf meiner Wellenlänge liegen. Natürlich bringt der Autor seine Kreativität ein, deswegen en-gagiere ich ihn. Dann sitzen wir zusammen und reden miteinander. Das ist ein Dialog, und ich bin der Coach, der eine klare Vorstellung hat. Selbstverständlich begleite ich jeden Film und schneide ihn im Schneideraum gemeinsam mit dem Regisseur. Das macht Spaß und ist eine notwendige Qualitätskontrolle!

Sind Sie ein Perfektionist?
Überhaupt nicht. Ich bedauere Perfektionisten zutiefst, weil Perfektion niemals zu schaffen ist, sie bekommen nur Magengeschwüre und können nachts nicht schlafen. Ich möchte locker bleiben und weiter mit Freude meine Filme produzieren. Filme zu machen ist ein wilder, ein kreativer Beruf, der damit verbundene Stress soll nicht negativ, sondern positiv sein! Negativen Stress hingegen empfindet man als beklemmend, er nagt an einem. Die Kunst besteht darin, sich von dem negativen Stress fernzuhalten.

Gelingt Ihnen das?
Nicht immer. Als die Firma in eine Aktiengesellschaft umgewandelt wurde, war ich vier Jahre lang ununterbrochen im Stress. Die Leute redeten mir rein und wussten alles besser, hatten aber in Wirklichkeit von nichts eine Ahnung. Nicht auszuhalten! Gestresst reagiere ich auch, wenn ich in der Öffentlichkeit massiv und unfair heruntergemacht werde.

Welche Art öffentlicher Kritik ist für Sie am schlimmsten?
Alles kann man über mich sagen, aber das Pauschalurteil, ich sei nicht integer – das ist eine wilde Anschuldigung und nicht hinnehmbar!

Hat man Ihre Integrität als Filmproduzent wirklich angezweifelt?
Das fing schon 1981 bei »Christiane F. – Wir Kinder vom Bahnhof Zoo« an. Damals beschuldigte man mich, mich am Elend drogensüchtiger Kinder zu bereichern. Bei meinen Filmen »Der Untergang« und »Der Baader Meinhof Komplex« entwickelte sich das geradezu zum Gesellschaftsspiel.

Fühlten Sie sich in den USA weniger gestresst?
Als ich 40 war, wurde mir der Rummel in Deutschland zu viel. Ich habe dann fünf Jahre lang in Los Angeles gelebt. Die Probleme, die mir in Europa und Deutschland zu schaffen gemacht hatten, wurden plötzlich ganz klein. Wenn mir dann die Probleme in Hollywood über den Kopf wuchsen, zog ich wieder hierher. Ein ewiges Wechselspiel. Auf jeden Fall tut der Abstand immer gut.

Finden Sie überhaupt noch Zeit für Ihre Freunde und Ihre Tochter?
Ja, das ist gar nicht schwer. Meine Freunde sind fast alle aus dem Showgeschäft, meine Freundinnen waren meistens Schauspielerinnen, meine Frau ist Autorin. Das verbindet. Und meine Tochter, die macht alles mit, kommt überallhin, ist da, wo ich bin. Sie war gerade mit mir in Amerika.

Haben Sie heute deutlich seltener Ärger und Stress als früher?
Ich liebe, ich werde geliebt, und ich habe Talent. Den kleinen Ärger gibt es immer, aber heute kann ich mir meine Arbeit und meine Zeit selbst einteilen, vor allem mache ich das, was ich am besten kann: Filme produzieren, die mich wirklich interessieren.

Von Bernd Eichinger lernen

Auf Perfektionismus verzichten
• Perfektion ist eine Illusion und das Streben danach macht krank – also locker bleiben.

Probleme verdrängen und Abstand gewinnen
• Wenn Ihnen die Probleme über den Kopf wachsen, lösen Sie sich aus der verfahrenen Situation, indem Sie ins Auto steigen und davonfahren. Das beruhigt.
• Aus der Entfernung erscheinen viele Probleme kleiner. Wechseln Sie daher die Perspektive, zum Beispiel durch Ortswechsel.
• Viele Probleme lösen sich durchs Abwarten und Aussitzen von selbst.

Am Ball bleiben
• Wer bei Widerständen aufgibt und hinschmeißt, wird es früher oder später bereuen.
• Druck und Widerstände können auch immense Energien freisetzen.

Risiken abwägen
• Wenn der Zeitpunkt falsch ist, muss man den Mut haben, kehrtzumachen und auf die nächste Chance zu warten.

Stress wegdrücken
• Um kreativ zu sein, muss man den Stress wegdrücken und jeden Tag sein Pensum absolvieren.

Das Wesentliche begreifen
• Hinterfragen Sie an bestimmten Schnittstellen in Ihrem Leben, ob Sie Ihre Zeit mit Menschen, Dingen und Tätigkeiten verbringen, die Sie mögen. Wenn nicht, dann läuft in Ihrem Leben etwas grundlegend falsch, und Sie müssen es ändern.

Sich verwirklichen
• Machen Sie, was Sie am meisten lieben, und teilen Sie sich Ihre Zeit selbst ein.

Thomas Fox

Thomas Fox, geboren 1957 in Hamm, ist Managing Partner der MODALIS MANAGEMENT AG & Cie. KG in Berlin. Seine Tätigkeit umfasst globale Managementeinsätze, das Führen von Unternehmenseinheiten in den Stadien Restrukturierung, Sanierung und Expansion sowie die Adaption von Vertriebs- und Marketingstrategien aus verschiedenen Industrien und Ländern. Heute begleitet Herr Fox Restrukturierungsprojekte vor und nach Insolvenzen in unterschiedlichen Branchen. Darüber hinaus ist er Vice President des Harvard Alumni Clubs in Berlin und begleitet mehrere Unternehmensgründungen und NGOs. Thomas Fox lebt mit Frau und Tochter in Berlin.

Man sollte sich nur die Schlachten aussuchen, die man auch wirklich gewinnen kann

Herr Fox, was dürfen wir uns unter einem Krisenmanager vorstellen?

Ich habe einmal versucht, meiner kleinen Tochter und ihrer englischen Freundin, deren Vater Arzt ist, meinen Beruf zu erklären. Plötzlich sagte die Freundin:»Ah, you are a company doctor!« Gar keine schlechte Beschreibung.

Ich vergleiche den Werdegang eines Unternehmens gerne mit dem Werdegang einer Person: Als kleines Baby ist es sehr abhängig von seinen Gründern, also von Vater und Mutter. Das Unternehmen entfaltet sich, kommt in die Pubertät, wird dann auch mal ein bisschen rotzlöffelig, aber ab einem gewissen Zeitpunkt entwickelt es eine eigene Dynamik, die sich stark von den Interessen der Gründer unterscheidet. Auf einmal befindet es sich in einer neuen Situation: Der Gründer des Unternehmens muss zurückstecken und sich seinem Kind unterordnen. Das fällt vielen sehr schwer. Wenn sich die Wertewelten im Unternehmen verändern, ist das oft die Ursache für eine lebensbedrohliche Krise. Dann werde ich auf den Plan gerufen.

Mit welchen Emotionen werden Sie dabei konfrontiert?

Mit Wut, Enttäuschung, Hass und natürlich auch mit einer unheimlichen Lebensangst: Ich stehe vor 200 oder noch mehr Menschen und spüre ihre aufgestauten Emotionen physisch, sehe sie in ihren Gesichtern, an ihrer Körperhaltung. Manche können sich kaum noch beherrschen, in den hitzigen Diskussionen zeigt sich, wie aufgewühlt die Menschen sind.

Wie wirken sich solche Situationen auf Sie aus?

Mein Adrenalinpegel steigt, alle Sinne sind geschärft, ich scanne ab, was da abläuft, und versuche, die Situation eher zu erfühlen als intellektuell zu durchdringen. Als Krisenmanager muss ich sehr differenziert reagieren, denn ich bin es, der die Fehler des Unternehmens und der Mitarbeiter aufzeigt, an mir wird festgemacht, was schiefgelaufen ist.

Sind Sie jemals ausgebuht oder gar beschimpft worden?

Ausgebuht ja. In Quebec wurde mir nach einer anstrengenden Auseinandersetzung einmal eine tote Katze an die Haustür genagelt. Die Anwälte sagten, das sei doch nur ein Ritual, das gehöre dazu. Gewöhnlich werde ich nicht beschimpft, sondern gebe den Leuten in den ersten Sitzungen zum Kennenlernen genügend Zeit, alles, was sie auf der Seele haben, vorzubringen.

Sie erlauben all den aufgewühlten Menschen, ihre Emotionen vorzubringen?

Ja, was soll ich sonst tun? Ich gehe da hin und sage, dass ich mich freue, sie zu sehen – in dem Bewusstsein, dass diese Freude höchst einseitig ist. Ich versuche, mich in die Menschen hineinzuversetzen, erkenne ihre verzweifelte Situation: Ich habe da Leute vor mir, die ihr Haus noch abzahlen müssen, deren Kinder noch in die Schule gehen, die zusehen müssen, wie sie über die Runden kommen. Es geht um Lebensträume und Lebensängste, vor allem aber um die Angst, den Job zu verlieren.

Was sagen Sie den Menschen dann?

Das ist von Fall zu Fall verschieden. Das Thema Insolvenz steht natürlich im Raum. Entweder ist ein Antrag auf Eröffnung eines Insolvenzverfahrens bereits gestellt, oder aber ein Insolvenzantrag liegt im Bereich des Möglichen. Nachdem ich mich mit den Sorgen der Menschen befasst habe, kündige ich die nächsten Schritte an, wobei es im Krisenmanagement immer um drei Dinge geht: Kommunikation, Kommunikation und Kommunikation. Das heißt, sofort einen Newsletter herausgeben, sofort informieren, und das schonungslos. Man darf Menschen

schlechte Nachrichten nicht vorenthalten – nur wenn man sie einweiht, schafft man Vertrauen.

Was tun Sie konkret, um Vertrauen herzustellen?

Ich bin einfach ehrlich. Bei mir ist ein Ja ein Ja, ein Nein ist ein Nein, und ein »Ich weiß es nicht« ist auch ein absolut aufrichtiges »Ich weiß es nicht«. Eine vierte Antwort lautet: »Darüber kann ich jetzt nicht sprechen.«

Worauf kommt es als Sanierer in solchen Situationen an?

Ausschlaggebend ist die Glaubwürdigkeit. Wenn ich z. B. gefragt werde, was ich vom Drogeriemarkt oder von Möbeln verstehe, antworte ich: nichts. Entscheidend ist hier aber nicht fachliches Wissen, es geht vielmehr darum, die Spielregeln der Zusammenarbeit zu definieren und nach einer Lösung für die gegenwärtige Situation zu suchen. Man muss schauen, was auf der Habenseite noch an Kraft vorhanden ist, welches Risiko besteht und wie man damit umgeht.

Wie schaffen Sie es, diese demoralisierten Menschen für Ihre Lösungsansätze zu motivieren?

Ich versuche, zumindest einige der Leute schnell für mögliche Lösungsvorschläge zu begeistern. Wichtig ist es, nach der großen Vollversammlung kleinere Gruppen zu bilden und herauszubekommen, wo die Einzelnen stehen. Anschließend muss man relativ schnell abscannen, welche Mitarbeiter Teil der Lösung sind und welche eher Teil des Problems. Ich konzentriere mich dann auf diejenigen, die Teil der Lösung sein könnten, denn das ist viel wichtiger, als sich mit den Problemfällen zu befassen – es sei denn, da ist ein Geschäftsführer, der alles blockiert.

Kommt es häufig vor, dass sich Geschäftsführer oder Unternehmer querstellen?
Nein. Das habe ich fast nie erlebt, vielmehr treffe ich hier auf sehr viel Scham, auf das Gefühl, versagt zu haben. Manchen habe ich vorgeschlagen, sich professionelle Hilfe oder einen Coach zu holen.

Wie gelingt es Ihnen, innerhalb kurzer Zeit ein Unternehmen wirklich beurteilen zu können?
Ich nehme Witterung auf – so nenne ich das. Ich gehe zwei oder drei Tage durch das Unternehmen und beobachte nur: Wie die Menschen miteinander umgehen, wie die Schreibtische und die Büros aussehen – das sagt sehr viel über die Werte in dem Unternehmen aus. Ich achte auf die Interaktion zwischen den Menschen, beobachte, ob die Türen offen stehen, ob die Mitarbeiter sich grüßen, ob sie sich in die Augen sehen. So erforsche ich das Klima in dem Unternehmen, ich spüre sehr schnell, ob es sich um ein »angstgetriebenes« Unternehmen handelt. Ich kann Angst nicht nur spüren, ich kann sie riechen. Am Ende meines Rundgangs nenne ich die Punkte, mit denen ich nicht klarkomme, und stelle ein paar Gegenpunkte auf.

Was sind das für Gegenpunkte?
Wenn ich in einem ganz rigiden Umfeld bin, kann es durchaus sein, dass ich die Füße auf meinen Schreibtisch lege, telefoniere und dabei die Tür offen lasse, einfach, um zu zeigen, dass es auch anders geht. Viele Krisenunternehmen werden »angstgetrieben« von Menschen, die sich nichts mehr trauen. Also muss ich dafür sorgen, dass sie ein anderes persönliches Profil gewinnen und vor allem, dass sie miteinander kommunizieren. Ich richte eine Art zentralen Marktplatz ein, indem ich entweder eine Kaffeemaschine aufstelle oder einen Pooltisch, wo die Leute sich treffen und miteinander reden können.

Bei Ihren Rettungsaktionen stoßen Sie auf große Konflikte. Worauf kommt es dabei besonders an?
Management heißt für mich, eine andere Realität zu schaffen, sich Konflikten und den eigenen Führungsqualitäten neu zu stellen. Ich mache beispielsweise deutlich, dass das scheinbare Fehlen von Konflik-

ten nicht bedeutet, dass Harmonie herrscht, sondern eher Apathie. Um Konflikte zu lösen, gilt es, ein paar Spielregeln zu beachten. Zum Beispiel sollte man stets das Problem von der Person trennen, persönliche Attacken und Beleidigungen bringen gar nichts. Auch sollte man nicht unvorbereitet in eine Sitzung gehen, es ist wichtig, sich die verschiedenen Probleme vor Augen zu führen, um dann sagen zu können: »Das und das sehe ich als Problem, und hier sehe ich eine Lösungsmöglichkeit.« Die Lösung kann noch so abstrus klingen, sie sollte trotzdem angesprochen und gegebenenfalls zur Diskussion gestellt werden.

Sie brauchen bei Ihrer Arbeit viel Intuition. Woher wissen Sie, dass Sie sich auf Ihr Gespür verlassen können?

Wenn man es mit sehr verängstigten Menschen zu tun hat, nutzt einem die kühle Fähigkeit zur Analyse wenig. Es muss mir gelingen, eine neue Solidargemeinschaft aufzubauen, mit der man danach weitermachen kann. Natürlich greife ich auch ab und zu daneben, beurteile diese oder jene Person oder auch Situation nicht richtig. In dem Fall muss ich eben mein Urteil revidieren. Ich habe immer darauf zu achten, nicht schon am Anfang Versprechungen zu machen, das könnte später zu Konflikten führen.

Welchen Fehler darf man als Krisenmanager keineswegs begehen?

Ich darf nicht zulassen, dass mir der Kragen platzt. Wenn ich spüre, dass die Wut in mir hochsteigt, halte ich die Luft an, nehme mich zurück, versuche an etwas ganz anderes zu denken, um mich gedanklich abzulenken. Ich kontrolliere meine Atmung und lenke meine Aufmerksamkeit auf etwas Positives. Es gelingt nicht immer, aber zumindest versuche ich es.

Wenn nichts weitergeht und mein Stresspegel steigt, dann hilft es, auf einen behutsamen Fragemodus umzuschalten. Ich sage dann gerne: »Das habe ich jetzt nicht ganz verstanden, können Sie einem einfach strukturierten Möbelverkäufer wie mir bitte erklären, was Sie damit meinen?« Wenn die andere Seite jedoch zumacht, muss ich die Sache abbrechen. Man sollte sich nur die Schlachten aussuchen, die man auch wirklich gewinnen kann.

Manche Schlachten enden als Pyrrhussieg. Haben Sie selbst je einen Pyrrhussieg errungen?

Ich habe niemals wirklich einen Krieg verloren, bisher sind alle Unternehmen, in denen ich tätig war, noch am Markt. Aber natürlich verlor ich schon mal kleinere Gefechte. Ich hasse das wie die Pest – da erlebe ich dann richtigen negativen Stress. Man verliert ja jeden Tag irgendwo mal, es geht ein Mitarbeiter, den man halten wollte, oder man braucht jemand Bestimmten, damit das Marketing weiter funktioniert, doch genau der springt ab. In solchen Situationen fühle ich mich doch sehr hilflos. Ich habe alles gegeben, habe versucht, Brücken zu bauen, Probleme und Lösungsmöglichkeiten aufzuzeigen, und trotzdem bin ich offensichtlich nicht durchgedrungen, konnte mein Gegenüber nicht überzeugen. Das sind die schlechten Tage. Aber so ist es eben, als Krisenmanager bekommt man bestimmte Karten und kann keine davon zurückgeben. Man hat sein Blatt und muss damit spielen.

Warum haben Sie sich gerade diesen doch sehr aufreibenden Beruf ausgesucht?
Weil er toll ist. Ich kann unheimlich viel bewegen. Ich empfinde meine Arbeit auch gar nicht als stressig, sie ist für mich reinstes Adrenalin, sie verlangt eine ganz, ganz hohe Aufmerksamkeit, ich bin körperlich und geistig gefordert, und das ist sehr stimulierend. Mich interessiert das Thema Führung, ich möchte Werte setzen und vorleben, Wertewelten schaffen. So wird man authentisch und für andere auch kalkulierbarer. Natürlich gibt es Menschen, denen meine Werte nicht passen, die etwas ganz anderes wollen. Die gehen dann, und das ist auch okay.

Wie haben Sie gelernt, authentisch zu sein?
Ich habe viel von Vorbildern gelernt. Ich hatte das Glück, mit Leuten zusammenzuarbeiten, die ich sehr schätzte und von denen ich mir viel abgeguckt habe. Nachdem ich in jungen Jahren, frisch von der Universität, mit den ersten Führungspersönlichkeiten in Kontakt kam und sah, wie sie mit Menschen umgehen, fragte ich mich, welchen Umgang ich mir für mich selbst wünschte. Ich wollte vor allem eins: Ehrlichkeit.

Wie bewältigen Sie Ihr enormes Arbeitspensum?
Durch Mut zur Lücke. Ich versuche nicht, akademisch-methodisch vorzugehen, sondern schaue, wo ich direkt ansetzen und mit wenig Kraft sehr viel bewegen kann. Man muss auch mal sagen können: Jetzt lass es mal gut sein. Das fällt manchen sehr schwer.

In der jetzigen Krisenzeit sind Sie ein gefragter Mann, das heißt, es sind gute Zeiten für Sie?
Ja natürlich, denn ich bin ja sozusagen der Notarzt für Unternehmen. Solange meine Patienten noch Schmerzen haben, die sie kurieren wollen, bin ich ganz froh.

Wie sieht eine typische Woche bei Ihnen aus?
Letzten Montag z. B. habe ich den

ersten Flieger um 6:15 nach Zürich genommen. Das heißt um 4:30 aufstehen, was ich hasse. Dann habe ich in Zürich den neuen Chief Information Officer vorgestellt, bin zurückgeflogen und musste am nächsten Tag nach Edinburgh. Mittwoch war ich im Büro in Berlin. Donnerstag und Freitag hatte ich dann Review-Meeting in Liechtenstein. Am Wochenende war ich mit meinem Geschäftspartner auf Malta. Also ziemlicher Stress. Ich finde es zuweilen doch sehr anstrengend, ständig unterwegs zu sein, mit wechselnden Leuten abends stundenlang im Restaurant zu sitzen, häufig in mittelmäßigen Hotels in irgendwelchen Kleinstädten zu übernachten. Toll ist es, wenn ich ein Hotel mit Sportmöglichkeiten erwische.

Wie schalten Sie ab?
Was entspannt Sie?

Die kleinen Fluchten, körperliche Betätigung wie Fahrrad fahren. Auch Musik ist ein guter Ausgleich, der meine Stimmung verändert.

Wie viel Zeit bleibt Ihnen für das Familienleben?

Wenig. Und wenn ich dann zu Hause bin, sehne ich mich nach mehr Ruhe: Wären da nicht meine Frau und meine 16-jährige Tochter, ich hätte vermutlich kein Telefon, würde keine privaten Anrufe bekommen

und käme wahrscheinlich auch gut ohne Elektrizität aus.

Haben Sie Freunde?

Dadurch, dass ich seit fast 15 Jahren überall auf der Welt unterwegs bin, sind mir die Wurzeln ein bisschen abhandengekommen. Ich bedaure das manchmal, etwa wenn ich Menschen auf einer Dorffeier zur silbernen Hochzeit sehe, die offensichtlich in tragfeste soziale Strukturen eingebettet sind. Aber wenn man so ein vagabundierendes Leben führt wie ich, dann hat man zwar viele Bekannte, doch wer ein richtiger Freund ist, zeigt sich erst bei ernsten Belastungsproben.

Mit wem können Sie sich über all die Belastungen, die Ihr Beruf mit sich bringt, richtig austauschen?

Es sind wenige. Mit wem soll sich jemand wie ich austauschen? Ich bin für gute Bekannte, Rechtsanwälte, Ärzte oder Professoren, ein ziemlicher Exot. Wenn ich von meinem Job erzähle, ist es für die meisten ein bisschen gruselig. Wenn eine junge Mitarbeiterin vor mir steht und sagt:»Bitte, Herr Fox, bitte verkaufen Sie uns ganz schnell!«, dann ist das eine Erfahrung, eine Krisensituation, die ein C3-Professor eben nicht kennt. Über solche Situationen kann ich mich nicht austauschen, ich kann nur davon erzählen und weitermachen.

Von Thomas Fox lernen

Authentisch kommunizieren
- Wer offen und zeitig kommuniziert, keine falschen Versprechungen macht und nicht vorgibt, alles zu wissen, schafft Vertrauen und erspart sich spätere Konflikte.

Konflikte austragen
- Versetzen Sie sich in Ihr Gegenüber, in dessen Wut, Angst und Enttäuschung, und geben Sie ihm Gelegenheit, sich auszusprechen.
- Benennen Sie klar das Problem, aber trennen Sie es von der Person und lassen Sie keine persönlichen Attacken und Beleidigungen zu.

Verbündete suchen
- Bei Widerständen und Schwierigkeiten konzentrieren Sie sich auf diejenigen, die Teil der Lösung sind.

Gefühl und Intuition einbeziehen
- Verlassen Sie sich in Stress-Situationen nicht ausschließlich auf Ihren Intellekt, lassen Sie vielmehr Ihre Gefühle und die Intuition in die Analyse mit einfließen.

Gefühle steuern
- Meiden Sie Gefühlsausbrüche, indem Sie sich gedanklich ablenken, Ihre Aufmerksamkeit auf Positives und bewusstes Atmen lenken.

Mut zur Unvollkommenheit
- Man kann nicht alles kennen und können: Setzen Sie dort an, wo Sie mit wenig Kraft sehr viel bewegen können.
- Streben Sie nicht nach Perfektion, lassen Sie es auch mal gut sein.

Niederlagen vorbeugen
- Schlagen Sie nur die Schlachten, die Sie auch gewinnen können.

Torsten Frings

Torsten Frings, geboren 1976 in Würselen, ist deutscher Fußball-National-spieler. 2002 stand Frings im Finale der Fußball-WM in Südkorea, 2003 im Endspiel der EM in Wien. 2005 holte er mit dem FC Bayern München das Double aus Deutscher Meisterschaft und DFB-Pokalsieg, 1999 und 2009 gewann er den DFB-Pokal mit dem SV Werder Bremen. Mit seiner Frau und seinen zwei Töchtern lebt er in der Nähe von Bremen.

Ich bin ein Kämpfer, ich habe mir alles selbst erarbeitet

Haben Sie schon als Kind davon geträumt, Fußballer zu werden?

Ich habe schon mit dreieinhalb Jahren angefangen, Fußball zu spielen. Seit ich denken kann, war es mein Ziel, Profifußballer zu werden. Natürlich habe ich als Dreijähriger auch andere Sachen gemacht, aber ich war ständig auf dem Fußballplatz. Mit zehn fing ich dann an, meinen Traum richtig ernst zu nehmen, und merkte auch, dass ich mehr Talent hatte als die anderen.

Hatten Ihre Eltern Verständnis für Ihre Passion?

Als mein Trainer schon sehr früh mein Talent erkannte und die großen Vereine auf mich aufmerksam wurden, war auch mein Vater von meinem Potenzial überzeugt. Er hat mich zu jedem Training und jedem Spiel gefahren, häufig sogar direkt nach seiner Nachtschicht. Ich bin meinen Eltern sehr dankbar dafür, dass sie mich gefördert haben, so gut es ging, denn viel Geld hatten wir nicht. Mein Vater setzte mich auch schon mal unter Druck, und wenn ich nicht gut war, sagte er es mir klipp und klar. Auf dem Platz hat er immer richtig mitgefiebert, »Torsten, lauf, mach, tu!«, schrie er.

Ab wann haben Sie richtigen Ehrgeiz entwickelt?

Als ich in Aachen spielte, wurde mir klar, dass sich hier für mich die Möglichkeit bot, als Fußballer erfolgreich zu sein: Ich hatte das notwendige Talent, den Spaß und auch den nötigen Ehrgeiz. Ich habe nie ein Training ausfallen lassen, weil ich keine Lust dazu hatte oder aus irgendeinem anderen Grund. Auch wenn meine Freunde mich dazu verleiten wollten, etwas Tolles mit ihnen zu unternehmen, ich bin eisern zum Training gefahren. Ich habe mich immer gequält, auch bei schönstem Wetter oder wenn es noch so kalt draußen war. Ich wollte es unbedingt schaffen.

Haben Sie jemals an sich gezweifelt und Angst gehabt, dass Sie es doch nicht bis ganz nach oben schaffen?

Ehrlich gesagt, nein. Mein Ziel war wie in meinen Kopf gemeißelt, eine andere Alternative gab es für mich nicht. Ich habe alles auf eine Karte gesetzt, sogar die Schule ist mir entgegengekommen. Es gab ein Jahr, da bin ich morgens um 8 Uhr zur Schule gefahren, habe um 10 Uhr von den Lehrern für drei Stunden freibekommen, war dann wieder von 13 bis 15 Uhr im Unterricht. Fast alle Lehrer haben mich unterstützt, ich durfte sogar viele der Prüfungen nachholen, die ich verpasst hatte. Ich wusste immer, dass ich diese Chance nur einmal habe.

Wie haben Sie Schule und Fußball miteinander vereinbart? War das nicht ein sehr anstrengender Spagat?

Die Schule war für mich damals nur Mittel zum Zweck, um Fußballer zu werden. Das war die einzige Möglichkeit, genug Zeit für das professionelle Training zu finden. Heute bin ich froh, dass ich die Fachhochschulreife gemacht habe, die Schule hat mich ein bisschen auf dem Boden gehalten. Ich habe ab dem 17. Lebensjahr mit Fußballspielen auch Geld verdient – und zwar nicht wenig für einen Schuljungen. Ich habe damit auch meine Eltern unterstützt und versucht, ihnen ein bisschen zurückzugeben von dem, was ich bekommen habe. Mit 17 spielte ich auch schon in der Herrenmannschaft.

War es denn nicht schwer für Sie, sich gegen die älteren, erfahrenen Mitspieler zu behaupten?

Ja, schon, die haben natürlich versucht, mich einzuschüchtern. Ich war aber immer ein ziemlich frecher Spieler. Ich habe mir nie etwas gefallen lassen, habe immer Kontra gegeben, und die älteren Spieler haben schnell gemerkt, dass ich gut bin. Durch meine Tore haben wir viele Spiele gewonnen und Geld verdient, also war ich dann relativ bald akzeptiert.

Wie gehen Sie heute mit den sehr viel jüngeren Spielern um?

Ich kann mich gut in sie hineinversetzten. Die machen und sagen heute ähnliche Dinge wie ich in dem Alter. Heute finde ich das zwar etwas unpassend, aber schließlich habe ich mir damals auch nichts sagen lassen. Ehrlich gesagt, habe ich ja auch nach wie vor meinen eigenen Kopf und lasse mir nichts gefallen. Ich besitze einen starken Willen, und ich bin überzeugt von mir. Mittlerweile erwartet man von mir, dass ich vornewegmarschiere und mich vor die Mannschaft stelle, wenn es nicht läuft. Heute wird jeder Nichterfolg an meiner Person festgemacht, sobald etwas schiefgeht, heißt es, der Frings hat die Mannschaft nicht mehr im Griff. Mittlerweile bin ich ein Führungsspieler, der Verantwortung übernehmen muss. Vor sieben oder acht Jahren wäre ich davor noch zurückgeschreckt.

Woher nehmen Sie Ihre enorme Selbstsicherheit?

Ich habe ein ungeheures Vertrauen in mich selbst. Ich weiß, was ich kann, denn ich habe es oft genug bewiesen und mir einen guten Namen gemacht. Wenn jemand mich verdrängen will, muss er erst einmal besser sein als ich, und das ist nicht einfach. Ich bin ein Kämpfer, ich habe mir alles selbst erarbeitet. Manche Fußballer bekommen vieles geschenkt, ich nicht.

Hat sich Ihr Leben durch den Erfolg stark verändert?

Ich bin, trotz meines Erfolges und meines Namens, ziemlich »normal« geblieben. Dazu haben auch meine Freunde und mein Umfeld beigetragen, ich habe noch genau dieselben Freunde wie früher. Klar gönne ich mir hier und da ein bisschen Luxus. Ich habe mir zum Beispiel den Kindheitstraum erfüllt, einen Ferrari zu fahren. Außerdem lebe ich mit meiner Familie in einem schönen Haus. Mit solchen Dingen belohne ich mich für meine Arbeit und für all das, worauf ich als Jugendlicher und auch in den letzten zehn Jahren verzichten musste. Als Profifußballer steht man ja permanent in der Öffentlichkeit und muss viele Dinge zurückstellen.

Worin besteht der Verzicht eines prominenten und allseits bekannten Fußballers?

Ich verzichte auf ein ungestörtes Privatleben. Auf die vielen alltäglichen Dinge, die ich nicht mehr in Ruhe machen kann. Ich kann nicht ungestört einkaufen gehen, ohne angesprochen zu werden und ohne Autogramme geben zu müssen. Ich kann mit meinen Kindern keinen öffentlichen Park besuchen, ich kann als Privatmensch nicht in die Disco gehen und irgendwo mal abfeiern, ich werde permanent fotografiert und um Autogramme gebeten.

Stört es Sie, derartig im Mittelpunkt des öffentlichen Interesses zu stehen?

Ich habe mich zwar in gewisser Weise daran gewöhnt, aber es ärgert mich dennoch immer wieder ungemein, dass die Leute nicht unterscheiden können zwischen Arbeit und Privatleben. Mir ist allerdings klar, dass ich mit diesem Stress leben muss. Ich stehe nun mal in der Öffentlichkeit, also gehört es eben dazu, dauernd fotografiert zu werden und hier und da ein Autogramm zu schreiben. Es nervt mich schon, und ich rege mich ab und zu auf, mache es dann aber doch, denn ich möchte ja auch ein vernünftiges Image haben. Wenn ich immer nur aus dem Bauch heraus reagieren würde, hätte ich den absolut falschen Job. Ich würde nur gerne meine Kinder da heraushalten.

Was wünschen Sie sich für Ihre Kinder? Welche Werte möchten Sie ihnen mitgeben?

Sie sollen vernünftig aufwachsen. Sie gehen auf eine ganz normale Schule, und ich möchte nicht, dass andere Kinder nur mit ihnen spielen, weil ich der Vater bin. Ich halte meine Familie von der Öffentlichkeit fern und werde echt rasend, wenn meine Kinder doch fotografiert werden und in den Zeitungen auftauchen. Ich würde niemals für die Medien eine Homestory machen. Sehr wichtig ist mir, dass meine

Kinder an sich selbst glauben und Ehrgeiz haben. Ich wünsche mir, dass sie das schaffen, was sie sich vornehmen, sofern sie wirklich dahinterstehen. Ansonsten versuche ich ihnen beizubringen, dass sie höflich, freundlich und ehrlich sind, so wie ich es auch bin. Ich gehe offen und aufrichtig mit Menschen um, mache allerdings sofort zu, wenn jemand mir gegenüber unehrlich ist. Ich gebe Menschen nur einmal eine Chance, wenn man mich enttäuscht, dann gibt es keine Entschuldigung mehr.

Zu Ihrem Beruf: Wie sehr nagt es an Ihnen, wenn eine Verletzung Sie daran hindert, an Spielen teilzunehmen?

Für einen Fußballer gibt es keinen schlimmeren Stress, als verletzt zu sein. Man sitzt, vielleicht eingegipst, auf der Tribüne und muss zusehen, wie die Kollegen da unten spielen, und kann nichts tun. Das ist schwer. Aber ich denke, heutzutage wird ein Fußballer körperlich derartig stark beansprucht, dass sich der Körper irgendwann einfach eine Auszeit nimmt. Ich hatte lange Glück, bis zu diesem Kreuzbandriss. Das ist eine sehr schwere Verletzung, und ich hatte echt Angst, ob ich das nochmal schaffe. Vor 15, 20 Jahren bedeutete ein Kreuzbandriss fast immer das Ende der Karriere. Heutzutage ist es eine weniger schwerwiegende Verletzung, aber man ist

doch sechs Monate weg vom Fenster und muss sich alles wieder neu erarbeiten.

Können Sie sich mental auf eine Verletzung einstellen? Schaffen Sie es, eine Form von Stressmanagement für sich zu entwickeln?

Als ich gehört habe, dass es ein Kreuzbandriss ist, war ich erst einmal down und total unzufrieden. Ich ließ mich richtig hängen und habe mich etwa zwei Monate lang überhaupt nicht rasiert. Es war schrecklich, nicht mehr mittendrin zu sein, die Jungs haben mir gefehlt, und ich fühlte mich irgendwie allein auf der Welt. Ich hatte nur noch meine Familie. Aber dann kam irgendwann der Punkt, an dem ich merkte, dass ich wieder Fortschritte mache. Alle glaubten an mich, vor allem meine Familie und der Trainer, und ich merkte auch selbst, dass es besser wurde. Das hat wirklich geholfen!

Und wie haben Sie sich selbst motiviert und angespornt?

Mich packte einfach wieder der Ehrgeiz, ich wollte unbedingt zurückkommen und trainierte wie ein Wahnsinniger. Ich wollte allen zeigen, dass ich wieder da bin. Ich wusste, ich werde es schaffen und noch besser werden als vorher. Es ist dann ein sehr schönes Gefühl, es wirklich zu schaffen.

Haben Sie damals nicht befürchtet, das könnte das Ende Ihrer Karriere sein?

Ja, natürlich, ich habe unseren Arzt dazu befragt, aber er verneinte, es war ja auch keine schlimme Verletzung, nur ist sie dann erneut aufgegangen. Beim ersten Mal habe ich zehn Wochen gebraucht, bis ich wieder trainieren konnte. Dann ist die Wunde nochmal aufgegangen, und wieder brauchte ich zehn Wochen. Beim dritten Mal dachte ich: »Das war's dann wohl.« Da sagte mein Arzt, es gäbe nur eine einzige Möglichkeit: Das Knie unter Belastung trainieren. Ich begann mit einem Tennisball gegen die Wand zu spielen, drei- bis viertausendmal pro Tag. Dann das Gleiche sechs bis sieben Wochen mit einem Volleyball, als Nächstes kam ein Handball dran, zum Schluss ein Fußball und ein schwerer Medizinball. Unter dieser Stressbelastung ist das Knie tatsächlich wieder elastisch geworden, hat sich quasi an den Stoß gewöhnt. Das war mein Glück! Endlich war es wieder gut.

War das nur Glück oder doch eher ein Ergebnis Ihrer Ausdauer und des unbedingten Willens, nicht aufgeben?

Der Arzt sagte mir, dies sei meine letzte Chance, sonst müsse ich wohl doch operiert werden, ich solle nun sehr hart an mir arbeiten. Also habe ich das harte Programm wirklich durchgezogen. Meiner Familie habe ich mitgeteilt, dass ich für eine lange Zeit in Donaustauf bei meinem Physiotherapeuten sein würde, um mich ausschließlich auf mein Knie zu konzentrieren. Sieben Wochen lang war ich dann nur an den Wochenenden zu Hause, das war für alle recht anstrengend.

Ihre Frau ist also Teil Ihres Erfolgs und auch Ihres Stressmanagementprogramms?

Ja, meine Frau unterstützt mich, wo immer es geht. Wir kennen uns seit unserer Jugend, und sie hat mich den ganzen Weg begleitet und alles mitgemacht. Ich bin zwar viel weg von meiner Familie und kann oft an vielem nicht teilnehmen – zum Beispiel am Geburtstag meiner Tochter, weil wir mit der Mannschaft in Athen spielten –, aber andererseits ermögliche ich meiner Familie auch ein besseres Leben, als ich es hatte.

Haben Sie auch Misserfolge erlebt? Machten sie Ihnen zu schaffen?

Jede Niederlage ist ein Misserfolg, denn man spielt ja, um zu gewinnen. Wenn man gewinnt, verdient man Geld, so einfach ist das. Außerdem hat man ja auch hohe persönliche Ziele.

Ich glaube, die größte sportliche Niederlage hatte ich beim WM-Halbfinale 2006. Ich durfte nicht mitspielen, weil ich gesperrt war. Das war der schlimmste Moment meiner Karriere, ich fand es so ungerecht! Ich geriet in ein Gerangel mit einem argentinischen Spieler, nur waren daran eigentlich 40 Personen beteiligt. Die haben mich dann als Einzigen herausgepickt, das hat mich damals fertiggemacht, ich war richtig traurig.

Hat sich das Verhältnis des Publikums zum Fußball in den letzten Jahren verändert?

Ich glaube, das Publikum wird immer kritischer, das merkt man an den Pfiffen und Rufen. Aber man sollte dafür Verständnis haben, denn viele kaufen sich eine Dauerkarte, die nicht gerade billig ist. Sie geben ihr ganzes Geld dafür aus, uns spielen zu sehen, und wenn man keine Leistung bringt oder verliert, finde ich es absolut in Ordnung, wenn sie pfeifen.

Wurden Sie denn schon mal ausgebuht?

Ich werde eigentlich jede Woche ausgebuht. Gestern zum Beispiel: Ich gehe zur Ecke, schlage eine Ecke genau vor der Fankurve von Hannover, und alle pfeifen mich aus und beschimpfen mich.

Wie gehen Sie mit einer solchen Stressbelastung um?

Ich versuche, mich auf den Eckball zu konzentrieren, blende die Rufe aus, atme tief durch, überlege, wo ich hinspielen kann, und hoffe, dass wir dadurch ein Tor schießen und es denen allen zeigen. Viele Fußballer sagen übrigens, dass es ein gutes Gefühl ist, ausgebuht zu werden, weil das einfach noch mehr motiviert.

Eine ganz andere Frage: Weshalb sind Sie von Bayern München nach Bremen gewechselt?

Ich habe mich bei Bayern einfach nicht wohlgefühlt. Bayern ist wie eine Fabrik. Man geht zur Arbeit und macht sie – aber nicht gerne. Bremen ist familiärer, da geht man ganz anders miteinander um, es ist menschlich und professionell. Bremen hat eine ganz andere Philosophie, dort möchte man, dass sich ein guter Spieler weiterentwickelt und der Mannschaft zugleich helfen kann. Bayern kauft sich den fertigen Spieler für das Zehnfache von dem ein, was er vorher gekostet hat. Bayern hat eben den größten Namen und das meiste Geld. Trotzdem ist es möglich – wie man in den letzten Jahren gesehen hat –, mit einer Mannschaft Erfolg zu haben, in der nicht so viele Topstars sind, denn beim Fußball ist Geld zwar wichtig, aber es entscheidet keine Meisterschaften.

Wodurch entscheiden sich denn Meisterschaften?

Eine Meisterschaft wird von der besten Mannschaft entschieden, und damit meine ich nicht, dass sie die besten Spieler braucht, sondern die beste Mischung. Die besten Spieler und die beste zusammengekaufte Mannschaft nützen nichts, wenn die Truppe nicht homogen ist. Sie muss vom Charakter her passen, und die Stimmung muss gut sein.

Im letzten Jahr ging Ihr Streit mit dem Bundestrainer um Ihren Stammplatz in der Nationalmannschaft durch die Presse. Hat die Mannschaft Sie dabei eigentlich unterstützt?

Das Problem war, dass ich zwar unheimlich viel Rückendeckung von den Spielern bekam, sie diese aber nie öffentlich äußerten, weil sie ja in der Nationalmannschaft bleiben wollten. Das war ein Stress, den ich so noch nicht hatte. Zum ersten Mal hatte ich das Gefühl, dass mich jemand nicht mehr wollte, warum auch immer. Da machte ich mir natürlich Gedanken und fragte mich, ob ich irgendetwas falsch gemacht hatte.

Haben Sie damals mit dem Bundestrainer darüber gesprochen?

Ja sicher, ich spach zweimal mit beiden Trainern darüber, und ich sagte ihnen alles, genauso wie es in der Zeitung stand, ins Gesicht. Löw sagte mir nur, ich sei beim Spiel nicht dabei, und auf meine Frage, warum nicht, nannte er mir keinen Grund. Er sagte mir nur, dass sie es so entschieden hätten.

Können Sie verstehen, warum er es Ihnen nicht erklärt hat?

Nein, das war ja auch genau mein Problem: die Art und Weise, wie es abgelaufen ist. Hätte er mir gesagt, dass ich seiner Meinung nach nicht in Topform sei und er deshalb einen anderen spielen lässt, dann wäre ich einverstanden gewesen. Dann hätte ich trainiert und gehofft, beim nächsten Spiel wieder dabei zu sein. In den Zeitungen wären ein, zwei Sätze darüber erschienen, und die Sache wäre ausgestanden gewesen. Aber so ist alles in unnötigen Stress ausgeartet, den ich gar nicht wollte.

Hat er Sie falsch eingeschätzt?

Ich empfand damals seinen Umgang mit mir als respektlos, demütigend und kränkend. Ein 32-jähriger Spieler, der 80 Länderspiele hinter sich hat, muss sich das nicht gefallen lassen. Es belastete mich, weil ich jeden Tag in der Zeitung stand, auf dem Platz stachelte es mich allerdings an, weil ich ihm beweisen wollte, dass er einen Fehler gemacht hat.

Was sind Ihre größten Stärken?

Ich glaube, der Ehrgeiz und der Wille. Ich habe einen sehr starken Willen und bin ein kraftvoller und harter Spieler. Ich schone mich nicht, aber auch niemand anderen.

Haben Sie Schwächen, an denen Sie vielleicht arbeiten müssten?

Ich hätte vielleicht mehr erreichen, vielleicht der Platzhirsch werden können, aber ich war immer zufrieden mit dem, was ich hatte. Das liegt sicher auch daran, dass ich eher ein scheuer Typ bin und auch nie in die Öffentlichkeit wollte. Ich hätte meine Person vielleicht auch besser vermarkten und viele Interviews geben können, aber ich habe mich da immer bewusst zurückgehalten.

Welche Pläne haben Sie für die Zukunft?

Ich glaube, dass mein ganzes Leben aus Fußball besteht. Ich würde gerne etwas davon zurückgeben, z. B. Jugendtrainer werden, um jungen Spielern eine Chance zu geben. Oder auch einmal eine Bundesligamannschaft trainieren. Ich möchte gerne die guten und schlechten Erfahrungen, die ich gesammelt habe, weitergeben, die Jungen davon überzeugen, dass es sich lohnt, auf viele Dinge zu verzichten, um etwas zu erreichen.

Von Torsten Frings lernen

Beharrlich sein
- Setzen Sie Ihre Träume beharrlich um und wachsen Sie an ihnen.
- Setzen Sie alles auf eine Karte und trainieren Sie eisern.

Frustrationen standhalten
- Nehmen Sie Rückschläge als Herausforderung an, seien Sie bereit, sich alles neu zu erarbeiten.
- Würdigen Sie auf dem Weg nach oben selbst die kleinen Fortschritte und alle Menschen, die an Sie glauben.

Verzicht leisten
Seien Sie bereit, für den Erfolg auf vieles zu verzichten (Freizeit, Freundschaften).

Kontra geben
- Lassen Sie sich nicht einschüchtern, sagen Sie Ihre Meinung.

Sich abgrenzen
- Lassen Sie sich von destruktiver Kritik nicht beirren, blenden Sie Attacken aus.
- Atmen Sie durch und fokussieren Sie sich auf das Wesentliche.

Verantwortung
- Stehen Sie zu Fehlern und Misserfolgen und stellen Sie sich vor Ihr Team.

Dankbar sein
- Ihr/e Partner/in hält Ihnen den Rücken frei – zeigen Sie Ihre Dankbarkeit.

Trennen Sie Beruf und Privatleben
- Wer in der Öffentlichkeit steht, kann sich nicht vollends abschotten. Aber lernen Sie, zwischen Ihnen als Privatperson und Ihrer Rolle zu unterscheiden und halten Sie, wenn nötig, Ihre Familie von der Öffentlichkeit fern.

Erfolg als Teamleistung
- Entscheidend ist die richtige Zusammensetzung des Teams: Die Charaktere der Akteure müssen zueinanderpassen, die Philosophie muss stimmen.

Sich Gutes gönnen
- Belohnen Sie sich für Entbehrungen. Erfüllen Sie sich einen Kindheitstraum.

Katrin Göring-Eckardt

Katrin Göring-Eckardt, geboren 1966 in Friedrichroda, war Gründungsmit-
glied von Demokratie jetzt und Bündnis 90. Sie war drei Jahre Landesspre-
cherin von Bündnis 90/Die Grünen in Thüringen. 1998 zog sie in den
Deutschen Bundestag ein, wo sie zuerst Parlamentarische Geschäftsführerin
und später Vorsitzende der Bundestagsfraktion war. Seit 2007 steht sie dem
Bundestag als Vizepräsidentin vor und wurde im Mai 2009 zur Präses der
Synode der Evangelischen Kirche in Deutschland gewählt. 2011 wird sie
Präsidentin des Kirchentages in Dresden sein. Ihre politischen Schwerpunkte
sind Kultur und Bürgerrechte, Schöpfung und Ökologie sowie Armut und
Gerechtigkeit. Katrin Göring-Eckardt ist verheiratet und hat zwei Söhne.

Viel zu schaffen ist für mich positiver Stress

Frau Göring-Eckardt, Sie sind 1966 in Friedrichroda in Thüringen geboren. Wie war Ihr Zuhause, welche Werte haben Ihre Eltern Ihnen vermittelt?

Meine Eltern waren selbstständige Tanzlehrer, also Kleinstunternehmer – eine Seltenheit in der DDR. Mein Vater kam aus sehr armen Verhältnissen. Er war Kriegsteilnehmer und hat sich bis zu seinem Tod nicht eindeutig vom Nationalsozialismus distanziert. So haben wir uns darüber niemals versöhnt. Er war ein autoritärer Mensch. Wir hatten allerdings ein offenes Haus, und ich durfte meine Freunde mitbringen. Anderseits war absolute Pünktlichkeit und Disziplin väterlicherseits angesagt. Meine viel jüngere Mutter war vollkommen anders. Sie war Mitglied der jungen Gemeinde, einer Jugendorganisation der evangelischen Kirche, wurde vom Abitur ausgeschlossen und konnte deshalb nur Zahnarzthelferin statt Zahnärztin werden. Sie hat wohl etwas revolutionären Geist in mich hineingepflanzt.

Hatte Ihre Mutter in diesem repressiven Staat denn gar keine Angst?

Doch, meine Mutter lebte in ständiger Sorge und warnte mich immer wieder:»Rede nicht über die junge Gemeinde, selbst einer unserer Freunde könnte zur Stasi gehören!« Allerdings schaffte sie es selbst auch nicht, sich zu verleugnen; sie hat mich nach der Schule in den kirchlichen Unterricht geschickt, hat dafür gesorgt, dass ich konfirmiert wurde und später zur jungen Gemeinde gehörte. Hier hat meine politische Sozialisation begonnen. Ich habe aber sogar mit den Gedanken gespielt, aus Opposition zu meinem Vater in die SED einzutreten, ließ es aber dann doch; mit dem Weltbild dieser Partei konnte ich überhaupt nichts anfangen. Ich wollte immer Lehrerin werden, doch meine eigene Deutschlehrerin brachte mich hiervon ab mit dem Argument:»Du kannst Kindern nicht Dinge erzählen, die du selbst nicht glaubst.« Sie hatte natürlich Recht, ich hätte im Unterricht die Ideologie des Systems vermitteln müssen, also beschloss ich, Theologie zu studieren. Diesen Ausweg haben einige aus Oppositionskreisen gewählt.

Hatten Sie nicht Angst vor der allmächtigen Staatsmacht?

Nein, ich hatte weder als Kind noch als Jugendliche Angst. Dass die Oppositionsgruppen beobachtet wurden, war allen klar. Wir haben, wenn wir miteinander telefonierten, den, der da mithörte, machmal gegrüßt. Für mich waren eher die massiven Einschränkungen – nicht alle

Bücher lesen zu können, die mich interessierten, nicht zu meinen Verwandten in Westdeutschland reisen zu dürfen – belastend. Der starke Anpassungsdruck machte mir zu schaffen, ich fing tatsächlich mit 16 schon an, für eine Reise nach New York zu sparen, um mir im Rentenalter – da durfte man endlich in den Westen reisen – ein Flugticket in die USA kaufen zu können. Angst bekam ich erst, als mein Sohn im September 1989 geboren wurde. Im Oktober nahm ich an einer Demonstration teil, die Wasserwerfer waren schon da, ich hielt mein Baby im Arm und wusste nicht, ob die Staatsmacht gleich eingreift. Dann habe ich die Kundgebung doch frühzeitig verlassen. Ich hätte mich natürlich ganz von den Demonstrationen fernhalten können, aber es war gerade auch für die Zukunft dieses kleinen Kerls so wichtig, dass sich etwas ändert. Das konnte ich unmöglich nur anderen überlassen.

Weshalb haben Sie damals Ihr Studium der Theologie abgebrochen?

Als mein Sohn auf die Welt kam, hatte ich vor, nach einem Jahr Pause weiterzustudieren, aber 1989 zog es mich mit aller Macht in die Politik. Ich habe im Kreistag und im Thüringer Landtag gearbeitet, wir waren nur eine kleine Fraktion, aber wir haben sehr viel erreicht.

Würden Sie sich als Vollblutpolitikerin bezeichnen?

Ja, ich stecke sehr viel Leidenschaft, sehr viel Kraft und Energie in meine Arbeit. Ich glaube, ich bin ein bisschen der Weltverbesserertyp. Ich wollte schon als Jugendliche die Welt um mich herum besser und gerechter machen. Mit der Katastrophe von Tschernobyl erwachte dann mein Interesse für Umweltprobleme.

Sie sind Präses der Synode der Evangelischen Kirche in Deutschland, Präsidiums-Mitglied des Deutschen Evangelischen Kirchentages und Vizepräsidentin des Deutschen Bundestages. Wie schaffen Sie es, diese zeitintensiven Ämter miteinander zu vereinbaren?

Das ist nicht leicht, aber weil es Freude macht, geht es. Ich kann ganz gut mit meiner Zeit jonglieren, das gehört zur politischen Arbeit sowieso. Viel zu schaffen ist für mich positiver Stress. Nur wenn belanglose Kleinigkeiten ewig ergebnislos hin und her verhandelt werden und ich mich dem Ganzen nicht entziehen kann – dann werde ich wütend und ungehalten. Mitunter auch zu Unrecht. Schließlich kann für andere wichtig sein, was für mich nur eine Nebensache ist.

Sind die vielen Termine und die ständige Erreichbarkeit nicht ein Stressfaktor für Sie?

Klar, ich habe sehr viele feste Termine, die ich nicht beeinflussen kann. Außerdem unterliege ich einer strengen »Kontrolle«, fast immer weiß einer, wo ich bin. Als ich Fraktionsvorsitzende war, lag das Telefon nachts neben meinem Kopfkissen, es könnte ja eine Umweltkatastrophe oder ein Krieg ausbrechen, und in einem solchen Extremfall, so selten er sein mag, muss die Politik sofort reagieren. Heute kann ich zwischendurch schon mal abhauen und sagen: »In bin jetzt vier Stunden weg, in der Zeit könnt ihr mich nicht erreichen.« Das sorgt mitunter für Irritationen, aber eine kurze Auszeit muss auch mal sein. Meistens unternehme ich dann etwas völlig Unspektakuläres, gehe in ein Café oder in eine Buchhandlung und schalte ab.

Zurück zu Ihrer politischen Arbeit. Sie treten für Religionsunterricht in Schulen ein, repräsentieren somit nicht die Position Ihrer Partei. Wie kommt das?
Das hat mit meiner Geschichte zu tun. Meine Mutter und ich haben erlebt, was es heißt, aufgrund des Glaubens diskriminiert zu werden, ich durfte in der DDR nicht einmal eine Kette mit einem Kreuz tragen. Ich bin der Ansicht, dass Kinder, die in einer extrem säkularen und multireligiösen Gesellschaft aufwachsen, die Chance haben sollten, sich gerade in der Schule mit gläubigen Menschen auseinanderzusetzen, um

sich später eine eigene Meinung bilden zu können. Ich nehme mir in der Partei durchaus die Freiheit, einen für mich wichtigen Standpunkt auch öffentlich kundzutun. Das ist übrigens Vielfalt und gehört zu den Grünen.

Sie haben einmal gesagt: »Der eigentliche Auftrag ist es, unseren Glauben weiterzusagen, dafür zu werben und zu missionieren.« Wie verträgt sich der Missionierungsgedanke mit der Toleranz?
Mission heißt für mich, mit innerer Beteiligung und Leidenschaft zu sprechen. Ich möchte Stellung beziehen und öffentlich darlegen, woran ich glaube und warum. Es ist wie eine Übersetzung des Aufrufs »Geht hinaus und sagt es allen«. Zugleich bin ich natürlich für Freiheit und multireligiöse Toleranz, setze mich für islamischen Unterricht in den Schulen ein, und zwar auf Deutsch, damit er aus den Hinterhöfen verschwindet. Bei Andersgläubigen geht es um Dialog, und zwar auf Augenhöhe.

Hilft Ihnen Ihr Glaube bei der Bewältigung von Stress und Alltagsproblemen?
Der Glaube gestattet mir, Pausen einzulegen, ich schlage manchmal einfach die Bibel auf und lese einen Text. In angespannten Lebenslagen tut es mir gut, zu beten und zu wissen, dass es ein Netz gibt, das

uns auffängt, eine Hand, die uns hält, ein Gott, der uns behütet. Obwohl ich die Ungerechtigkeiten auf der Welt natürlich sehe, bleibt dieses Grundgefühl, das mir hilft, auch schwierige Situationen zu bewältigen, und das mir Gelassenheit gibt. Das ist nichts, was im Kopf passiert, dieses Gefühl ist einfach da.

Was bedeutet Gelassenheit für Sie?
Obwohl ich manchmal ganz schön aufgeregt oder wütend sein kann, heißt Gelassenheit für mich, dass ich ruhig bleibe in Situationen, wo andere losschreien oder Türen knallen. Außerdem kann ich in starken Stresssituationen entschleunigen: Wenn sehr viel zusammenkommt, viele Leute etwas von mir wollen und sofort eine wichtige Entscheidung von mir erwarten, dann sage ich: »Kommt, wir gehen jetzt erst mal ein Eis holen.« Oder kochen einen Tee. Diese Gelassenheit überträgt sich dann oft auch auf die anderen. Aber ich bin auch eine sehr fordernde Chefin.

Wie äußert sich Ihre Strenge?
Ich erwarte, dass sich alle maximal – möglichst mit Herzblut – engagieren. Außerdem habe ich hohe Ansprüche an Zuverlässigkeit, ich möchte meine Leute nicht kontrollieren müssen, dazu ist mir die Zeit viel zu kostbar. Auf die meisten Mitarbeiter kann ich mich verlassen,

das erspart mir viel Stress. Es gibt bei uns auch eine hohe Verbindlichkeit, die meisten sind sehr motiviert, und natürlich hat keiner Angst vor mir. Während meiner 15 Jahre in leitenden Funktionen habe ich mich nur von zwei Mitarbeitern trennen müssen. Ich finde, das ist eine ganz gute Bilanz.

Stellen Sie auch an sich selbst sehr hohe Ansprüche?
Ja, ich bemühe mich um Perfektion, jede einzelne meiner Reden muss sehr gut sein, sie soll etwas Originelles und etwas Besonderes enthalten. Ich hasse Textbausteine und Sprechblasen. Da ich als Politikerin das Privileg habe, in der gesamten Republik und auch im Ausland unterwegs zu sein, kommuniziere ich ständig mit interessanten und sehr unterschiedlichen Leuten, erfahre hautnah, was sich in der Gesellschaft tut. Ich habe auch kein Problem, gegebenenfalls meine Meinung zu überdenken und zu ändern, wenn es mir richtig erscheint.

Wie haben Sie sich in harten Fraktionsauseinandersetzungen mit »Alphatieren« wie Herrn Fischer oder Herrn Trittin verhalten?
Ich akzeptiere, dass sie anders sind als ich. Ich habe mich gegenüber Joschka Fischer, insbesondere in der Zeit der starken Attacken gegen ihn, immer loyal verhalten. Wenn ich die Dinge anders sah als er, habe ich

mir aber auch die Freiheit herausgenommen, es ausdrücklich zu sagen. Gerade ich, aufgewachsen in einer Diktatur, werde in einer freiheitlichen Demokratie nicht plötzlich anfangen, opportunistisch zu werden. Öffentlich zu sagen, was ich denke, hat mich stark gemacht. Ich achte darauf, ich selbst zu bleiben, authentisch zu sein. Und wenn ich Schwierigkeiten habe, mich durchzusetzen, dann suche ich das Vier-Augen-Gespräch, das ist eine starke »Waffe«.

Was tun Sie, um gedanklich abzuschalten?

Ich jogge oft schon sehr früh am Morgen. Da bin ich noch vollkommen »umnachtet«, aber ich zwinge mich rauszugehen. Ich habe beim Laufen auch oft das Gefühl, jetzt sinkt alles Negative nach unten, und der Kopf wird vollkommen frei. Ich denke dann an Dinge, die überhaupt nichts mit meiner Arbeit zu tun haben, konzentriere mich oft nur auf das Wetter – wie lange es bei dem Regen wohl dauert, bis ich völlig durchnässt bin. Das ist wunderbar. Manchmal fällt auch eine Redepassage quasi aus den Bäumen oder eine Idee für den Kirchentag.

Und wenn Sie nicht joggen, wann und wo können Sie am besten entspannen?

Ich bin mit meiner Familie häufig in unserer Wohnung in einem Dorf in Thüringen, wo es einen riesigen Garten gibt. Sobald ich durch das Gartentor trete, ist erstmal alles andere weg. Ich finde es sehr gut, beides zu haben – mein Zuhause auf dem Land und zugleich die Wohnung mitten in Berlin-Charlottenburg.

Ich liebe auch das Wasser und springe sogar schon mal Anfang Januar in einen See. Da ist Weite, da ist es ganz still. Oder ich mache ganz stinknormale Sachen, sitze eine Stunde auf dem Sofa, zünde zwei Kerzen an und gucke in die Luft. Oder ich sehe einen Kitschfilm mit meinen Söhnen an.

Finden Sie Zeit, um sich mit Freunden zu treffen?

Aber ja, ich koche und backe sehr gern, am liebsten für viele Gäste, das entspannt mich total. Endlich etwas Unkompliziertes, ich sage ganz einfach: »Kommt doch um acht, ich werde noch nicht fertig sein, aber dann können wir noch ein bisschen in der Küche schwatzen.« Und die Gäste helfen mit, den Tisch zu decken.

Eine letzte Frage: Welche Botschaft haben Sie für die Menschen in dieser Zeit der Wirtschafts- und Finanzkrise?

Ich denke, wir sollten nicht versuchen, an allem festzuhalten, was es bisher gab, sondern offensiv fragen: Wie wollen wir in dieser Gesellschaft leben, in der wir weniger zur Verfügung haben, in der wir wahrscheinlich mehr Zeit haben werden als früher? Wir werden mehr auf Solidarität und auf Gemeinschaft angewiesen sein, was etwas sehr Positives ist. Das sage ich auch öffentlich und erlebe, dass die Menschen gar nicht so verunsichert reagieren. Sie denken vielmehr darüber nach, was ihnen wirklich wichtig ist, und das ist gut.

Von Katrin Göring-Eckardt lernen

Innere Ruhe bewahren
- Wenn andere losschreien oder Türen knallen: Bleiben Sie ruhig und schalten Sie einen Gang runter.

Sich zu entspannen
- Bauen Sie Zeiten der Entspannung in Ihren Alltag ein: morgendliches Joggen; Kerzen anzünden, aufs Sofa setzen und in die Luft gucken; mit den Kindern einen Kitschfilm anschauen; Freunde bekochen…

Glauben
- Der Glaube bringt einen dazu, Pausen einzulegen. In schwierigen Lebenslagen verleiht er die Gewissheit, dass es eine Hand gibt, die einen hält.

Authentisch bleiben
- Achten Sie darauf, Sie selbst zu bleiben. Wenn Sie die Dinge anders sehen, stehen Sie auch öffentlich zu Ihrer Meinung – das macht stark.

Vertrauen
- Wählen Sie verlässliche Mitarbeiter aus, die Sie nicht kontrollieren müssen, das erspart viel Stress.

In Dialog treten
- Wenn Sie sich in einem Konflikt nicht durchsetzen können, suchen Sie das Vier-Augen-Gespräch.

Sich öffnen
- Haben Sie den Mut, Ihre eigene Meinung zu revidieren.
- Klammern Sie sich nicht an das, was bisher war. Fragen Sie vielmehr: Wie kann ich die Zukunft unter den veränderten Realitäten mitgestalten?

Jürgen Großmann

Dr. Jürgen Großmann, geboren 1952 in Mülheim an der Ruhr, studierte Eisenhüttenkunde und Wirtschaftswissenschaften in Clausthal, Göttingen, Freiburg und Purdue/USA. Nach zahlreichen Auslandsaufenthalten machte er seine Diplomarbeit in Brasilien und promovierte an der Technischen Universität in Berlin. 1980 trat er in den Konzern der Klöckner-Werke AG in Duisburg ein. Nach verschiedenen Tätigkeiten (Vorstandsassistent, Geschäftsführung verschiedener Tochtergesellschaften, Holding-Vorstand) wurde er 1993 Geschäftsführender Gesellschafter der Georgsmarienhütte GmbH. Seit 1997 ist er Gesellschafter der Georgsmarienhütte Holding GmbH. 2007 wurde er Vorsitzender des Vorstands der RWE AG.

Man braucht Vertrauen, wenn man etwas erreichen und gestalten will

Herr Dr. Großmann, ich habe unser letztes Interview versehentlich gelöscht. Ich bat um eine zweite Chance – und heute darf ich Sie wieder interviewen.
Ihnen ist ein Malheur passiert, das kann schon mal vorkommen, aber bitte kein zweites Mal.

Wie gehen Sie mit Fehlern um?
Zunächst versuche ich keine zu machen! Aber Menschen, die handeln, müssen auch Fehler einkalkulieren. Allerdings dürfen diese Fehler nicht existenzbedrohend sein. Kleinere Vorkommnisse versuche ich, offen anzusprechen und zu klären, wie es dazu kam. Andererseits gibt es sicher einen Unterschied, wie man mit eigenen Fehlern und denen anderer Leute umgeht.

Was war Ihr letzter großer Fehler?
Der liegt ein gutes Jahr zurück. Wir wollten gemeinsam mit einem anderen großen Energieunternehmen eine Firma übernehmen. Ich hatte mich auf das Wort der Kollegen verlassen, dass sie das Geschäft mit uns abschließen. Es betraf auch eine ausländische Regierung. Gemeinsam mit dem Vorstandsvorsitzenden dieser Firma war ich an einem Freitag im zuständigen Ministerium. Wir haben uns im Prinzip geeinigt und die Hand darauf gegeben. Am folgenden Montag wollten wir damit an die Presse gehen. Ich saß noch in der Beratungsrunde, da wurde ich herausgerufen, und der Vorstandsvorsitzende jenes staatlichen Unternehmens teilte mir mit, dass er das Geschäft nicht abschließen könne. Ich bin dann wieder in die Sitzung zurückgegangen und habe allen Anwesenden erklärt:»Blame it on me, Sie haben alle eine tolle Arbeit gemacht, aber ich habe die Situation falsch eingeschätzt. Der Deal ist geplatzt. Ich bin schuld, ich habe denen geglaubt.«

Ist es realistisch zu glauben, man könne sich in der Wirtschaftswelt auf einen Menschen, auf sein Wort verlassen?
Das kommt immer auf die Situation und den Einzelnen an. Der Starke hat viele Freunde, der Schwache steht meistens ziemlich alleine da. Etwas anderes ist es, wenn sich über Jahre ein Verhältnis aufbaut, das es mir erlaubt, den anderen einzuschätzen und mich auf sein Wort zu verlassen. Man braucht Vertrauen, wenn man etwas erreichen und gestalten möchte. Wenn ich nach vorne gehen will, dann kann ich nicht krampfhaft jeden Schritt so weit sichern, dass ich Enttäuschungen ausschließe. Wenn ich allerdings von jemandem mal wirklich nach-

haltig enttäuscht worden bin, vergesse ich das auch nicht.

Welche Schlüsse haben Sie aus Ihren Niederlagen gezogen?
Die Dinge, an denen ich gewachsen bin, waren die Niederlagen, beispielsweise die Insolvenz der Klöckner-Werke. Eine große Niederlage setzt oft große Kräfte frei, weil man eine solche Situation nicht noch mal erleben will. Man muss daran denken, dass sich Situationen schnell und grundlegend ändern können.

Wie behalten Sie bei Ihren vielen Unternehmungen und Umstrukturierungen die Übersicht?
Es ist nicht nötig, dass ich über jedes Detail die volle Übersicht bewahre. Ich brauche Menschen, die für ihre Projekte einstehen, sie mit Für und Wider darstellen und bereit sind, sich der konstruktiven Kritik des Topmanagements zu stellen. Bei RWE ist das so.

Sie behalten also die Übersicht, indem Sie an kompetente Leute delegieren?
Ich glaube, es ist ein großes Erfolgsrisiko, wenn man versucht, sich als Meister aller Klassen darzustellen. Das führt zu einer Rückdelegation der Verantwortung an die Spitze – und das funktioniert nie.

Sie üben sich ja geradezu in Bescheidenheit. Das kontrastiert stark

mit der Selbstgefälligkeit, die Ihnen gelegentlich unterstellt wird.
Selbstgefällig habe ich in diesem Zusammenhang noch nie gehört. Selbstherrlich und autokratisch zu sein, ist mir fälschlicherweise schon mal vorgeworfen worden, aber selbstgefällig heißt doch, dass man an sich selbst nicht dieselben Ansprüche stellt wie an andere. Das ist bei mir nicht so. Ich unterwerfe mich mindestens genauso strengen Regeln, wie sie für Kollegen und Mitarbeiter gelten.

Wie gehen Sie mit ungerechtfertigter Kritik um?
Das ist nicht ganz kontrollierbar. Man sieht sich selber anders als seine Umgebung es tut, das ist das Problem der Selbst- und Fremdwahrnehmung. Es kommt immer darauf an, in welcher Phase ich mich persönlich befinde. Es gab eine Zeit, in der mir Kritik sehr naheging. Die Berichterstattung über mein Unternehmen in der Zeitung lese ich viel kritischer als Außenstehende. Dann sehe ich auch, wer von wem abschreibt. So etwas nehmen Sie nach gewisser Zeit nicht mehr ernst, aber ich musste erst lernen, damit umzugehen. Das hat sicherlich ein Jahr gedauert.

Was hat Ihnen im Umgang mit unfairer Kritik geholfen?
Besonders meine Familie. Wenn meine älteste Tochter zu mir sagt:

»Du bist nicht so, wie die da schreiben, ich kenne dich besser«, dann hilft mir das. Dennoch ärgere ich mich, wenn mir ein schlechtes Image angehängt wird, weil das Unternehmen darunter leidet.

Was gibt Ihnen die Kraft, Ihre Ziele trotz aller Widerstände zu verfolgen?

Zum Beispiel wurden kürzlich wieder Gerüchte gestreut, ich wollte in den Aufsichtsrat. Daraufhin habe ich eine Mail an alle Mitarbeiter geschickt, dass mir mein derzeitiger Job Spaß macht. Daraufhin kamen etliche positive Antworten. Was mir auch Kraft gibt, sind Leute, die sich wirklich trauen, Kritik zu äußern. Ich halte es für ein gutes Zeichen, wenn mich einer anruft und sagt: »Ich weiß, Sie wollen etwas ändern. Diesen Sachverhalt kennen Sie möglicherweise gar nicht, warum kümmern Sie sich nicht darum?«

Nehmen Sie sich tatsächlich die Zeit, auf einzelne Beschwerden und Einwände einzugehen?

Ja! Auch wenn die Hinweise so spezifisch sind, dass ich nicht selber eine Lösung weiß. Dann delegiere ich an die betreffende Person. Aber die Antwort lasse ich mir geben und leite sie persönlich an den Mitarbeiter weiter. Ich lege mir das selbst nach zwei, drei Monaten wieder vor und frage, was passiert ist. Stillstand lasse ich nicht zu.

Was belastet Sie besonders stark?

Eine Sache vor sich hinkochen zu lassen, damit habe ich ernsthafte Schwierigkeiten. Mir ist es lieber, wenn Konflikte ausgetragen werden. Ich glaube, das ist bei mir prägend, auch in der Familie. Wenn wir Spannungen haben, werden die ausgefochten. Ich versuche, alles zu diskutieren, und am Ende reicht man sich die Hand.

Als Chef des RWE-Konzern gehört Stress zu Ihrem Leben. Wie regenerieren Sie sich am besten?

Ich habe jetzt ein wunderbares Wochenende in Frankreich vor mir, darauf freue ich mich. Wenn ich am Samstagmorgen in Menton über den Markt gehe und dem Mann, bei dem ich immer meinen Käse kaufe, mal eine Flasche Wein mitbringe, dann freut er sich und sagt: »Mensch, Sie waren seit Januar nicht hier. Schön, Sie wiederzusehen!« Dann bin ich glücklich.

Und wie schaffen Sie es unter der Woche, Ihre Batterien wieder aufzuladen?

Wenn ich abends alleine nach Hause komme, gehe ich gleich in die Sauna und lege die Beine hoch. Ich lese im Moment zwar zu wenig, aber das wird sich wieder ändern. Derzeit schaffe ich gerade noch Le Carrés »A man most wanted«.

Wie schützen Sie sich vor Überlastung?

Zu wenig, ich müsste mehr körperlich tun. Wie gesagt, mir macht es Spaß, wenn ich schwitze. An sich sollte man durch körperliche Anstrengung schwitzen, aber mein Ersatz ist die Sauna. Wenn ich mehr Zeit hätte, würde ich mich eine Stunde auf meinen Ergometer setzen. Nur: Spätabends ist es schwer, sich dafür noch eine ganze Stunde Zeit zu nehmen. Außerdem, wenn ich nach längerer Zeit heimkomme und strampeln möchte, ist meine Frau dagegen, und ich kann sie da gut verstehen.

Wie gut schlafen Sie bei all diesen Herausforderungen und Belastungen?

Ich versuche, abends nochmal eine Nachrichtensendung zu sehen, aber dabei schlafe ich ein. Wenn ich unter Stress bin, werde ich relativ früh wach. Einen Wecker brauche ich morgens ohnehin nicht.

Kann es für einen Vorstandsvorsitzenden eine Work-Life-Balance geben?

Nein, das bleibt eine Utopie.

Können Sie im Urlaub abschalten?

Ich bin im Urlaub nicht glücklich, wenn ich mir nicht morgens eine Stunde nehmen kann, in der ich herumtelefoniere, ob irgendwas passiert ist. Das hat meine Familie inzwischen akzeptiert. Dennoch ärgert sie sich, wenn ich mit ihnen am Tisch sitze, mir etwas im Kopf herumgeht und ich automatisch zum Hörer greife.

Sind Sie ein Genießer?

Ja, wenn mir etwas schmeckt, dann esse ich, und das ist schwierig zu kontrollieren. Übergewicht ist ein echtes Problem für mich.

Was bedeutet Genuss für Sie?

Genuss ist auch, manchmal eben nicht Maß zu halten. Für die nächsten fünf Jahre denke ich mal nicht so sehr an die Nachhaltigkeit und riskiere vielleicht ein Burn-out. Allerdings glaube ich, dass Sie den Stress überschätzen. Beruflicher Stress ist für mich keine existenzielle Frage. Ich habe mich anders definiert als nur durch den Erfolg im Job.

Worauf basiert denn Ihre Identität, wenn nicht auf beruflichem Erfolg?

Mein Selbstwertgefühl hat sich über Jahrzehnte aufgebaut. Es gibt da einen Unterschied zu dem, was ich mal provozierend »One-Company-Animal« nenne. Wenn jemand in einem Unternehmen als Lehrling angefangen hat und Schritt für Schritt zum Vorstandsvorsitzenden aufrückt, dann hat er sein ganzes Leben in diesem Unternehmen verbracht. Wenn da was schiefgeht, verliert er quasi seine Grundlage. Bei mir ist das ein bisschen anders.

**Stimmt, Sie haben eine Stahl-
kocher-Holding mit 43 Unternehmen aufgebaut, Sie sind u.a.
Besitzer eines Weinguts in Aus-
tralien, eines Sterne-Restaurants
in Osnabrück. Als ob das noch
nicht genug wäre, haben Sie eine
Stiftung ins Leben gerufen.
Welches Ziel verfolgen Sie damit?**
Die Stiftung – sie heißt Stahlstiftung
Georgsmarienhütte – hat einen ideellen und einen handfesten Grund.
Jedes Unternehmen und jede erfolgreiche Persönlichkeit bekommt an-
dauernd Bittbriefe. Da ist es schwer,
eine faire und verlässliche Linie auf-
rechtzuerhalten. Es gibt Tage, an denen sind Sie eher in Spendierlaune,
und Tage, da sind Sie es eben nicht.
Gerade weil sich der Staat aus vielen Dingen zurückziehen sollte,
müssen Menschen oder Stiftungen
konsequenterweise einspringen, das
ist mein ideelles Motiv. Ich glaube,
dass Menschen Dankbarkeit und
Demut eigen sind. Mir fällt es wegen meiner Körperform und wegen
meiner barocken Lebensart nicht
immer leicht, diese Dankbarkeit und
Demut kommunikativ zu transpor-
tieren. Dabei hilft mir die Stiftung.
Ich habe den Ehrgeiz, dass sie über
100 Millionen Euro Stiftungsvermö-
gen aufweist, wenn ich sterbe.

Welchen Anteil leisten Sie dazu?
Ich spende selber, wann immer ich
kann. Leuten, die zu Veranstaltungen eingeladen werden, sage ich

immer: »Bitte bringt uns nichts mit,
wenn ihr uns wirklich was Gutes tun
wollt, gebt 100 Euro in die Stiftung.«

**Wie schätzen Sie die gegenwärtige
Wirtschaftslage ein?**
Die Krise ist heilsam, wenn man es
schafft, ihr den Ruf einer Katastrophe zu nehmen. Bei RWE merken
manche erst jetzt, welcher Segen es
ist, in einem so soliden Unternehmen zu arbeiten. In solchen Zeiten
entsteht ein Esprit de Corps. Die Krise ist eine Zeit, in der man reflektieren kann über das, was wichtig und
unverzichtbar ist. Motto: »Simplify
your company«, das finde ich gar
nicht schlecht.

**Banker und Manager sind kleinlaut
geworden. Stecken die einstigen
Überflieger in einer Psychokrise,
müssen sie auf die Couch, wie es
jüngst im »Manager-Magazin«
stand?**
Solche Seelenklempnerei kann ich
nicht verstehen. Es gibt einen Job,
der zu tun ist. Für diesen Job braucht
man nun einmal Nerven, und man
muss ein ruhender Pol sein. Man
kann aber kein ruhender Pol sein,
wenn man diese Grandiosität, die
Sie andeuten, dauernd spielen und
so tun muss, als ob man selbst im
Besitz aller Wahrheiten und Strategien wäre. Jetzt ist eben die Zeit,
Dinge zu überdenken, das finde ich
heilsam. Ein besonderer Stress ist
das nicht. Die existenziellen Fehler

eines Unternehmens werden meistens in den guten Zeiten gemacht. In der Krise geht es dagegen um die Essentials, das ist mal ganz gut so.

Worauf kommt es heutzutage besonders an?

Die eigentliche Frage ist: Schaffen Sie es als Unternehmen – auch in erfolgreichen Zeiten –, Ihre Kunden wirklich zu verstehen? Wenn Sie sich in diesem Punkt nicht mit aller Kraft anstrengen, geraten Sie nämlich in eine Scheinwelt. Dann haben Sie verloren, und das wäre wirklich der reine Stress. Unsere Gewinne bei RWE sind bisher von der Krise relativ unberührt. Trotzdem müssen wir uns umstellen, weil wir sonst von den Kunden nicht mehr verstanden werden. Und wenn sich ein Widerwille manifestiert, kann er uns am Ende unser Geschäftsmodell kosten. Dies dem Unternehmen in guten Zeiten beizubringen, ist schwierig. Entscheidend bleibt, das Geschäftsmodell am Kunden auszurichten.

Gefahr und Stress hängen eng zusammen. Was sehen Sie in der Rezession als größte Gefahr für ein Energieunternehmen wie RWE?

Als größte Gefahr sehe ich, dass von politischer Seite die Krise einen Anlass bieten könnte, unser Geschäftsmodell infrage zu stellen. Wir werden gelegentlich als Problem statt als Lösung empfunden. Dabei geht die Lösung ohne uns viel schlechter

als mit uns. Wir sind bereit, uns zu verändern, aber wir können nicht einfach einen kurzfristigen politischen Schwenk machen. Das, was die Allgemeinheit als richtig und populär empfindet, ist ja manchmal nicht von Dauer. Bei den ersten beiden großen Energiekrisen 1973 und 1979 gab es das generelle Ziel, weg vom Öl und hin zur Kohle zu gehen. Hätten wir genau das getan, wären zehn große Kohlekraftwerke gebaut worden. Damals hätte man uns applaudiert – und es wäre dennoch problematisch gewesen.

Sie scheuen nicht davor zurück, öffentlich auf Konfrontationskurs zu Umweltminister Gabriel und einem Großteil der Bevölkerung zu gehen. Schwimmen Sie da nicht gegen einen übermächtigen Meinungsstrom?

Keineswegs. Ich muss natürlich ein gewisses Verständnis für den großen Strom der öffentlichen Meinungen entwickeln, aber ich muss auch sagen: »Halt, wir können nicht alles auf eine Karte setzen.« Wir können nicht das, was gestern noch richtig war, innerhalb von fünf Minuten über Bord werfen. Der Tanker kann seinen Kurs ändern, aber nicht stop-and-go oder zickzack fahren.

Herr Dr. Großmann, danke für die zweite Chance.

Je vous en prie. Diesmal hat ja alles funktioniert.

Von Jürgen Großmann lernen

Arbeitsbelastung akzeptieren
- Work-Life-Balance für Entscheidungsträger in leitender Funktion ist eine Illusion.
- Es ist sinnvoller, selbst im Urlaub morgens eine Stunde lang zu arbeiten und danach loszulassen, als den ganzen Tag an die unerledigten Sachen zu denken.

Delegieren und die Übersicht behalten
- Wer vorgibt, alles zu können, muss auch alles selbst machen.
- Delegieren Sie Dinge, die Sie selbst nicht so gut beherrschen, an kompetente Mitarbeiter.
- Haken Sie regelmäßig nach, ob eine Lösung gefunden wurde.

Risiken eingehen und mit Fehlern rechnen
- Versuchen Sie nicht, jedes Risiko auszuschließen. Gehen Sie als Handelnder davon aus, dass Fehler vorkommen können – aber nicht ein zweites Mal.
- Übernehmen Sie für Ihre Fehler die Verantwortung und entschuldigen Sie sich.

Konflikte bereinigen
- Ein Problem vor sich hinkochen zu lassen bedeutet Stress.
- Sprechen Sie Konflikte an und fechten Sie sie aus.
- Reichen Sie sich am Ende die Hand.

Sich als verlässlich erweisen
- Man darf nicht das, was gestern noch richtig war, plötzlich über Bord werfen und ständig den Kurs ändern.

Krisen als Chancen verstehen
- An Niederlagen wächst man.
- Krisen können heilsam sein, weil sie den Zusammenhalt fördern und zur Reflexion auffordern: Was ist wirklich wichtig?

Es gibt ein Leben außerhalb des Jobs
- Definieren Sie sich nicht ausschließlich über den beruflichen Erfolg.

Albrecht Hertz-Eichenrode

Albrecht Hertz-Eichenrode, geboren 1944 in Kaiserdorf/Westpreußen, gilt als Pionier der deutschen Private-Equity-Branche. 1979 kam er aus Afrika nach Hannover, um dort die HANNOVER Finanz Gruppe aufzubauen. Seit 1993 ist die Gruppe selbstständig und Hertz-Eichenrode Gesellschafter. Bis 2009 war er auch ihr Vorstandsvorsitzender. In Afrika leitete er zuvor vier Jahre lang die Bong Mining Company als kaufmännischer Geschäftsführer. Internationale Erfahrungen sammelte er schon während seines Studiums in den USA und der Schweiz. Seinen Start in den Beruf absolvierte er bei der Düsseldorfer Unternehmensberatung A.T. Kearney. Der Vater eines Sohnes und einer Tochter ist inzwischen zweifacher Großvater.

Man weiß doch:
Die Dinge wachsen nicht in den Himmel

Herr Hertz-Eichenrode, Sie sind in den letzten Wirren des Krieges zur Welt gekommen. Wie sind Sie aufgewachsen?

Mein Vater war Gutsbesitzer in Westpreußen, meine Mutter kam aus einer Schuhfabrikantenfamilie aus Kleve. Ich bin im Mai 1944 geboren, und im Januar 45 sind wir im eisigen Winter in einem Flüchtlingstreck unter schwierigsten Verhältnissen geflohen. Mein Vater hat nach langer Suche am Niederrhein einen Bauernhof gepachtet, wo ich dann mit meinen drei Geschwistern aufgewachsen bin. Wir hatten Pferde, und ich bin sehr viel geritten. Die Leidenschaft für das Reiten ist geblieben: In schwierigen, stressvollen Lebensphasen ist das Reiten bis heute ein wichtiger Ausgleich für mich.

Ihre Eltern haben nach dem Krieg mit nichts angefangen. Welchen Einfluss hatte das auf Ihr Leben?

Die zeitweise geradezu ärmlichen Lebensverhältnisse in meiner Familie waren für mich ein starker Antrieb, beruflich etwas zu erreichen. Ich musste Geld verdienen, um mein Studium zu finanzieren. Ich strengte mich an, bekam ein Stipendium für die USA, was damals außergewöhnlich war, dann noch ein Stipendium für eine internationale Management-Schule in der Schweiz. Diese Studienjahre im Ausland waren entscheidend, ich lernte fließend Englisch und Französisch, bewegte mich in einem internationalen Umfeld, das hat mich geprägt.

Welche Werte haben Ihre Eltern Ihnen vermittelt?

Ich bin in einem sehr bodenständigen Zuhause aufgewachsen. Beide Eltern achteten streng auf die typisch preußischen, evangelischen Werte wie Zuverlässigkeit und Korrektheit. Sie bestimmen heute noch mein Denken: Wenn ich mein Wort gebe, dann halte ich es. Im kaufmännischen Leben gelten zwar meistens nur ellenlange Verträge, doch für mich gilt auch das mündliche Versprechen, der Handschlag, und ich erwarte die gleiche Anständigkeit von anderen.

Wie verlief Ihre berufliche Laufbahn nach dem Studium?

Nach einer Stelle als Vorstandsassistent wechselte ich zu einer amerikanischen Unternehmensberatung, wo ich auch auf Auslandseinsätzen tätig war. Während eines Beratungsauftrags bei der Ruhrkohle fragte man mich, ob ich das Unternehmen Bong Mining Company in Liberia als kaufmännischer Geschäftsführer und Controller leiten wollte. Ich war 29 Jahre alt und voller Tatendrang – ich sagte also zu.

Brachte diese starke Herausforderung positiven Stress mit sich?

Ja, das Angebot reizte mich sehr, zumal ich mich als idealen Kandidaten dafür sah: Ich hatte ja bereits in einem amerikanischen Unternehmen gearbeitet, sprach gut Englisch und kannte mich in der amerikanischen Kultur aus. Liberia, eine ehemalige amerikanische Kolonie, war zu der Zeit sehr amerikanisch geprägt.

Machte es Ihnen nicht auch Angst, in so jungen Jahren ein großes Unternehmen zu führen?

Im Gegenteil, es war sehr verlockend. Es fehlte mir zwar die Führungserfahrung, aber dieser Posten war für mich eine fantastische Karrierechance, die ich in Deutschland nie bekommen hätte. Ein wenig Angst um das Wohlergehen meiner Familie in Liberia hatte ich schon, doch was mich betraf, fühlte ich mich der Aufgabe durchaus gewachsen.

Viele Menschen müssen gegen Selbstzweifel ankämpfen und setzen sich damit unter Stress. Woher nahmen Sie Ihr großes Selbstvertrauen?

Mich stärkte die Erfahrung, dass ich viel erreichen kann: Die Erfolge während meines Studiums, in der Unternehmensberatung, wo ich erlebte, dass meine Vorschläge umgesetzt wurden – all das gab mir Sicherheit.

Warum kehrten Sie 1979 trotz Ihres Erfolgs in Liberia nach Deutschland zurück?

Aus zwei Gründen: Zahlreiche der sogenannten Expatriots, die zu viele Jahre im Ausland tätig waren, haben den Weg nach Deutschland nicht wieder zurückgefunden. Ich wollte nicht, dass mir das passiert. Zum anderen rumorten in Liberia damals bereits die revolutionären Kräfte. Der Ost-West-Konflikt machte sich bemerkbar, Moskau gewann an Einfluss, und man versuchte, die Amerikaner aus dem Land zu werfen. In der afrikanischen Belegschaft kam es zu ersten Unruhen. Wir mussten einen sehr schwierigen Streik durchstehen, bei dem versucht wurde, unsere Leute gefangen zu nehmen.

Sie und Ihre Familie befanden sich in großer Gefahr. Wie haben Sie diesen existenziellen Stress durchgestanden?

Unsere Situation war für unsere ausländischen Mitarbeiter und ihre Familien wirklich sehr bedrohlich. Eines Morgens trafen die etwa 300 europäischen Beschäftigten der Mine wie immer in ihren Büros und den verschiedenen Werkstätten ein, als plötzlich die beiden Zufahrtstraßen zur Mine verbarrikadiert wurden. Draußen versammelten sich Hunderte mit Macheten bewaffnete und mit Drogen in Rage versetzte Arbeiter. Alle Telefone und auch unsere

Funkverbindung zur Hauptstadt Monrovia waren gekappt. An der Wasserpipeline hatten die streikenden Arbeiter allerdings ein Tor im Zaun vergessen. Doch mein afrikanischer Fahrer weigerte sich, mich mit dem Auto da durchzufahren – zu groß war seine Angst, von den aufgeputschten Arbeitern gelyncht zu werden.

Woher kam dann die Rettung?
Der Fahrer schlug vor, sich zu Fuß hinauszuschleichen, an einer bestimmten Stelle zu verstecken und da auf mich zu warten. Von dort würde er mich dann wieder fahren. Also bestieg ich mein Auto und fuhr allein durch das Zauntor. In unserem Dorf hatte ich weniger Glück. Die Menschen haben natürlich mein Auto gesehen, sie versuchten, mir den Weg abzuschneiden, ich bin aber nicht stehen geblieben, sie sprangen zur Seite, und ich raste weiter in Richtung Monrovia. Unterwegs nahm ich meinen Fahrer mit, und dann ging es direkt zu Präsident Tolbert. Er empfing mich, und ich berichtete ihm von den Unruhen.

Hatten Sie nicht ungeheure Angst?
Nein, ich habe gar nicht an die Gefahr gedacht. Ich sagte mir nur immer wieder: Du musst gewinnen. Außerdem überlegte ich fieberhaft: Wie komme ich hier heraus? Wie befreie ich meine Kollegen? Wie organisiere ich Rettung?

Präsident William Tolbert war glücklicherweise sehr schnell bereit, eine bewaffnete Truppe von 400 Leuten loszuschicken. Als sie angekommen war, stellte sie sich vor die streikenden Arbeiter und schoss ein paar Mal in die Luft. Die Menge lief sofort auseinander, und wir konnten den Weg freiräumen. Die unmittelbare Bedrohung war erstmal vorbei. Es folgten aber weitere Streiks. Ich führte die Verhandlungen, und nach drei Tagen haben wir uns über die Lohnerhöhungen geeinigt, der Spuk war vorüber. Mir aber wurde klar, dass ich mir sehr genau überlegen musste, wie es für mich, meine Frau und meine beiden Kinder weitergehen sollte. Ich begann mich am freien Markt in Deutschland zu bewerben. Es war schwer, etwas Vernünftiges und finanziell Attraktives zu finden, also war ich sehr zufrieden, als ich endlich mit dem Haftpflichtverband der Deutschen Industrie (HDI) in Hannover ins Gespräch kam und 1979 dort anfangen konnte.

Die HANNOVER Finanz Gruppe hält Beteiligungen an über 50 mittelständischen Unternehmen.
Wie schafften Sie es, bei dieser komplexen Aufgabe die richtigen Entscheidungen zu treffen und dabei nicht vom Stress überwältigt zu werden?
Ich habe sehr früh gelernt, wie wichtig die Personen sind, die ein

Unternehmen führen. Das Produkt, der Markt, die Technologie mögen stimmen, aber ob ein Unternehmen wirklich erfolgreich ist, hängt von den Personen und nicht vom Produkt oder der Technologie ab. Natürlich geht es auch um Bilanzen, aber letztendlich ist es am wichtigsten, in die Köpfe der Gesprächspartner zu schauen. Gewiss – ich bin zu Anfang auch auf einige schlaue Betrüger und Hochstapler hereingefallen, doch mit der Zeit habe ich ein sicheres Gespür für solche Menschen entwickelt.

Eine ungewohnte These für einen Wirtschaftswissenschaftler. Was hat Sie zu der Überzeugung gebracht?
Ich hatte bereits während meines Studiums und in all den Jahren als Unternehmensberater mit sehr vielen Menschen, unterschiedlichen Situationen und Konzernen zu tun. Mir wurde klar, dass nicht allein die Theorie, der Umgang mit dem Markt und das Erkennen ökonomischer Trends für den wirtschaftlichen Erfolg ausschlaggebend sind, sondern eher, ob einer sein Unternehmen auf allen Ebenen zu führen weiß.

Und welche Kompetenzen sind Ihrer Meinung nach dafür entscheidend?
Ich spreche zunächst mal von mir: Ich bin ein guter Zuhörer, höre mir erst mal an, welche Konzepte, welche Vorstellungen und Visionen der andere hat. Bei der Beurteilung

eines Unternehmens folge ich auch bewusst meinem Bauchgefühl.

Hat denn das Bauchgefühl in der Finanzwelt eine Berechtigung?
Durchaus. Wir erleben doch gerade in der Finanzwelt, dass diejenigen Schiffbruch erleiden, die glaubten, man könne alles errechnen, die auf fein ausgetüftelte mathematische Modelle setzten und sich auf die positiven Beurteilungen von Rating-Agenturen verließen. Ich habe damals schon gesagt: Das kann auf die Dauer nicht gutgehen. Wir haben ja bereits in den vergangenen Jahren Rezessionen erlebt, den Zusammenbruch des Neuen Markts, und jeder glaubte, es geht immer so weiter. Ich konnte diese Modelle nicht nachvollziehen. Heute ist es ähnlich. Gott sei Dank haben wir bei der Hannover Finanz eine verantwortungsvolle und konservative Investitionspolitik gefahren. Gewiss wurden wir von einigen Wettbewerbern überholt, die viel, viel aggressiver vorgegangen sind als wir. Doch davon sind manche bereits wieder vom Markt verschwunden, und andere haben große Probleme. Man wird sehen, ob sie die jetzige Krise überstehen.

Sind Kontinuität und vorausschauendes Denken probate Mittel gegen Stress?
Ja, konservatives Handeln und das Abfedern von Risiken gehören zu

meiner Strategie gegen den Stress. Nach 30 Jahren im Geschäft ist man erfahren und weiß: Die Dinge wachsen nicht in den Himmel. Davor stand ein schmerzlicher Lernprozess: In der Anfangszeit gefährdeten erhebliche Missgeschicke den Bestand der Hannover Finanz, es drohte sogar der Kollaps. Dieser Stress hat mich gelehrt, vorsichtiger zu agieren und die Menschen, mit denen ich geschäftlich zusammenarbeite, genauer unter die Lupe zu nehmen.

Wann geraten Sie dennoch unter starken Druck?

Wenn im Unternehmen etwas offensichtlich schiefläuft, aber niemand Maßnahmen ergreift, um die Probleme in den Griff zu bekommen. Wenn keiner darauf kommt, was getan werden muss, wenn die richtigen Ideen fehlen, um Schaden abzuwenden, und nicht erkannt wird, welche Auswirkungen das haben kann – dann gerate ich unter Stress. Ich fresse den Ärger zwar häufig in mich hinein und beherrsche mich, aber nachts beschäftigt er mich dann doch und bringt mich um den Schlaf.

Was machen Sie dann? Laufen Sie im Haus auf und ab, oder bleiben Sie im Bett und grübeln?

Eher Letzteres. Am besten kann ich am Wochenende abschalten, dann besuche ich Freunde oder fahre zu meinen Pferden. Beim Reiten holen mich die Probleme nicht mehr ein, da konzentriere ich mich ganz und gar auf mein Pferd. Das muss sein, denn wenn ich gestresst und unaufmerksam bin, überträgt sich meine Nervosität auf das Tier, und dann kann leicht etwas passieren. So habe ich im Umgang mit Pferden schon früh gelernt, mich ganz auf das zu fokussieren, was ich gerade tue.

Sehen Sie Berührungspunkte zwischen der Führung eines Pferdes und der Führung Ihres Unternehmens?

Im übertragenen Sinne schon. Ein Pferd braucht klare Direktiven, das heißt, der Reiter muss das Tier mit Zügel und Schenkel so dirigieren, dass es das tut, was von ihm erwartet wird. Es bedarf keiner Peitsche, sondern der richtigen Kommunikation zwischen Reiter und Pferd; es spürt jede Form von Unsicherheit und reagiert entsprechend konfus. Das Eingehen auf Pferde unterschiedlicher Temperamente hat mich besonders geschult, differenziert zu reagieren – auch im Umgang mit Menschen.

Sie müssen ein Pferd zur Leistung auch motivieren. Sehen Sie da weitere Parallelen im Umgang mit Menschen?

Sicher, in beiden Fällen arbeite ich mit dem richtigen Gleichgewicht zwischen Lob und Tadel. Leistung braucht Anerkennung – das muss ich mir immer wieder bewusst machen, da habe ich Defizite. Es geht also, sowohl beim Reiten als auch beim Führen von Menschen, um das Thema Motivation. Aber ich will die Gemeinsamkeiten nicht überstrapazieren. In meinem Konzern stehe ich dann doch vor Herausforderungen anderer Dimensionen. Ich pflege den Teamgeist, und meine Tür steht jedem Mitarbeiter offen: Das Besprechen unterschiedlicher Ideen und Probleme gehört ausdrücklich zum Kommunikationsstil unserer Firma. Nur am Ende muss eine Entscheidung stehen, und wenn sie nicht gemeinsam erreicht wird, entscheide ich.

Sie erwähnten gerade, dass Sie nicht immer die notwendige Anerkennung aussprechen. Haben Sie weitere Defizite?

Ich entscheide manchmal zu schnell, berücksichtige nicht alles, was es zu bedenken gibt. Früher bin ich Entscheidungen aggressiver angegangen als heute, da fiel schon mal ein:»So, jetzt ist Schluss, jetzt geht es hier lang!« Wenn ich allerdings merkte, dass meine Überlegungen nicht ausgereift waren, habe

ich mich zurückgenommen. Jetzt, da ich meine Aufgaben an meinen Nachfolger übergebe, habe ich keinerlei Probleme, ihn in die anstehenden Entscheidungen mit einzubeziehen. Vor zehn Jahren hätte ich das noch nicht gemacht. Ich werde meinem Nachfolger nicht reinreden, aber wenn ich dann im Aufsichtsrat bin, hoffe ich doch, dass er sich den einen oder anderen Ratschlag einholt.

Worauf freuen Sie sich, wenn Sie nicht mehr Vorstandsvorsitzender sind?

Auf mehr Freizeit, auf Reisen, Familie, Theater und Pferdesport. Aber einige Mandate werde ich behalten. Ich bin heute viel weniger gestresst als früher, denn ich habe keine finanziellen Sorgen. Früher fiel es mir sehr schwer abzuschalten, wenn ich abends nach Hause kam. Wenn ich mit der Familie beim Abendbrot saß, schweiften meine Gedanken ab. Doch mit der Zeit gelang es mir immer besser, den Arbeitsstress hinter mir zu lassen, ich wollte schließlich den Kopf frei haben für meine Familie. Darum habe ich mich bemüht, und es hat uns sehr gutgetan.

Von Albrecht Hertz-Eichenrode lernen

Vorausschauend handeln
- Kontinuität, vorsichtiges Handeln und das Abfedern von Risiken sind wirksame Strategien gegen das Entstehen von Stress.

Gemeinsam diskutieren, allein entscheiden
- Unterschiedliche Ideen zu diskutieren ist unerlässlich. Wenn kein Konsens erreicht wird, entscheidet der Chef.

Probleme angehen
- Stress entsteht, wenn Schieflagen nicht in Angriff genommen werden.

Mit Fehlern leben
- Nicht alle Fehler sind vermeidbar. Betrüger und Hochstapler kann man erst dann erkennen, wenn man auf sie hereingefallen ist.

Auf die Intuition hören
- Auch in der Geschäftswelt sollte man sich nicht ausschließlich auf mathematische Modelle verlassen, sondern auch auf sein Bauchgefühl hören.

Auf Menschen setzen
- Für den Unternehmenserfolg sind nicht Technologien und Produkte ausschlaggebend, sondern Menschen. Deshalb sollte man Menschen, mit denen man zusammenarbeitet, genau unter die Lupe nehmen, bevor man ihnen vertraut.
- Bei der Führung von Menschen kommt es auf die Kommunikation an: Man muss differenziert auf unterschiedliche Temperamente eingehen, Mitarbeiter zu motivieren wissen und das richtige Gleichgewicht zwischen Lob und Tadel finden. Leistung braucht Anerkennung.

Sich fokussieren
- Ein Hobby, das volle Konzentration erfordert hilft, sich zu fokussieren.

Sich selbst motivieren
- Sprechen Sie sich in schwierigen Situationen Mut zu: »Du musst gewinnen.«

Karen Heumann

Karen Heumann (MBA), geb. 1965 in Wetzlar, ist Vorstand für Strategie der Werbeagentur Jung von Matt. Nach einem Wirtschafts- und Germanistikstudium in Frankreich, Selbstständigkeit und Stationen bei BBDO, KNSK und Leagas Delaney ging sie 2000 zu Jung von Matt, wo sie seit 2004 Mitglied des Vorstandes ist. Als Chefstrategin berät sie Marken wie Mercedes Benz, RWE, Unilever, Bitburger oder Arte. Sie ist die Erfinderin des »häufigsten deutschen Wohnzimmers«, ein statistisches Lehr- und Lernprojekt über den Durchschnittsdeutschen. Karen Heumann ist Vorstandsvorsitzende des Berufsverbandes der deutschen Marken- und Kommunikationsstrategen, der apg Deutschland e.V. Sie ist verheiratet und lebt in Hamburg.

Berge versetzen macht Freude, wenn alle an einem Strang ziehen

Wie sehen Sie den deutschen Werbemarkt angesichts der Krise in der Medienwelt?

Da wird momentan oft das Kind mit dem Bade ausgeschüttet. Natürlich wird in Krisenzeiten gern an der Werbung gespart. Doch Marken müssen präsent bleiben, sonst beschleunigt sich der Abstieg. Und gerade die meinungsbildenden Medien, speziell Zeitungen und Zeitschriften, bilden immer noch ein hervorragendes Umfeld, um Markenbotschaften wirkungsvoll zu platzieren. Und so gehen Marken, Agenturen und Printprodukte zum Teil gemeinsam in die Knie, weil das Sparpendel zu weit oder falsch ausschlägt.

Wie beurteilen Sie den Umgang der Medien mit der Krise?

Die Krise nicht zusätzlich herbeizureden – das ist das Beste, was Kommunikation tun kann. Und da sind auch die Medien selbst gefragt. Soweit ich weiß, hat die Kanzlerin schon frühzeitig an die Chefredakteure appelliert: »Passt auf, dass ihr die schlechte Stimmung jetzt nicht noch weiter anheizt, indem ihr beschreibt, wie Menschen vor dem Bankautomaten weinen, weil sie Angst haben, dass das Geld nicht mehr rauskommt.« Solche Szenen gab es wohl kurz nach der Lehman-Pleite in Deutschland, aber man hat wenig darüber gelesen. Die Presse hat verantwortungsvoll, weil deeskalierend berichtet.

Gab es in Ihrem beruflichen Werdegang jemals eine Krise?

Nein, da ist alles immer mehr oder weniger glattgegangen. Krisen, oder besser Konflikte, finden eher in mir selbst statt – wenn zu viele Dinge nicht passen, wenn ich spüre, dass an meiner Lokomotive nicht mehr drei, sondern 40 Waggons hängen, die ich den Berg hochziehe. Aber ich habe ein so starkes Beharrungsvermögen, dass ich oft lange nicht reagiere.

Das heißt, Sie haben eine große Leidensfähigkeit?

Jein, es ist tatsächlich eher ein Beharrungsvermögen, eine Zähigkeit. Der Wille, dass das, was ich mir vornehme, auch funktioniert, egal, wie die Voraussetzungen sind. Leiden würde ich diesen zeitweiligen Zustand nicht nennen. Nein, ich befürchte sogar, ich brauche ein gewisses Maß an Widerstand ... ich mag es schwierig.

Finden Sie trotz Ihres Beharrungsvermögens den Mut, aus einer für Sie negativen Situation auszusteigen?

Dazu brauche ich gar keinen Mut, weil ich keine Angst vor Neuem habe. Ich habe in meinem Leben schon einige Male radikale Schnitte gemacht. Aber grundsätzlich ist der Job eben auch kein Wunschkonzert: Man muss Aufgaben zu Ende bringen, auch wenn die Rahmenbedingungen anstrengend sind.

Wie fühlen Sie sich, wenn Sie unter Druck stehen?

Angespannt! Und das ist ja auch normal. Die Anspannung darf halt nicht zu lange dauern. Wobei ich viel Arbeit keineswegs als Stress empfinde – wenn das Umfeld stimmt. Wenn ich das Gefühl habe, alle ziehen an einem Strang, wenn der richtige Esprit da ist, dann macht Berge versetzen Freude. Stress entsteht bei mir erst, wenn etwas atmosphärisch nicht stimmt. Ich erlebe das auch oft bei meinen Kolleginnen: Verkantete menschliche Konstellationen beschäftigen und stressen sie stärker als die Arbeit als solche.

Legen Frauen viel Wert darauf, dass die Arbeitsatmosphäre stimmt?

Ja, ich denke, sie legen mehr Wert darauf als Männer. Vielleicht nehmen sie auch nur stärker wahr, dass etwas nicht stimmt. Vielleicht haben sie da die besseren Antennen, was keine zu unterschätzende Eigenschaft ist. Schließlich sind es ähnliche Antennen, die uns helfen, Kundenbedürfnisse zu erspüren.

Wie sorgen Sie als Vorgesetzte dafür, dass die Arbeitsatmosphäre stimmt?

Ich achte darauf, dass es in meinem Team keine »Energiefresser« gibt. Man muss ein Personenumfeld schaffen, wo keiner dem anderen Kraft wegsaugt. Das habe ich zum ersten Mal während meines Studiums gehört: Ein Harvard-Professor, der uns vor den Hauptgefahren für ein gesundes Unternehmen warnen wollte, hatte ganz oben auf seiner Liste den Trittbrettfahrer!

Gibt es einen typischen Stress bei Frauen in Führungspositionen?

Frauen suchen, wie man aus Studien weiß, aber auch immer wieder erlebt, meistens die Schuld viel stärker bei sich selbst als Männer. Wenn etwas nicht so läuft, wie es soll, ist mein erster Reflex: Was habe ich falsch gemacht? Ist ja auch tatsächlich eine gute Frage ... wenn sie sich denn alle gleichermaßen stellen würden.

Und wie gehen Sie mit Menschen um, die Ihnen Energie rauben?

Wenn es Menschen sind, kann man sich hinsetzen, reden und fast immer etwas ändern. Aber oft werden böse Energiezecken ja durch systemische Probleme in die Welt gebracht: Wenn etwas grundsätzlich schlecht organisiert ist oder wenn Leute an der falschen Stelle arbeiten, man aber keine Handhabe hat, es zu korrigieren – das kostet Nerven. Ohnmacht ist sehr, sehr anstrengend! Ich glaube, in der Planwirtschaft hätte ich täglich eine kleine Revolution angezettelt, denn tief in mir drin ist die Vorstellung: »Man kann Dinge ändern.«

Haben Sie in Ihrer Kindheit jemals Situationen erlebt, in denen Sie sich hilflos und ohnmächtig fühlten?
Im Gegenteil, ich habe viel Gestaltungsmacht erlebt. Ich bin in einem bürgerlichen Haushalt groß geworden, mein Vater war selbstständiger Anwalt. Er konnte frei entscheiden und gestalten. Meine Mutter hat, sobald wir Kinder aus dem Gröbsten raus waren, wieder gearbeitet. Beide waren in ihrer Ehe immer im allerbesten Sinne gleichberechtigt – genauso wie mein Bruder und ich. Am Mittagstisch wurde über Rechtsfälle, über die Kanzlei meines Vaters und über die Probleme der Angestellten diskutiert. Ich habe immer einen Esprit von Verantwortung, Fürsorgepflicht und ausgeprägtem Unternehmertum erlebt, im Sinne von: »Wir wollen etwas nach vorne bringen.«

Sollte der Unternehmer gerade in diesen Zeiten ein Vorbild sein?
Das klingt jetzt ein bisschen pathetisch, aber: Der mittelständische Unternehmer ist wirklich Keimzelle und Säule dieser Republik. Er oder sie ist mir Vorbild. Denn nichts ist gerade in Zeiten der Krise wichtiger und aktueller als das, was sie tun und immer getan haben: Verantwortung übernehmen! Fachlich und menschlich. Fachlich, indem sie ihr Kompetenzfeld nach vorne bringen und für den Kunden immer bessere Lösungen entwickeln. Menschlich, weil sie nie nur für sich, sondern auch für folgenden Generationen und die eigene Belegschaft gewirtschaftet haben. Ein vorbildlicher Unternehmer nimmt die Verantwortung für das Leben seiner Mitarbeiter ernst, trägt Sorge, dass sie in Lohn und Brot bleiben, dass ihnen ihre Arbeit halbwegs Spaß macht und sie möglichst viele gute Kollegen haben. Ich kenne es von meinem Vater, dass er als Unternehmer – als der, der studiert hat und das meiste Geld verdient – auch am längsten arbeitet. Das ist ja heute nicht mehr unbedingt so.

Wie sehen Ihre Wochenenden aus – können Sie abschalten?
Ich bin auch an Wochenenden ab und zu in der Firma, ich schalte Berufliches nie vollkommen aus. Ich habe eine radikale Trennung von Freizeit und Arbeit aber auch immer als künstlich empfunden. Mit meinen Hobbys, nämlich Lesen und »Schauen«, bin ich immer sehr nah am Beruf. Allerdings habe ich eingesehen, dass Sport sein muss, und mache hin und wieder Pilates. Jetzt war ich allerdings schon wieder Wochen nicht dort.

Wie halten Sie es aus, ständig im On-Modus zu sein?

Gut, weil ich es will. Allerdings funkt der Körper gelegentlich Störsignale, dann wird mir klar, dass es Zeit ist, mal Sauerstoff und mehr Schlaf einzubauen. Ich finde es aber sehr schwer, in meinem Leben etwas ernsthaft zu ändern. Deshalb mache ich kleine Schritte, laufe einmal um den Block, anstatt nur in meinem Büro zu brüten. Das entspannt. Erst wenn ich merke, dass mich etwas wirklich grundlegend nervt oder auch langweilt, muss eine radikale Veränderung her!

Was würden Sie radikal ändern?

Eben etwas ganz anderes machen, entweder den Job, die Stadt oder gar das Land wechseln.

Welche Ziele verfolgen Sie zurzeit?

Meine Ziele sind meistens konkret in der Aufgabe enthalten, mit der ich mich gerade befasse. Ich arbeite mit großen und kleinen Marken, aber bei jeder stelle ich mir vor, wie wir alles so hinbekommen, dass wir am Ende stolz sein können auf das Resultat. Da stecke ich auch jetzt gerade in interessanten und intensiven Prozessen. Allerdings kann ich mir eben auch immer vorstellen, komplette Neustarts hinzulegen, wie zum Beispiel – ich sage das nur als Platzhalter – eine Gärtnerei aufzumachen in der Drôme. Eine, die auf Iris spezialisiert wäre oder auf Euphorbia.

Das, was Sie sich vornehmen, machen Sie richtig gut?

Ich versuch's zumindest. »Nine-to-five« zu arbeiten ist jedenfalls nichts für mich. Ich muss Dinge selbst in die Hand nehmen, unternehmerisch handeln. Deshalb reibe ich mich auch an der Schwerfälligkeit mancher Systeme auf. Obwohl mir bewusst ist, dass gewisse Organismen genau deshalb so gut funktionieren, weil sie so behutsam vorgehen. Dass sie viele Filter und Abstimmungen brauchen, bevor bei ihnen ein adäquates, weil sicheres Produkt herauskommt. Aber Geduld ist in dieser Hinsicht nicht so meine Stärke.

Was können Sie am besten?

Nach vorne denken. Eine Sache erfassen, um ihr dann einen »drive« in die richtige Richtung zu geben. Potenziale erkennen und die weiterentwickeln.

Was fällt Ihnen schwer?

Menschen, die ich mag, zu vermitteln, dass ich keine Zeit habe. Denn ich mag so viele und habe so wenig Zeit!

Wie überzeugen Sie andere von Ihren Ideen?

Oft stelle ich Fragen. Mir ist das persönlich gar nicht aufgefallen. Michael von Bach, ein Kollege, hat beobachtet, dass ich so vorgehe: Ich packe meine Überzeugung in Fragen. Also: »Könnte es nicht auch so sein, dass wir das und das machen sollten?« Dann kann es jemand aufnehmen, weiterentwickeln und zu seinem eigenen Gedanken machen. Michael meint, dies sei wohl ein weiblicher Weg: einen Gedankengang so ins Gespräch zu bringen, dass der andere das Gefühl hat, er habe ihn selbst gehabt. So überlässt man ihm gewissermaßen die Autorschaft. Wenn ich sagen würde: »Ich will das so und so«, würde es nicht funktionieren. Da hat er Recht.

Sie sind von Ihrem Agenturchef Holger Jung als »fleißig, ehrgeizig und diszipliniert« beschrieben worden. Können Sie sich damit identifizieren?
Ein fürchterliches Zitat. Weil ich befürchte, dass er mich tatsächlich so sieht *(lacht)*. Aber mit diesen Adjektiven werden erfolgreiche Frauen ja immer versehen. Dass sie vielleicht auch Talent haben oder besonders gut denken können, gesteht man ihnen nicht so spontan zu. Wie sonst kommt es, dass auch einer Merkel oder einer von der Leyen vor allem die Attribute fleißig, emsig, ehrgeizig und gründlich umgehängt werden. Würde man das von Müntefering, Fischer, Kohl oder egal welchem anderen männlichen »Alphatier« sagen? Und wenn man es tatsächlich herausstellen würde, dann doch, um implizit auszudrücken: Es reicht nicht wirklich ...

Wie würden Sie sich selbst beschreiben?
Nun, ich bin mit Sicherheit fleißig und diszipliniert. Wäre ich es nicht, würden wir hier heute nicht miteinander reden. Ohne diese Eigenschaften kommt man als Frau meist nicht weit – außer, man ist Erbin oder hat sonst irgendwie Glück gehabt. Aber es sind sicher nicht meine Haupteigenschaften.

Was sind drei Ihrer herausragenden Stärken?
Ich finde es sehr unangenehm, eigene Stärken zu benennen, so etwas muss man Außenstehende fragen. Aber gut: Kreativität, im Sinne von Assoziationsfähigkeit und Lösungsfreude. Zweitens feine, weit ausgefahrene Antennen. Und Offenheit. Nun liegen Stärken und Schwächen ja sehr nahe beieinander. In jedem Charakterzug ist meist auch die Kehrseite der Medaille enthalten. So ist meine Offenheit sowohl eine Stärke als auch eine Schwäche.

Gibt es Themen, an denen Sie arbeiten wollen?
Ja, das große Thema, an dem fast jeder Mensch in seinem Leben arbeiten muss – ich selbst in besonderem Maße –, ist das Loslassen. Ich sollte nicht immer meinen, alles sei meine Aufgabe. Ich müsste häufiger Fünfe gerade sein lassen, anstatt zu denken: Geht es nicht noch besser, noch weiter, noch anders?

Was hindert Sie daran loszulassen?
Na, der starke Wille, eine Sache zu Ende zu bringen, von dem wir eben sprachen. Und ich möchte Dinge nicht nur richtig, sondern besonders gut machen. Aber ich lerne! Inzwischen kann ich akzeptieren, dass man manches eben einfach so lassen muss, wie es ist.

Finden Sie Zeit, außerhalb Ihrer Arbeit Freundschaften zu pflegen?
Zu wenig. Dennoch habe ich Freundschaften, die überdauern, auch wenn man sich einmal lange nicht sieht. Das sind Freunde, die wissen, was ein Berufsleben wie meines mit sich bringt. Und dass es kein Zeichen von Herzlosigkeit ist, wenn man zum dritten Mal kurzfristig absagen muss oder seit drei Jahren nicht in seine Heimatstadt gefahren ist. Mit manchen von ihnen habe ich als Studentin völlig andere Tage verbracht, und es werden irgendwann auch wieder ganz andere Tage kommen.

Wo finden Sie denn wieder zu sich – außerhalb der Arbeit?
Ich finde mich doch die ganze Zeit, da ist kein Bruch. Mein Lieblingszustand ist zwar eher, irgendwo rumzuliegen und zu lesen oder vor einem Teller Hefeklöße zu sitzen, aber es gibt auch viele stille, kontemplative Momente während der Arbeitszeit. Zum Beispiel wenn ich Bahn fahre: Ich mag die Geräusche, das Vorbeiziehen der Landschaft. Da habe ich Zeit zu denken, meinen Lesestoff und meistens keinen Handyempfang – also Ruhe!

Bringt Stress Sie zu besonderen Höchstleistungen? Brauchen Sie den Druck?
Nein, was ich brauche, ist Hirnnahrung und interessante Menschen.

Sie haben so wenig Zeit und haben sich trotzdem die Zeit für dieses Interview genommen. Warum?
Weil ich selbst Erfahrungsberichte von berufstätigen Frauen verschlinge. Frauen in Führungspositionen befinden sich ja in einer Art permanentem Sozialexperiment. Darüber zu berichten, wie man mit der Versuchsanordnung klarkommt, kann ja vielleicht der nächsten helfen.

Gibt es eine lebende Person, über die Sie gerne mehr erfahren würden?
Über Angela Merkel, aber von ihr persönlich – ich würde mit ihr in der Uckermark ein paar Runden drehen und sie fragen, wie es ihr als Frau in diesem Job ergeht. Wie es sich lebt in dem Bewusstsein, täglich Entscheidungen zu treffen, die eine enorme Tragweite für Millionen von Menschen haben. Und ob sie sich verstanden fühlt, wenn man sie ehrgeizig, gründlich und fleißig nennt.

Von Karen Heumann lernen

Arbeitsatmosphäre
- Wenn die Atmosphäre und die zwischenmenschlichen Konstellationen nicht stimmen, entsteht negativer Stress.

Teamwork
- Wenn alle an einem Strang ziehen, lassen sich auch Berge von Arbeit mit Freude bewältigen.

Beharrungsvermögen
- Man muss Aufgaben auch unter schwierigen Umständen zu Ende bringen – Widerstände können sogar anstacheln und inspirieren.

Loslassen
- Man sollte sich klarmachen, dass man nicht für alles selbst zuständig ist.
- Man kann auch aufhören, wenn etwas gut ist. Es muss nicht immer perfekt sein.

Work-Life-Balance
- Die radikale Trennung von Freizeit und Arbeit ist künstlich.
- Wer unternehmerisch handelt, muss damit leben, dass es bei keinem Acht-Stunden-Job bleibt.

Freunde
- Echte Freunde wissen um die Arbeitsbelastung und verzeihen auch, wenn man keine Zeit für sie aufbringt.

Stress bei Frauen in Führungspositionen
- Frauen hinterfragen sich stärker als Männer. Wenn etwas nicht richtig läuft, überlegen sie zuerst, was sie selbst alles falsch gemacht haben.
- Frauen werden von Männer verzerrt wahrgenommen: Eigenschaften, mit denen man Frauen positiv charakterisiert, würden einen Mann beleidigen.

Dieter Hildebrandt

Dieter Hildebrandt, geboren 1927 in Bunzlau/Niederschlesien, Abitur 1947 in Weiden/Oberpfalz, dann Studium der Theaterwissenschaften und Literatur in München. Gründung des Studentenkabaretts Die Namenlosen, danach zusammen mit Sammy Drechsel Gründung der Münchner Lach- und Schießgesellschaft. Von 1973 bis 1979 Moderator und Mitautor der ZDF-Sendereihe *Notizen aus der Provinz*. Von 1974 bis 1982 *Autorenkabarett* mit Werner Schneyder. Von 1980 bis 2003 SFB-Sendung *Scheibenwischer*. Für seine Arbeit erhielt er zahlreiche Preise und Ehrungen, unter anderem den Grimmepreis, den Deutschen Kleinkunstpreis und den Schillerpreis der Stadt Mannheim. Dieter Hildebrandt lebt in München.

Die Bühne ist mein Psychiater

Viele Menschen leiden, sind hektisch und fühlen sich überfordert, klagen über Zeitdruck. Wie gehen Sie mit Ihrer Zeit um?

Ziemlich leichtsinnig. Ich vergeude sie, nehme sie mir und werfe sie wieder weg. Doch mein Beruf bindet mich an feste Zeiten. Seitdem ich nicht mehr im Fernsehen auftrete, bin ich eigentlich nur noch unterwegs – meistens mit der Bahn. Sie ist in einem kolossal schlechten Zustand, Verspätungen sind an der Tagesordnung, schon deshalb verbringe ich viel Zeit auf dem Sitz meines Zugabteils. Dabei lese ich in aller Ruhe. Relativ gelassen sehe ich der abendlichen Veranstaltung entgegen, weil ich weiß, wie sich der Abend gestalten wird.

Bleiben Sie auch dann noch ruhig, wenn Sie befürchten müssen, verspätet anzukommen?

Wenn ich merke, dass ich die Veranstaltung bestimmt zu spät erreiche, dann steige ich aus und nehme mir ein Taxi. Finanziell gesehen keine besonders kluge Entscheidung, aber dann sitze ich wieder ganz ruhig im Taxi und unterhalte mich mit dem Taxifahrer über sein Leben.

Das heißt, Sie halten nicht an Ihrem Ärger fest, sondern handeln.

So ist es. Ich denke, dass Menschen, die das nicht können, keine Planung für ihr Gemüt haben. Ich selbst habe eine Seelenplanung. Ich komme schnell zur Ruhe, weil ich immer weiß, dass alles, was mich betrifft, eigentlich nicht so wichtig ist. Das habe ich erst später im Leben gelernt. In den ersten Jahren, als mein Ehrgeiz mein Können übertraf, da hat diese Unvollkommenheit an mir gezerrt und gerüttelt, sie hat mich aufgeregt. Ich habe damals viel zu viel gearbeitet, bis ich endlich merkte: Das bisschen, was ich mache – das kann ich. Das Publikum zeigt es mir jeden Abend.

Beruhigt Sie das?

Wenn das nicht so wäre, hätte ich mich vermutlich in psychiatrische Behandlung begeben müssen. Doch die Bühne ist mein Psychiater. Jeden Abend rechne ich auf der Bühne mit der Politik ab, mit den Politikern, mit verschiedenen Mitmenschen und allerhand schrecklichen Umständen. Ich habe ein großes Talent für Zorn und Erregung. Doch die Erregung ist, wenn ich sie ausleben darf, ganz schnell wieder abgeklungen.

Spüren Sie, wann Sie Ihre Grenzen überschreiten?

Nicht immer gelingt mir die richtige Seelenplanung, aber ich bemühe mich darum. Mein Innenleben vollführt manchmal Sprünge, doch irgendwann entscheide ich mich, etwas dagegen zu unternehmen, und suche einen neuen Weg für mich aus. Wie beim Halmaspielen: Was tue ich, wenn der Weg, den ich suche, vom Gegner verstellt ist? Ich springe über seinen Stein und suche mir einen neuen Weg. Halma ist eines der schönsten und listigsten Spiele überhaupt: Irgendwann komme ich da an, wo ich hinwill.

Was geschieht, wenn Sie bei Ihrem Publikum mal nicht so ankommen, wie Sie es erwarten?
Hier kommt wieder die bewusste Planung ins Spiel. Fast jede Woche treffe ich irgendwo auf ein Publikum, das mit mir nichts anfangen kann. Jetzt heißt es, richtig zu reagieren. Bloß nicht schneller werden und die Texte, die den Leuten anscheinend missfallen, schnell herunterrasseln.
Ich mache genau das Gegenteil. Ich werde ganz langsam und versuche dem Publikum zu vermitteln, dass ich seine Ablehnung durchaus bemerke. Ich kenne zwar noch nicht den Grund dafür, aber ich werde es im Verlauf des Abends herausbekommen. Das ist ein Machtkampf mit dem Auditorium, den ich gewinnen muss. Da bin ich ehrgeizig. Ich lasse mir den Abend von denen nicht nehmen.

Kennen Sie falschen Ehrgeiz?
Natürlich! Ich habe in meinem Berufsleben aus Ehrgeiz ein paar Dinge angepackt, die eine Nummer zu groß für mich waren. Zum Beispiel überredete mich der große Show- und Talkmaster Joachim Kulenkampff, bei einer seiner Unterhaltungssendungen mitzumachen. Als es dann zur Preview kam, war es eine einzige Blamage. Und ich bin sofort wieder ausgestiegen.

Wie bitter ist eine solche Blamage?
Ich habe mich wirklich geschämt und war eine Zeit lang wund, haderte mit mir: Wie konnte ich mich bloß so falsch einschätzen! Was war an dem Angebot so verlockend, dass ich darauf hereingefallen war? Ich wollte zeigen, dass ich auch volkstümlich sein kann. Aber ich bin nicht volkstümlich. Immer wieder kamen Freunde, die bei der Vorschau dabei waren, auf mich zu und meinten taktvoll: »Da hättest du vielleicht doch nicht mitmachen sollen.« Das war schlimm für mich, richtiger Stress. Heute weiß ich, dass ich solche Aufgeregtheiten nach wenigen Wochen längst vergessen habe – und meine Kritiker Gott sei Dank auch! So viel zum Thema »falscher Ehrgeiz«.

Bekommen Sie ehrliche Kritik von Ihren Kollegen zu hören?
Nein, Kollegen kritisieren sich nie ehrlich. Dennoch weiß jeder von uns, wenn die Kollegen gar nichts sagen, dann war man aus ihrer Sicht an dem Abend nicht gut. Einmal saß

ich, nach einer glänzenden Veranstaltung mit Werner Schneyder, in Gesellschaft von Kollegen an einem großen Tisch, und niemand sagte etwas zu unserem Auftritt, und das, obwohl das Publikum absolut begeistert war. Ich machte mir natürlich Gedanken, bis ich dahinterkam, dass die Kollegen einfach zornig waren. Verärgert, dass es so gut angekommen war.

Neid also? Warum haben Sie die Kollegen nicht einfach geradeheraus nach ihrer Meinung gefragt?
Ich werde einen Teufel tun, die Kollegen nach ihrem Urteil zu fragen. Da habe ich viel zu große Angst, dass sie wirklich sagen, was sie denken. Oder dass sie mich anlügen, was besonders peinlich ist. Das muss ich an einem solchen Abend nicht mehr haben. Diesen Stress erspare ich mir. Außerdem sage ich mir: Gewiss, das Publikum war von der Vorstellung angetan. Aber wer weiß – vielleicht waren wir beide doch nicht so gut, und das Publikum war schlecht. Es hat nur an den richtigen Stellen gelacht, weil die Lacher gut vorbereitet waren.

Kommt es vor, dass das Publikum an den falschen Stellen lacht?
Selbstverständlich. Wenn sie an den entscheidenden Stellen überhaupt nicht lachen, bin ich verloren. Auch das ist schlimm: Ich spreche meinen Text auf der Bühne, die ironische Abschlussbemerkung steht noch aus, sie ist noch gar nicht gefallen, da lachen die Zuschauer bereits. Ich habe die Pointe verspielt.

Aber ansonsten freue ich mich natürlich immer, wenn die tiefernsten Gesichter in den ersten Reihen plötzlich in die Breite gehen und die ersten Lacher kommen. Wenn die Zuschauer dann noch spontan klatschen, ist mir alles egal. Ich will allerdings auch – da bin ich ehrgeizig –, dass bei den ernsten Stellen nicht einmal der Ansatz eines Lachers aufkommt. Sonst bin ich böse.

Wie streng halten Sie sich an die Abfolge Ihres Programms?
Ich habe als freier Kabarettist meinen eigenen Stil entwickelt. Wir wollten keine fest vorprogrammierten Inszenierungen auf der Bühne, sondern absolutes Improvisationskabarett. Allerdings verlangt das Improvisieren Mut und auch Wissen – man kann nicht einfach irgendetwas dahersagen, es muss schon stimmen. Viele haben Angst, den Text zu verspielen, wenn sie improvisieren. Sie befürchten, aus dem Takt, dem Text, dem Rhythmus zu geraten. Doch das ist gerade das, was mich reizt. Meine improvisierten Bemerkungen sind meistens besser als die, die im Text stehen. Die besten Ideen sind mir auf der Bühne eingefallen. Diese Einfälle haben dann etwas Explosives, sie

müssen raus, sonst würde es mich zerreißen.

Gibt es auf der Bühne Tabus für Sie?
Eines habe ich immer vermieden: Zotiges. Was sich zwischen Mann und Frau unter der Gürtellinie abspielt, interessiert mich nicht. Ich will auch nicht riskieren, selbst zum Gegenstand des Zotigen zu werden. Ich lasse mich nicht auslachen, das macht mich zornig, das wäre Stress.

Haben Sie jemals erlebt, dass im Publikum überhaupt nicht gelacht wurde?
Ja. Das ist schwer auszuhalten! Einmal saßen ungefähr 100 Menschen in schwarzen Anzügen im Publikum. Die Gesichter hellten sich kein einziges Mal auf, da habe ich die Männer in Schwarz irgendwann gefragt, ob sie echt seien oder ausgestopft. Darauf kam ein Husten und hie und da ein winziges Lächeln: Sie lebten also doch! Nach der Vorstellung habe ich erfahren, dass es sich um den Düsseldorfer Industrieclub handelte. Vorne saß Josef Abs, der große Bankier, und nur wenn er lächelte, wagte auch seine Gefolgschaft ein gehorsames Lächeln. Herr Abs war der Mittelpunkt, und um ihn herum saßen lauter Abhängige. Das nennt man Unzucht mit Abhängigen.

Kennen Sie positiven, erfrischenden Stress, der Sie beflügelt?
Sobald ich eine Bühne betrete, bin ich fröhlich. Außerdem freue ich mich, wenn die Menschen nach meiner Vorstellung ein bisschen besser gelaunt sind als zuvor. Die Politiker, über die ich bei meinen Auftritten spreche, haben größeren Stress als ich. Sie müssen stets die Angst um ihren Machterhalt aushalten.

Üben Sie denn als Kabarettist und Buchautor nicht auch Macht aus?
Wissen Sie, ich übe vielleicht einen kleinen Funken Macht aus, doch wenn die Vorstellung vorbei ist, habe ich sie sofort wieder verloren. Dann teilt sich das Publikum in lauter Einzelexistenzen auf, die man nie wieder dazu bekommt, gemeinsam zu reagieren.

Vor dem »Scheibenwischer« saßen doch Woche für Woche Millionen.
Der Gedanke, dass etwa drei Millionen Menschen unsere Sendung sahen, hat mich schon etwas beunruhigt. Ich finde es unheimlich. Lieber habe ich mein Publikum vor mir, mit dem ich Kontakt aufnehme, mit dem ich mich unterhalten kann. Mit Fernsehzuschauern findet das alles nicht statt. Die Kamera ist auch nicht mein Partner, die Kamera ist tot. Dennoch bewacht und belauert sie mich – und wenn man mich schlecht beleuchtet, sehe ich auch noch 30 Jahre älter aus. Fernsehen macht alt. Live-Sendungen sind außerdem besonders stressig. Du bist völlig ungeschützt, kannst nichts

wiederholen, gesagt ist gesagt. Ein Publikum, das ich direkt vor mir habe, ist meine Rettung.

Was wollen Sie denn bei Ihrem Publikum erreichen?

Ich möchte, dass die Themen, die mir am Herzen liegen, beim Publikum ankommen. Ich will, dass es eine bestimmte Frage von einer ganz neuen Seite betrachtet. Dann bin ich zufrieden. Je älter ich werde, desto häufiger kommen Zuschauer, die sich mein Buch kaufen und signieren lassen, auf mich zu und sagen: »Ihnen habe ich es zu verdanken, dass ich mich politisch interessiere. Sie haben mein Leben begleitet, Ihre politischen Ansichten haben mich beeinflusst.«

Sind Sie religiös?

Nein, ich bin ein Zweifler, ein Agnostiker. Der Gott, wie ihn die Religionen beschreiben, ist mir zu klein.

Woher nehmen Sie Ihre Kraft als Agnostiker?

Ich freue mich, dass ich eine Frau habe, die ich liebe und die mir, davon bin ich nahezu überzeugt, auch Liebe entgegenbringt. Das ist eine große Kraft. Nach Hause zu kommen ist eine wunderschöne Sache. Das Wegfahren ist manchmal noch schöner, weil ich ja wiederkomme. Es ist einfach großartig und gibt mir Kraft, wenn jemand auf mich wartet.

Sie brauchen das Gefühl von Zugehörigkeit, von Wertschätzung?

Ja, ich liebe dieses Leben, und ich liebe die Menschen, freue mich, wenn sie mich gern haben. Ich liebe das, was ich mache. Ich bin nicht von göttlicher Gewissheit getragen, sondern von der Gewissheit, dass ich mich um mich selbst kümmern muss. Es heißt ja, der Mensch denkt, Gott lenkt. Ich meine, der Mensch denkt, dass Gott lenkt. Der Mensch muss sich selber lenken. Das will Gott auch, das steht auch in den Heiligen Schriften. Der Mensch ist für sich selbst verantwortlich. Wenn er es nicht wäre, dann könnte er ja alles, auch sämtliche Verbrechen, auf Gott schieben.

Sie haben sehr getrauert, als Ihre erste Frau gestorben ist. Was hat Ihnen in dieser schwierigen Zeit Kraft gegeben?

Arbeit und Alkohol – zwei große Dinge, die mich gerettet haben. Ungefähr vier Wochen nach dem Tod meiner Frau musste ich für den »Scheibenwischer« auftreten. Das habe ich nur mit Mühe überstanden. Dauernd stiegen schmerzliche Erinnerungen in mir hoch. Das Studio und der Stuhl, auf dem meine Frau immer gesessen hat: leer.

Und der Alkohol? Die Arbeit?

Der Alkohol ist mein Feind, aber ich liebe ihn. Ich bin Alkoholiker, schon, ja. Und was die Arbeit betrifft: Ich habe ein schlesisches Gemüt, ich bin starrsinnig. Das heißt, dass ich fest daran glaube, dass mir die Dinge gelingen. Man kann es auch Beharrungsvermögen nennen. Und wenn mir doch etwas misslingt, dann verzweifle ich nie ganz, ich halte es für normal. Auch die Hoffnung spielt bei mir eine große Rolle. Ich glaube immer, dass sich unangenehme Dinge von selbst erledigen oder dass es doch noch aufwärtsgeht. Ich wäre ein idealer Berater für meine Kanzlerin, die in jeder Rede bis zu vier Mal sagt, wir müssten nach vorne blicken. Danach setze ich mich zweieinhalb Stunden mit meiner Frau aufs Sofa, und wir blicken gemeinsam nach vorne.

Woher nehmen Sie die Hoffnung, dass Ihnen Misslungenes beim nächsten Mal gelingen wird?

Das sagt mir meine Erfahrung. Wie etwa ein Musiker übt und übt und übt, übe ich zu denken. Ich übe so lange, über Dinge nachzudenken, bis sie zu einer Pointe werden. Ich drehe den ganzen Sachverhalt um, stelle ihn auf den Kopf, betrachte ihn von einer vollkommen neuen Seite – ganz automatisch wird das Ganze dann sehr komisch. Ich verliere nie die Hoffnung, dass mir solche Eingebungen immer wieder einfallen. Für Menschen, die schreiben, gibt es kaum einen größeren Stress als die Angst, dass ihnen nichts mehr einfällt: Schreibhemmungen!

Kennen Sie so etwas?

Nur wenn ich schlechter Laune bin. Aber ich würde es nie zugeben, nicht einmal vor meiner Frau. Ich denke gar nicht daran. Wissen Sie, wann mir besonders viel einfällt? Wenn ich nach dem Kochen das Geschirr spüle, wenn ich das Frühstück zubereite, meine Wäsche wasche. Da arbeitet es in mir. Natürlich kenne auch ich den Stress, die Panik, vor dem leeren Blatt zu sitzen und nichts zustande zu bringen. Das sind Krisen, aber die übersteht man. Da hilft mir schon mal eine Flasche Rotwein oder ein Whiskey. Da kriege ich ein warmes Gefühl im Bauch, und plötzlich läuft die Maschine wieder an.

Und was tun Sie, um nach einer Vorstellung zu entspannen?

Och, erstmal rede ich mit meiner Frau über alles, das dauert schon mal eine halbe Stunde. Dann trinken wir was, und dann geht sie ins Bett, und ich lese. Ich lese fast alles, was mir unter die Finger kommt, was interessant ist, sehr gerne Romane. Lesen entspannt mich, ich werde ganz gelöst und ruhig. Das geht ganz schnell.

Herr Hildebrandt? Sind Sie noch da? Hallo?

Von Dieter Hildebrandt lernen

Humor
- Pointen entstehen, wenn Sie lange genug über Dinge nachdenken, den ganzen Sachverhalt auf den Kopf stellen, ihn von einer vollkommen neuen Seite aus betrachten.

Flexibilität
- Wenn ein Weg versperrt ist, beschreiten Sie neue Wege.

Vortragstechnik
- Wenn Sie bei Auftritten nervös sind, drosseln Sie Ihre Sprechgeschwindigkeit und behalten Sie den Kontakt zu Ihren Zuhörern.
- Ein Blackout ist kein Weltuntergang, denn Spontanes kann origineller sein als das Geplante – aber auch Spontaneität erfordert Übung.

Aufrichtigkeit
- Schenken Sie sich selbst reinen Wein ein und gestehen Sie sich die eigenen Fehler, Eitelkeiten und Defizite ein.

Stress
- Unangenehme Situationen können Sie meiden, wenn Sie nur das tun, wovon Sie überzeugt sind, wozu Sie geeignet sind und wozu Sie Lust haben.
- Sie kommen schnell zur Ruhe, wenn Sie all das, was Sie selbst betrifft, nicht so wichtig nehmen.

Kreativität
- Kreativ sein kann man auch im Alltag, beim Verrichten banaler Tätigkeiten, wie beim Geschirr spülen, Wäsche waschen oder nach einer Flasche Rotwein.

Erfolg
- Dass etwas misslingt, ist normal. Bewahren Sie dennoch den festen Glauben daran, dass Ihr nächstes Vorhaben gelingen wird und dass es aufwärts geht.

Selbstverantwortung
- Gott lenkt nicht. Der Mensch ist für sich selbst verantwortlich.

Ottmar Hitzfeld

Ottmar Hitzfeld, geboren 1949 in Lörrach (Schweiz), ist einer der international erfolgreichsten Fußballtrainer. Er begann als Fußballer und Trainer in der Schweiz. 1977/78 spielte er für den VFB Stuttgart in der deutschen Bundesliga. Er kehrte in die Schweiz zurück und führte 1990 und 1991 sein Team Grashopper Zürich zum Schweizer Meistertitel. 1991 wechselte er als Trainer zu Borussia Dortmund und gewann 1997 mit der Mannschaft die Champions League. 1998 ging Ottmar Hitzfeld zum FC Bayern München. Er ist für den Verein der bisher erfolgreichste Trainer: fünfmal Deutscher Meister, Ligapokal, DFB-Pokal, Champions League und Weltpokal. Seit Sommer 2008 trainiert Ottmar Hitzfeld die Schweizer Nationalmannschaft.

Eine Siegermentalität muss man entwickeln

Herr Hitzfeld, ich habe Sie auf dem Bayerischen Sportball um ein Interview gebeten. Trotz der Hektik um Sie herum haben Sie ganz gelassen gesagt: »Ja, das könnte ich mir vorstellen.« Reagieren Sie immer so freundlich auf Interviewanfragen?

Ja, das ist – glaube ich – auch der Respekt jedem Menschen gegenüber. Journalisten versuchen doch auch nur, einen guten Job zu machen, und wenn man höflich fragt, dann bekommt man auch eine höfliche Antwort. Natürlich habe ich nicht so viel Zeit, aber es ist auch für mich lehrreich, über Stress zu sprechen. Vielleicht kann ich sogar anderen Menschen, die auch unter Druck stehen, Tipps geben, wie sie ihre Probleme besser lösen können.

Stress spielt im Fußball eine wichtige Rolle. Wie viel Stress erleben Sie zurzeit als Schweizer Nationaltrainer?

Ich habe im Dezember 2007 bei Bayern zum Ende der Saison gekündigt, weil ich wusste, mit 60 will ich mich nicht mehr diesem Alltagsstress aussetzen. Als Schweizer Nationaltrainer habe ich zehn, zwölf Spiele im Jahr, bei Bayern München waren es etwa 60 wichtige Spiele. Also eine unglaublich höhere Belastung, weil jedes absolvierte Spiel mit

Druck verbunden ist. Man ist am Tag vor dem Spiel schon angespannt; am Spieltag selbst weiß man, die 90 Minuten entscheiden über die nächsten Tage, je nachdem auch über die nächsten Monate oder Jahre, wenn man in einer Krise steckt oder Titel gewinnen kann; und am Tag danach muss man schon wieder das nächste Spiel vorbereiten. Bei Bayern sah ich jeden Tag die Mannschaft, stand jeden Tag in der Öffentlichkeit, war stets im Kontakt mit dem Vorstand oder mit Journalisten, und somit war natürlich immer eine gewisse Anspannung vorhanden.

Wann haben Sie als Bayern-Trainer die Möglichkeit zum inneren Rückzug gefunden?

Wenn ich nach Hause gekommen bin und die Tür zugemacht habe, dann war ich mit meiner Frau in meiner eigenen Burg, da konnte ich mich zurückziehen. Ich bin wenig auswärts essen gegangen, habe wenige Veranstaltungen besucht, weil ich immer im Blickfeld der Öffentlichkeit stand. Umso mehr habe ich mich immer gefreut, wenn ich dann zu Hause war.

Wie oft waren Sie denn während der Woche zu Hause?

Wenn man drei Spiele in der Woche hat, dann ist man sechs Tage nur mit den Spielen beschäftigt. Einen Tag vor dem Spiel geht man ins

Trainingslager oder reist in die Stadt, dann ist der Spieltag, und nachts kommt man spät zurück. Das schränkt das Privatleben schon sehr stark ein.

Haben Sie Freunde und bleibt Ihnen Zeit, Freundschaften zu pflegen?
Aber ja, ich habe viele Freunde in meinem Leben kennengelernt und auch behalten. Ich habe noch Kontakt zu Jugendfreunden, mit denen ich in Lörrach-Stätten in die erste Klasse gegangen bin. Und ich stehe in Kontakt mit Spielern von den elf Vereinen, in denen ich gespielt habe. Und es gibt auch Freunde außerhalb der Fußballwelt, wie Sepp Hochstrasser, mein Biograf. Er ist Pfarrer, und wir haben uns nicht auf dem Fußballplatz kennengelernt, sondern in der Kirche.

Haben Sie in Zeiten, wo Sie unter enormem Druck standen, sich mit Freunden darüber ausgetauscht?
Wenig, ich bin eigentlich ein Mensch, der vieles mit sich selbst ausmacht und versucht, seine Probleme selbst zu lösen, der auch nicht jammern möchte. Ich verlange ja auch viel von meinen Spielern. Im harten Mannschaftssport muss man nach vorne blicken und immer positiv denken, das ist meine Philosophie. Immer nach vorne blicken, das Leben geht immer weiter. Man sollte sich nicht mit Nebensächlichkeiten aufhalten und nicht zu sehr zurück-blicken. Jeder Tag bietet wieder eine neue Chance. Es ist wichtig, im Moment zu leben und zu versuchen, die Probleme zu relativieren.

Haben Sie sich diese Lebensphilosophie hart erkämpfen müssen?
Ich war von klein auf eigentlich immer ein Kämpfer, obwohl ich nicht mit einem sehr großen Selbstbewusstsein aufgewachsen bin. Ich habe in der Schule Hemmungen gehabt, mich zu melden, weil ich Angst hatte, etwas Falsches zu sagen und ausgelacht zu werden. Ich war sehr zurückhaltend. Als Spieler war ich eigentlich immer ein Autodidakt. Ich habe aus Fehlern gelernt und nach schlechten Interviews versucht, bessere zu geben. Ich habe mich auch in jungen Jahren schon bemüht, immer nach vorne zu blicken. Im Sport lernt man natürlich, mit Niederlagen umzugehen und sie wegzustecken.

Wie ist Ihnen das gelungen?
Ich wurde mit 35 Jahren Trainer. Wenn wir ein Spiel verloren haben, habe ich gesagt: »Jede Niederlage ist ein verlorener Tag im Leben«, was natürlich übertrieben war, aber das drückte einfach meine Gemütslage aus. Ich brauchte früher zwei Tage, um solche Niederlagen wegzustecken. Nicht zuletzt, weil der Trainerjob ein Schleudersitz ist, man kann sehr schnell entlassen werden. Man kann zehn Jahre lang Erfolg haben,

und dann ist man 45, und plötzlich bleibt der Erfolg aus, was macht man dann mit 45? Man kann schlecht einen anderen Beruf ausüben. Der Druck ist enorm, und viele Trainer bleiben auf der Strecke. Ich habe versucht, das irgendwie zu verdrängen, mit dem Druck umzugehen und nach vorne zu blicken und mich nicht zu sehr mit aktuellen Problemen zu beschäftigen.

Als die Schweizer Mannschaft gegen den Fußballzwerg Luxemburg 1 zu 2 verlor, schrieb eine Zeitung, es handele sich um eine Jahrhundertpleite. Wie gehen Sie mit negativer Kritik um?
Ich nehme nicht jedes Wort, jeden Satz ernst. Die Boulevardpresse ist teilweise sehr oberflächlich, teilt hart aus und schreibt vernichtende Kritiken, aber sie macht Personen auch zu Stars. Ich kann ja nicht nur profitieren wollen, wenn ich erfolgreich bin, und dann nicht den Kopf hinhalten, wenn es schlecht läuft. Ich muss mit Niederlagen ebenso umgehen können wie mit negativer Kritik. Das habe ich auch den Spielern immer zu vermitteln versucht. Es reicht nicht, nur die positiven Schlagzeilen zu lesen. Kritik gehört zum Leben eines Sportlers und zu seiner Persönlichkeitsentwicklung.

Wie setzen Sie sich gegen Unterstellungen zur Wehr?
Wehren kann ich mich nur mit Erfolgen. Sobald ich versuche, mich zu rechtfertigen, gestehe ich schon Fehler ein oder versuche abzulenken. Ich glaube, das ist vergeudete Energie. Als junger Trainer nahm ich jedes Wort sehr ernst und habe unter schlechter Kritik gelitten. Aber ich musste lernen, negative Schlagzeilen in ihrer Bedeutung zu relativieren.

Was bedeutet relativieren im konkreten Fall? Gestehen Sie sich ein, dass die Niederlage gegen Luxemburg eine Blamage war?
Ja, ich muss ehrlich sein, auch zu mir selbst, das ist mein Credo. Gegen Luxemburg zu verlieren ist eine Blamage. Es ist immer besser, offen zu kommunizieren und zu einer Niederlage zu stehen, als sie schönzureden.

Sie zeigen auf dem Fußballfeld selten Ihre wahren Gefühle. Wie viel Wert legen Sie auf Selbstdisziplin?
Ich habe als Trainer eine Vorbildfunktion. Ein Trainer, sagt man oft, ist auch ein Spiegelbild seiner Mannschaft, er ist auch Repräsentant seines Vereins. Die Spieler achten auf den Trainer und sein Verhalten. Wenn ich am Spielfeldrand ausflippe oder Schiedsrichter beleidige, dann dürfen die Spieler das auch. Von daher ist es für mich eine logische Folge, dass ich mich um Selbstbeherrschung bemühe.

Was sagen Sie zu sich, wenn die Gefühle hochkochen und die Nerven blank liegen?

Selbstbeherrschung kann ich erzielen, indem ich mich mental auf ein schwieriges Spiel einstelle und es gedanklich durchspiele. Ich sage immer, es bringt nichts, zu früh die Nerven zu verlieren. Selbst beim null zu zwei, null zu drei kann man dem Spiel immer noch eine Wende geben. Man muss bis zur letzten Sekunde darum kämpfen. Wenn man davor die Nerven verliert, dann hat man verloren. Man muss allerdings auch verlieren können.

Wie können Sie Ihre Zuversicht bewahren, wenn Sie null zu drei im Rückstand liegen?

Das ist mein Kämpferherz, und es geschehen immer wieder kleine Wunder. Man kann innerhalb von zehn Minuten drei Tore schießen, man muss nur das drei zu eins machen, und dann hat man plötzlich Rückenwind. Nach dem zweiten Tor hat der Gegner viel zu verlieren, er wird total nervös, und das drei zu drei liegt in der Luft. Ich bin so fokussiert, dass ich bis zur letzten Sekunde an das Positive, an den Erfolg glaube. Danach kann ich das Spiel analysieren und mich ärgern, aber solange ich die Chance habe, dem Spiel nochmal eine Wende zu geben, muss ich bis zur letzten Sekunde darum kämpfen.

Wie motivieren Sie schlappe, zahnlose Spieler?

Ich kann in der Halbzeit Impulse geben, sie auswechseln, damit die Spieler sehen, dass ich als Trainer eine andere taktische Variante versuche. Ich muss mit den Spielern viel sprechen und sie schon im Training erziehen. Wenn es im Trainingsspiel drei zu null für eine Mannschaft steht, dann verlange ich auch dort, dass die gegnerische Mannschaft darum kämpft, dem Spiel eine Wende zu geben. Ich kann nicht im Training alles laufen lassen und am Sonntag den absoluten Siegeswillen abverlangen. Eine Siegermentalität muss man entwickeln.

Kann man eine Siegermentalität tatsächlich erlernen?

Aus einem Pessimisten wird man nie einen großen Optimisten machen können, aber jeder Mensch kann sich weiterentwickeln. Man muss nur konsequent an sich arbeiten. Als Trainer appelliere ich an den Charakter der Spieler. Es ist eine Frage des Charakters, dass man nicht mit 70 oder 80 Prozent zufrieden ist, dass man als Spieler willens ist, seinen Auftrag zu erfüllen. Der Spieler bekommt schließlich von einem Verein Geld für seine Leistung, also kann ich von ihm verlangen, dass er für diesen Verein alles gibt.

Spornen Niederlagen Sie an?
Selbstverständlich, jede Niederlage ist Ansporn, es besser zu machen. Da ist es wichtig, dass ich nicht zu sehr über die spielerischen Details, sondern mehr über die Psyche spreche, weil es ein Tiefschlag ist, den auch die Spieler zu verarbeiten haben. Das ist der erste Schritt, um es das nächste Mal wieder besser zu machen.

Und es hilft nichts, Niederlagen schönzureden oder Ausreden zu suchen. Selbst wenn man ein Superspiel liefert, das interessiert niemanden, wenn man das Spiel verliert. Ob Trainer oder Spieler, man muss Ergebnisse liefern.

Wie schaffen Sie es, aus einzelnen Spielern ein erfolgreiches Team zu schmieden?
Man muss jedem Spieler klarmachen, wie wichtig der Respekt untereinander ist: Wir müssen lernen, uns als Team von 20, 25 Spielern gegenseitig zu respektieren, anzuerkennen und zu unterstützen. Nur als Team kann man Erfolge erzielen. Natürlich brauche ich auch verschiedene Egoisten innerhalb des Teams. Etwa die Torjäger. Wenn ein Torjäger unbedingt ein Tor machen will – ob für sein Ego oder damit der Verein gewinnt –, dann muss ich eben diesen Spieler richtig einsetzen, die richtige Mischung im Team macht's.

Stress kann im Team dadurch entstehen, dass sich Einzelne Sonderrechte herausnehmen. Wie gehen Sie als Trainer damit um?
Egoisten, die innerhalb eines Teams einen guten Job machen, sind nützlich. Nur muss man ihnen auch klarmachen, dass Regeln einzuhalten sind und eben auch Disziplin dazugehört. Disziplin etwa hinsichtlich Pünktlichkeit, oder dass man sich nicht gegenseitig kritisiert in der Öffentlichkeit, dass Respekt da ist für den Mitstreiter. Das ist eine Erziehungssache.

Wie bringen Sie Stars dazu, Regeln einzuhalten?
Ich führe viele unterschiedliche Gespräche, auch mit meinen Leadern. Als Trainer muss ich herausfinden, auf wen ich bauen kann, und auf diese Personen setze ich dann bedingungslos und unterstütze sie, mache sie stark – nach außen gegenüber der Presse, intern gegenüber den Mitspielern, damit die anderen Spieler um die Bedeutung dieses Spielers wissen. Aber ich werde solche Leader auch hart bestrafen, wenn sie gegen die Disziplin verstoßen. Darum habe ich hohe Geldstrafen ausgesprochen bei Bayern München, etwa jetzt am Schluss noch bei Oliver Kahn wegen der Weihnachtsfeier, als er diese ohne Absprache unter einem fadenscheinigen Vorwand zu früh verließ. Ich habe ihm unmissverständlich er-

klärt, welche Enttäuschung das für mich ist, wenn er als Kapitän sein Team im Stich lässt, und er hat das zähneknirschend akzeptiert. Wenn schon die Leader die Disziplin nicht einhalten, dann werden es auch die anderen nicht tun, also muss ich dementsprechend hart durchgreifen, auch wenn mir das selbst wehtut.

Warum tut es Ihnen trotzdem weh?
Es tut mir weh, weil der Leader auch mit ein Stück von mir selbst ist, weil ich mich total identifiziere mit meinen Leadern. Ich bin ihm dankbar für das, was er als Kapitän leistet, wenn er die Mannschaft mit unterstützt, wenn er auch in Krisenzeiten Leistung bringt, wenn er den Kopf in den Wind hält, wenn er der Erste ist, der gegen Widerstände versucht, die Mannschaft auf dem Platz mit anzutreiben, wenn man im Auswärtsspiel oder auch vom eigenen Publikum ausgepfiffen wird.

Als Sie 2004 den FC Bayern verließen, fühlten Sie sich trotz Ihrer Erfolge ausgebrannt. Wie kam es dazu?
Ich wollte eigentlich schon 2001 bei Bayern aufhören, nachdem wir dreimal hintereinander Meister geworden waren und zweimal den Pokal, die Champions League gewonnen hatten. Das hat viel Kraft gekostet. Ich dachte damals, ich habe mein Glück jetzt ausgereizt, und war kaputt, war einfach müde, habe

mich nicht mehr gefreut. Wenn wir dann ein Spiel gewonnen hatten, konnte ich mich nicht mehr richtig freuen, sondern der Druck war immer noch da. Ich habe mich nach dem Spiel fast genauso gefühlt wie vor dem Spiel.

Wie hat sich diese negative Spannung konkret auf Sie ausgewirkt?
Ich war einfach ausgelaugt. Ich litt dann unter Schlaflosigkeit, bin nachts oft aufgestanden, der Rücken hat geschmerzt, ich habe mich gedehnt, Gymnastik gemacht, versucht mich zu entspannen, aber ich konnte schlecht abschalten und habe mich dann einfach nicht mehr genügend erholt. Ich hatte nicht mehr die Kraft, und das habe ich gespürt. Darum war die Trennung von Bayern München 2004 eine Erlösung für mich, und ich habe praktisch zwei Jahre gebraucht, um mich wieder zu regenerieren.

Wie haben Sie Ihre Lebensfreude, Ihre Zuversicht, Ihren Kampfeswillen wiedergefunden?
Ich habe mich zurückgezogen nach Engelberg, habe dann fast ein Jahr lang nichts gemacht. Ich stand nirgends unter Vertrag. Ich wollte einfach Abstand gewinnen und keine öffentlichen Auftritte haben. Ich habe viel gelesen, ein bisschen Golf gespielt, bin Ski gelaufen und habe mich intensiv mit meinem Computer beschäftigt und mich da ein biss-

chen weitergebildet, aber in aller Ruhe. Ich habe dann auch viele Atemübungen gemacht, in mich hineingehorcht, um wieder mehr Ruhe zu finden. Und Yoga gemacht, aber nicht lang, nur ein paar Minuten am Tag. Ich habe nicht versucht, viel zu meditieren, ich glaube, dafür bin ich zu aktiv, aber trotzdem eben ein bisschen auf mich selbst zu achten, ein bisschen mehr Sport zu machen, um einfach zu regenerieren. Nach eineinhalb, zwei Jahren habe ich dann plötzlich gespürt, dass ich wieder gerne unter Menschen gegangen bin. Ich habe nach einem Jahr wieder fürs Fernsehen gearbeitet, habe Vorträge gehalten, das hat mir sehr viel Spaß gemacht, und ich hatte Erfolgserlebnisse. Als 2006 eine Anfrage aus Dortmund kam, habe ich dann wieder überlegt, noch mal Trainer zu werden, obwohl ich das eigentlich ausgeschlossen hatte. Uli Hoeneß hatte mich gefragt: »Willst du uns helfen? Wir haben Probleme.« Das war eine gute Formulierung. Wenn er gesagt hätte: »Willst du nochmal Trainer von Bayern werden?«, hätte ich wahrscheinlich Nein gesagt. Aber er fragte mich, ob ich ihnen helfen wolle. Ich habe mich mit meinem schnellen Ja selbst überlistet, denn wenn ich eine Nacht drüber geschlafen hätte, hätte ich wahrscheinlich am anderen Tag abgelehnt. Aber ich meinte auch: »Nur für vier Monate, nur bis zum Ende der Saison.«

Und das hat er akzeptiert?

Das hat er akzeptiert, und dann haben wir Real Madrid rausgeworfen, in der Champions League im Achtelfinale, es hat Spaß gemacht, und ich habe mich plötzlich wieder über Siege gefreut, bin wieder mit Freude zum Training gefahren. Das war eine neue Erfahrung für mich. Die zweieinhalb Jahre waren wie ein Jungbrunnen für mich. Ich hatte meine Freude zurückgewonnen und natürlich weniger Stress, weil ich ja am Ende meiner Karriere war. Man muss nichts mehr beweisen, man muss nicht noch zehn Jahre Erfolg haben. Ich habe es als ein Geschenk des Himmels empfunden, das nochmals machen zu dürfen, und habe um ein Jahr verlängert. Wir haben dann eine neue Mannschaft aufgebaut, zehn neue Spieler verpflichtet, jedes Spiel hat riesig Spaß gemacht, und auch das Training. Aber nach dem halben Jahr bei Bayern im Dezember 2007 habe ich dann doch gespürt, aha, jetzt kommt langsam der Druck wieder zurück, und darum entschied ich mich, rechtzeitig die Reißleine zu ziehen, bevor ich wieder ausbrenne. Es ging noch mal gut, die eineinhalb Jahre bei Bayern. Aber man soll sein Schicksal nicht zu sehr herausfordern, und man muss auch seine Grenzen kennen und Nein sagen können, solange man Kraft hat. Und darum habe ich dann im Dezember 2007 den Bayern gesagt, ich höre am Ende der Saison auf.

Wie hat Hoeneß damals reagiert?
Der wollte mich umstimmen und hat gesagt:»Lass uns doch noch mal in drei Wochen drüber sprechen und überlege es dir noch mal.« Aber ich meinte:»Nein, wenn ich so etwas sage, dann meine ich das ernst«, und das ist ja die Freiheit, die ich mir erkämpft habe. Freiheit heißt ja laut Rousseau nicht nur, dass man machen kann, was man will, sondern auch, dass man nicht machen muss, was man nicht will.

Ihr Vertrag mit dem Schweizer Fußball-Verband läuft bis 2010. Wie stellen Sie sich Ihre Zukunft vor? Denken Sie darüber nach?
Ja, ich denke darüber nach, aber ich habe gelernt, dass ich mich nicht zu früh festlegen sollte. Ich bin so gut damit gefahren, zweieinhalb Jahre Pause zu machen. Es war eine gute Entscheidung, zu Bayern zurückzugehen. Das hätte ich mir nie vorstellen können, aber ich habe mir gesagt, ich muss immer im Moment entscheiden und nicht alles zu früh planen. Und ich habe ja oft meine Entscheidungen auch aus dem Bauch heraus getroffen, weil sich dann Verstand und Gefühl vereinen.

Nennt man das nicht Intuition?
Ja, und ich kann mich auf meine innere Stimme verlassen. Dementsprechend werde ich dann entscheiden, was ich 2010 mache.

Hatten Sie, als Sie massiv unter Druck standen, noch einen Zugang zu Ihrer inneren Stimme?
Ich hatte noch Zugang zu ihr, aber nicht die Kraft, entsprechende Maßnahmen umzusetzen. Deshalb ist es so wichtig, Nein zu sagen, solange man noch die Kraft und den Mut dazu hat. Sonst ergibt man sich in sein Schicksal und erfüllt seinen Vertrag, auch wenn es keinen Spaß mehr macht, weil man sich gegen Widerstände nicht mehr so durchsetzen kann.

Darf ich Ihnen von meinem Stress erzählen? Meine Frau interessiert sich nicht für Fußball. Wie kann ich ihr die Faszination Fußball näherbringen?
Das weiß ich nicht, weil ich es nie versucht habe. Ich glaube, die Faszination daran ist, dass man nie weiß, wer gewinnt, und es ist ein verdammt schönes Gefühl zu gewinnen. Und wenn man Fan ist, leidet man mit seiner Mannschaft. Fußball ist spannender als Individualsportarten, weil 22 Spieler um den Sieg kämpfen. Die Rolle des Schiedsrichters ist auch entscheidend, trifft er eine Fehlentscheidung oder nicht? Hat die Mannschaft Glück oder Pech? Es gibt viele offene Fragen im Fußball. Die Spannung ist enorm, und wie schon gesagt, den Sieg zu erleben ist ein Supergefühl.

Von Ottmar Hitzfeld lernen

Niederlagen als Ansporn verstehen

- Seien Sie ehrlich zu sich selbst und zu anderen und gestehen Sie Niederlagen ein.
- Aber blicken Sie nicht ständig zurück, sondern relativieren Sie die Probleme. Jeder Tag bietet wieder eine neue Chance.
- Nehmen Sie den Misserfolg als Ansporn, bessere Ergebnisse zu liefern.

Auf Teamarbeit setzen

- Nur als Team kann man Erfolge erzielen. Die einzelnen Mitglieder müssen lernen, sich gegenseitig zu respektieren, anzuerkennen und zu unterstützen.

Kontinuierlich an sich arbeiten

- Eine Siegermentalität kann man nur entwickeln, wenn man konsequent darauf hinarbeitet.

Sich regenerieren

- Wer sich ausgebrannt fühlt, muss eine Auszeit nehmen und konsequent entspannen – nicht arbeiten, sondern Sport treiben oder sich weiterbilden.

Offen bleiben

- Legen Sie sich nicht zu früh fest, bleiben Sie offen für Neues.

Auf die Intuition vertrauen

- Wagen Sie, Entscheidungen auch einmal aus dem Bauch heraus zu treffen, weil sich dann Verstand und Gefühl vereinen.

Sich Freiheit erkämpfen

- Sorgen Sie dafür, dass Sie nicht nur das machen können, was Sie wollen, sondern auch nichts machen müssen, was Sie nicht wollen.

Alexander Huber

Alexander Huber, geboren 1968 in Trostberg (Bayern), zählt zu den erfolgreichsten Allroundbergsteigern weltweit. Der staatlich geprüfte Berg- und
Skiführer und diplomierte Physiker widmet sich heute ganz dem Extrem-
alpinismus. Zu seinen Highlights zählen der elfte Grad im Sportklettern und
in alpinen Wänden, Freikletterrouten und Speed-Rekorde an den Bigwalls
des Yosemite, die Erstbegehung der Westwand des Siebentausenders Latok II
und die Free-Solo-Begehung der Direttissima an der Großen Zinne. Alexander und sein Bruder Thomas, bekannt als die »Huberbuam«, begeistern mit
ihren Büchern und Vorträgen ein weltweites Publikum. 2008 wurden beide
als Botschafter Bayerns mit dem Bayerischen Sportpreis ausgezeichnet.

Man darf niemals den Glauben an sich verlieren

Herr Huber, im Alter von elf Jahren haben Sie zum ersten Mal einen Viertausender bestiegen. Können Sie sich daran noch erinnern?

Ja, sehr deutlich sogar, das war die Grundinitiation für mein Bergsteigen! Wenn man in dem Alter inmitten dieser eisigen Hochgebirgswüste steht, umgeben von einer unglaublichen Weite und Größe, dann vergisst man diesen intensiven Moment niemals. Für mich war es das größte vorstellbare Abenteuer, und es war mir gleich klar, dass ich mehr will.

Worin bestand das große Abenteuer für Sie?

Die Alpen sind das größte wilde Naturgebiet mitten in Europa. Die Zivilisation ist zwar in Kilometern gemessen nicht weit entfernt, trotzdem ist man da draußen in einer absoluten Wildnis. Ich spüre die eisige Kälte, den starken Wind und die dünne Luft, diese direkte Begegnung zwischen dem Berg und mir ist sehr intensiv.

Mein bergbegeisterter Vater hat meinen Bruder Thomas und mich bereits in frühester Kindheit auf eine zweiwöchige Bergtour im Zermatter Gebiet, in der Schweiz, mitgenommen. Von dem Moment an wussten wir Brüder, dass das Bergsteigen unsere Passion sein würde.

Was hat Sie an dieser extremen Herausforderung besonders fasziniert?

Ich suche das Besondere. Extrem bedeutet für mich das, was mir gerade noch möglich erscheint. Je mehr Aufwand, je mehr Energie mich eine Bergtour kostet, je schwieriger es ist, ans Ziel zu kommen, umso eindrücklicher bleibt die Tour mir in Erinnerung. Was ohne großen Aufwand erreichbar ist, scheint alltäglich und wird eines Tages aus dem Gedächtnis verschwinden. Mit meinen Routen und den extremen Begehungen schaffe ich mir reich kolorierte Punkte, stark bebilderte Seiten im Buch meiner Erinnerung.

Werden diese bunten Erinnerungen niemals von schlechten Erfahrungen getrübt?

Schlimme Erfahrungen und schlechte Erinnerungen bereichern doch das Erinnerungsbuch. Das Leben kann nicht nur aus Hochs bestehen, jedes Hoch ist relativ, es ist nur etwas weiter oben als die umliegende Umgebung, und Höhe entsteht erst dadurch, dass es daneben auch Tiefe gibt. Genauso ist es im Leben: Nur wer Tiefen durchlebt hat, kann die Höhen richtig schätzen. Auch die Größe des Berges wird erst deutlich, wenn man nah an ihn herangeht, unten in der Tiefe steht und zu ihm hinaufschaut. Dann erst erfasst man seine wirkliche Dimension.

Was treibt Sie an, immer wieder Grenzen zu überschreiten und Ihr Leben aufs Spiel zu setzen?

Eines ist sonnenklar: Das Leben ist eine todsichere Angelegenheit. Wir können den Tod zwar nicht verhindern, aber zwischen Geburt und Tod haben wir viele Möglichkeiten, das Leben zu gestalten. Mein Ziel ist es, diese gestalterische Freiheit so zu nutzen, dass ich dabei glücklich bin und mich gut fühle. Durch mein bergsteigerisches Interesse ist der Berg für mich nicht nur schöne Kulisse, sondern ein emotionsgeladener Gegenstand von Träumen. Ich verbinde sehr schöne Momente mit diesen Bergen, sie sind meine Leidenschaft.

Fühlen Sie sich wirklich glücklich angesichts der Gefahr, der Sie sich ständig aussetzen?

Gefahr ist ein elementarer Bestandteil des Lebens. In unserer oft ziellosen Gesellschaft entstehen doch immer mehr psychische Erkrankungen dadurch, dass sich der Geist nicht mehr um die wirklich elementaren Dinge kümmern muss, weder um einen trockenen, sicheren Platz zum

Schlafen noch darum, ob er morgen genügend zu essen und zu trinken hat. Die Gefahren der Natur werden bei uns ausgeblendet. Wir haben einen so großen gestalterischen Freiraum und so viel freie Zeit, dass wir uns darin verlieren. Ich denke, dass es dem Bergsteiger, der sich in einem naturgegebenen, ursprünglichen Raum bewegt, besser geht als dem Städter.

Wird der Bergsteiger also von einer Sehnsucht nach dem Ursprünglichen, dem Archaischen angetrieben?

Ja, das Bergsteigen bezieht seinen Sinn auch aus dem Archaischen, das natürlich zeitlich begrenzt ist: Ich begebe mich auf eine Tour, erfahre das Ursprüngliche, bringe ein wunderschönes Erlebnis mit nach Hause und genieße die Annehmlichkeiten unserer Zivilisation umso mehr.

Sind Extrembergsteiger Adrenalinjunkies?

Nein, denn ein Adrenalinjunkie will möglichst schnell und ohne besonderes Können zu seinem Adrenalinausstoß kommen. Wir Bergsteiger setzen uns bewusst mit dem Extremen auseinander, deswegen überkommt uns kein überraschender Kick, wir erleben etwas, auf das wir uns sehr intensiv und ausgiebig vorbereitet haben.

Sie haben vor wenigen Monaten mit Ihrem Bruder und Stephan Siegrist als Erster die 750 Meter hohe Westwand des Holtanna bestiegen. Was war an dieser Antarktistour so einmalig?

Bei einer extremen Kälte von nahezu minus 50 Grad Celsius in dieser Eiswüste leidet man schon mehr als sonst. Man ist nicht wie gewohnt mit Kletterschuhen unterwegs, kann die Felsoberfläche nicht mit bloßen Fingern greifen, sondern steckt mit schweren Bergschuhen und dicken Handschuhen in senkrechten Granittürmen, und das verkompliziert das Klettern ungemein.

Wie lange waren Sie an dieser Wand?

Insgesamt fünf Tage, und wir mussten deshalb auch in der senkrechten Wand biwakieren. Wir befestigen dann die sogenannten Portaledges, die man sich wie eine ausgeklappte Gefängnispritsche vorstellen muss, mit einem Haken an der Wand und schlafen darauf in dicken Schlafsäcken. Nachts wird es in der Polarregion zu dieser Zeit zwar nicht dunkel, aber sobald die Sonne weg ist und die Wand im Schatten liegt, wird es mit einem Schlag so kalt, dass man nicht mehr klettern kann. Ohne die Sonnenstrahlen, die zumindest die Felsoberfläche etwas erwärmen, konnten wir nicht klettern.

Woran denken Sie in einer solchen Nacht?

Wir sind meistens sehr erschöpft und versuchen einfach, uns auszuruhen. Wir leben immer unter einer gewissen Anspannung, da der Ausgang des Unternehmens nie gewiss ist und man eben doch befürchtet, daran zu scheitern. Schlechtes Wetter und viele andere Vorkommnisse können uns einen Strich durch die Rechnung machen. Doch die Anspannung ist nur vordergründig unangenehm, denn letztendlich ist sie unsere Triebfeder, neu aufzubrechen. Hätten wir die 100-prozentige Sicherheit, den Gipfel des Berges zu erreichen, dann wäre das Ganze langweilig.

Bergsteigen ist für Sie mit positivem Stress verbunden. Wann schlägt er um ins Negative?

Wenn ich meinem Körper und meinem Geist viel abverlange, und das freiwillig und wirklich motiviert, dann empfinde ich das als positiven Stress. Ungewollt in eine schwierige Situation zu geraten, Ärger in der Partnerschaft oder belastende Umstände im Beruf – das sind für mich die negativen Stressfaktoren.

Sie sind eigentlich Physiker. Wie lange waren Sie in diesem Beruf tätig?

Ich bin Diplomphysiker, arbeitete aber nur kurze Zeit am Lehrstuhl für theoretische Physik. Ich habe sehr schnell erkannt, dass mich die Welt des Bergsteigens wesentlich mehr begeistert. Allerdings hat mich das Studium der Physik intellektuell und in meiner Weltanschauung geprägt, und die analytische Vorgehensweise bei der Lösung komplexer Probleme kommt mir sicher auch beim Bergsteigen zugute.

Das Bergsteigen ist also Ihre Berufung. Wie erklären Sie sich dann Ihr Burn-out-Syndrom vor fünf Jahren?

Es war eine sehr emotionale Geschichte. Über die Jahre bekam ich immer mehr Angst, mit dem Lebensstil, den ich so liebe, nicht mehr weitermachen zu können. Ich hätte die Vorzeichen dieser Belastung viel früher erkennen müssen, vielleicht wäre ich dann nicht in ein so tiefes Loch gestürzt. Diese Angst ist allerdings gerade bei Sportlern nichts Untypisches, da ihr Erfolg so stark von ihrer körperlichen, aber auch in hohem Maße von ihrer geistigen Leistungsfähigkeit abhängt. Über 15 Jahre war diese Leistungsfähigkeit die Basis meines Erfolgs, und auf einmal fürchtete ich, ich könnte genau dieses Fundament verlieren. Die Angst davor war so groß, dass ich immer mehr Angst vor meiner Angst bekam. Irgendwann war ich vollkommen am Boden, sah überhaupt keinen Ausweg mehr aus dieser Angstspirale.

Wie haben Sie sich am Ende aus diesem Tief befreit?

Mit Hilfe eines Psychotherapeuten habe ich mich schonungslos mit meinen Ängsten konfrontiert. Der Therapeut hat mir auch die Angst vor Rückschlägen genommen, indem er mir Sicherheit gab: »Wenn du aus diesem Loch herauskommst, dann hast du keine Angst mehr, irgendwann wieder hineinzufallen, denn du machst jetzt die Erfahrung, dass du dich aus einem Tief wieder befreien kannst.« Mir war klar, dass ich mein Problem offensiv angehen und mich radikal damit auseinandersetzen musste, um es aus der Welt schaffen zu können. Dabei haben mir auch meine Kenntnisse als Bergsteiger geholfen – ich bin an die Lösung meiner Probleme herangegangen wie an ein Kletterprojekt. Ein paar prinzipielle Grundsätze haben mir auch weitergeholfen: erstens die Erkenntnis, nicht auf allen Hochzeiten tanzen zu müssen, und zweitens der Vorsatz, es nicht immer allen recht machen zu wollen. Im Englischen heißt es sehr schön: You don't have to be everybody's darling.

Mit welchen konkreten Ängsten hat Sie Ihr Therapeut konfrontiert?

Ich hatte beispielsweise Angst, nicht mehr mit der gewohnten Begeisterung über meine Bergsteigererlebnisse erzählen zu können. Einmal wollte ich aus lauter Unsicherheit zwei Vorträge zu dem Thema absagen, doch da stoppte mich mein Therapeut: »Du bist wohl wahnsinnig! Zwei Monate später kommen die nächsten Vorträge, in den zwei Monaten hast du dann genügend Zeit, um die Angst erst recht aufzubauen. Geh das Problem an, und zwar jetzt!« Ich habe also nicht abgesagt, erzählte den Leuten begeistert wie immer von meinen Erlebnissen – und danach war die Angst wie weggeblasen. Aus Angst davonzulaufen bringt überhaupt nichts.

Welche Menschen geben Ihnen Kraft? Wo tanken Sie auf?
Kraft schöpfe ich zu Hause, in meiner Heimat, bei meinen Freunden, meiner Familie. Meine emotionale Basis ist die Heimat, sie gibt mir die Freiheit, in die Fremde aufzubrechen, mich dort für befristete Zeit aufzuhalten, um wieder zurückzukehren und aufzutanken. Ich bin ein richtig heimatverbundener Mensch.

Lässt sich das Bergsteigen mit der Funktion eines Managers vergleichen?
Beide Tätigkeiten brauchen Visionen und Kreativität, sie müssen mit Herzblut betrieben werden. Sowohl Manager als auch Bergsteiger müssen strategisch vorgehen und über viel Fachwissen verfügen. Ein Manager, der in seinem Betrieb an der

Spitze der Pyramide steht, muss teamfähig sein und wird sein Ziel nicht erreichen, wenn er hierarchisch und streng patriarchalisch vorgeht. So auch der Capocorda, der Leiter einer Expedition: Er muss jedem Einzelnen zeigen, wie wichtig er für das Ganze ist. Natürlich gibt es in einer Seilschaft immer Stärkere und Schwächere, gleichwohl müssen alle gleichwertig eingebunden werden.

Was war Ihre größte Niederlage?
Ich habe als Bergsteiger schon viele Rückschläge hinnehmen müssen. Das ist jedes Mal eine stressige Erfahrung, aber ein Rückschlag muss nicht immer zu einem schlechten Endresultat führen. Besonders frustrierend war das Kinofilmprojekt »Am Limit«. Vor den Augen der Welt wollten wir den Rekord im Speed-Klettern an der »Nose«, der 1000 Meter hohen Granitwand im Yosemite-Nationalpark, holen – und scheiterten. Als der Film im März 2007 in die Kinos kam, war er eine Dokumentation unseres Misserfolgs. Erstaunlicherweise kam er aber beim Publikum sehr gut an und wurde preisgekrönt. Unser Rückschlag erweckte wesentlich mehr Emotionen, als es der Moment des Sieges gekonnt hätte. Zu den spottenden Journalisten habe ich gesagt: »Schauen Sie sich das Ende des Films an. Da heißt es, Thomas und Alexander Huber werden so lange in den Yose-

mite reisen, bis sie sich ihren Traum erfüllt haben.« Wir sind drangeblieben und haben uns wenige Monate später den Rekord geholt. Darum geht es mir: Man darf den Glauben an sich niemals verlieren.

Von Alexander Huber lernen

Neugierig bleiben
- Nutzen Sie Anspannung und Ungewissheit als Triebfedern.
- Suchen Sie nach dem Archaischen, dem Besonderen, der Grenzüberschreitung.

Heimatverbundenheit pflegen
- Heimat als emotionale Basis verleiht Kraft: Heimkehren heißt auftanken.

An Herausforderungen wachsen und reifen
- Je größer die Mühe, umso intensiver die Erfahrung.
- Nur wer Tiefen durchlebt hat, kann die Höhen richtig schätzen.
- Rückschläge führen nicht notwendigerweise zu einem schlechten Endresultat.
- Wer einmal ein Hindernis überwunden hat, kann es immer wieder tun.

Sich seinen Ängsten stellen
- Nehmen Sie die Vorzeichen einer Überlastung ernst, ziehen Sie rechtzeitig Konsequenzen.
- Verdrängen Sie Ihre Probleme nicht, gehen Sie sie sofort an.
- Scheuen Sie sich nicht, die Hilfe eines Psychotherapeuten in Anspruch zu nehmen.

Prioritäten setzen
- Tanzen Sie nicht auf allen Hochzeiten, versuchen Sie nicht, es allen recht zu machen.

Freiräume gestalten
- Kosten Sie Ihre Freiheit zwischen Geburt und Tod ganz aus.

Alexander S. Kekulé

Prof. Dr. med. Dr. rer. nat. Dr. med. habil. Alexander S. Kekulé, Jahrgang 1958, ist Direktor des Instituts für Medizinische Mikrobiologie der Martin-Luther-Universität und Leiter des Instituts für Biologische Sicherheitsforschung in Halle. Seine Schwerpunkte sind Infektionskrankheiten, Seuchenprävention und Bioethik. Er nimmt regelmäßig zu gesellschaftlichen und ethischen Aspekten der Naturwissenschaften Stellung, unter anderem in der *Zeit*, im *Spiegel* und im *Tagesspiegel*. Alexander Kekulé wurde unter anderem mit dem Karl-Heinrich-Bauer-Preis für Krebsforschung, dem Hans Popper Award für Leberforschung und dem Publizistikpreis der SmithKline Beecham Stiftung ausgezeichnet. Er hat zwei Söhne und eine Tochter.

Ich projiziere die Erfolge aus der Vergangenheit auf die Zukunft

Herr Professor Kekulé, vor 50 Jahren meinte der medizinische Chefberater der US-Regierung, »es ist Zeit, das Buch der Infektionskrankheiten zu schließen«. Es sollte sich als eine tödliche Fehleinschätzung erweisen. Wie steht es um die Infektionskrankheiten?

Man dachte tatsächlich, Infektionskrankheiten wie Polio und Tuberkulose seien bald besiegt, die Menschen würden fast nur noch an Krebs, Herzkrankheiten oder Nervenleiden sterben. Doch dann kamen das Aids-Virus, Hepatitis-C und andere neue Krankheiten, die schwerer zu identifizieren und zu bekämpfen waren als jede bisher bekannte Erkrankung. Auch die zuvor zurückgedrängte Malaria kehrte wieder. Diese Phänomene haben fast immer mit unserer Zivilisation zu tun: Der Mensch transportiert die Krankheitserreger per Flugzeug, sozusagen »erster Klasse«, Tausende von Kilometern von einem Ort zum anderen. Innerhalb kürzester Zeit dringen die Seuchenerreger so zu immunologisch »naiven« Populationen vor, die nicht dagegen gewappnet sind.

Könnte es sein, dass wir auch noch vor der Gefahr einer Biokatastrophe stehen? Ich denke da an Phänomene wie die Vogelgrippe und den Rinderwahnsinn, aber auch an Milzbrandsporen und biologische Anschläge.

Die Gefahr besteht durchaus. Aufgrund der Möglichkeiten der modernen Molekularbiologie könnten gefährliche Erreger gezüchtet werden, die als Waffen benutzt oder versehentlich freigesetzt werden. Und solange Menschen in bestimmten Regionen der Erde Tiere aus dem Urwald, beispielsweise Affen oder kleine Nagetiere, in ihre Kochtöpfe werfen, laufen wir Gefahr, uns mit neuen, unbekannten Viren anzustecken. So ist es höchstwahrscheinlich beim Aids-Virus geschehen: Irgendwann haben afrikanische Buschjäger wohl Schimpansen, die das Virus vermutlich schon seit Jahrtausenden in sich tragen, erlegt und verspeist. Durch den Kontakt mit dem Affenblut hat sich der erste Mensch infiziert und die weltweite Verbreitung des Aids-Virus ausgelöst. Bevor das Virus 1981 in San Francisco auftauchte, waren in Afrika schon unzählige Menschen erkrankt, man hatte es nur nicht erkannt. Von Afrika erreichte das Virus dann, wahrscheinlich über Haiti, die Westküste der USA.

Eine These besagt, dass alle 30 bis 40 Jahre eine Pandemie ausbricht, von der 15 bis 50 Prozent der Bevölkerung betroffen sein würde.

Um welche neue Pandemie könnte es sich handeln?

Die größte Befürchtung der Weltgesundheitsorganisation und anderer Experten ist die, dass sich die Spanische Grippe von 1918 wiederholen könnte. Dieses Virus gehört zu den gefährlichsten und aggressivsten Erregern, die es je gegeben hat. Damals erkrankte – trotz geringer Transportmöglichkeiten im Vergleich zur heutigen Zeit – ein Drittel der Erdbevölkerung. Auf heute projiziert, müsste man mit bis zu 100 Millionen Toten rechnen. Das Virus war längst ausgestorben, doch es wurde in einem Labor in den USA genetisch wiederhergestellt. Deshalb wissen wir heute, wie eminent gefährlich der Erreger der Spanischen Grippe war. Sollte so ein aggressives Grippevirus noch einmal auftauchen, dann wäre das wohl die schwerste vorstellbare Pandemie.

Ist die aktuelle »Schweinegrippe« des Jahres 2009 auch so gefährlich?

Nein, die gegenwärtige »Mexikogrippe« oder »Amerikanische Grippe« kommt bei Weitem nicht an die Bedrohung durch die Spanische Grippe von 1918 heran. Das neue Virus vom Typ H1N1 verursacht in der Regel nur mäßig schwere Erkrankungen. Allerdings ist es sehr ansteckend und wird sich deshalb weltweit verbreiten, das ist heute schon absehbar. In Deutschland müssen wir, auch durch dieses relativ wenig aggressive Virus, mit Todesfällen rechnen – an der Influenza stirbt ja immer ein kleiner Teil der Infizierten, auch wenn dies öffentlich nicht so im Bewusstsein ist. Grundsätzlich haben wir die Chance, mit dem Schweinegrippevirus ganz gut fertigzuwerden, weil wir uns auf ein viel gefährlicheres Virus vorbereitet haben. Das ist ein Beispiel, wo sich die Vorbereitung auf eine vorhersehbare Bedrohung einmal auszahlt. Allerdings möchte ich lieber nicht mehr davon reden, wie schwer es teilweise war, die Politik davon zu überzeugen. Beispielsweise gab es massive Widerstände gegen meine Forderung zur Bevorratung antiviraler Medikamente. Heute sind alle heilfroh, dass wir sie haben.

Was empfiehlt die Schutzkommission der Bundesregierung, der Sie angehören, im Hinblick auf existenzielle Gefahren für die Bevölkerung?

Die Schutzkommission ist beim Bundesinnenminister angesiedelt und befasst sich seit der Nachkriegszeit mit Gefahren für die Bevölkerung der Bundesrepublik. Dabei geht es beispielsweise um biologische, chemische und nukleare Bedrohungen größeren Ausmaßes, etwa durch Anschläge oder gefährliche Seuchen. In unsere Berichte fließen auch zunehmend psychologische und sozialpsychologische Aspekte ein. Häufig entscheidet die psychologische Reaktion darüber, ob eine Krise zur Katastrophe eskaliert. Im Gegensatz zur Krise zeichnet sich die Katastrophe unter anderem dadurch aus, dass die Gegenmaßnahmen nicht greifen oder gar nicht verfügbar sind. Das hängt häufig mit den psychologischen Reaktionen der Betroffenen zusammen. Bei einem biologischen Anschlag beispielsweise wären wahrscheinlich nur relativ wenige Menschen in akuter Lebensgefahr. Jedoch kann die Angst vor den unheimlichen und unsichtbaren Erregern Panikreaktionen und stressbedingte Fehlentscheidungen hervorrufen, die zu einem Kollateralschaden führen, der weit größer ist als der Schaden durch den Krankheitserreger selbst. Das ist etwa dann der Fall, wenn die Menschen aus Angst vor Ansteckung nicht mehr zur Arbeit gehen und dann Teile der Infrastruktur zusammenbrechen.

Wie entwickelt sich dieser existenzielle Stress?

Man stelle sich vor, es bricht eine Influenza von der Schwere der Spanischen Grippe aus. In einem Betrieb fallen 30 Prozent der Belegschaft aus. Nun müssen wir uns fragen: Wie reagieren die noch gesunden 70 Prozent? Werden auch sie zu Hause bleiben, weil sie sich dort sicherer fühlen, oder gehen sie trotz allem zur Arbeit? Beide Möglichkeiten sind denkbar. Die Influenza breitet sich immer weiter aus, irgendwann fahren vielleicht keine Busse mehr, weil sich die Fahrer nicht anstecken wollen. Vielleicht schließen die Behörden Kindergärten und Schulen. Dann müssen viele Arbeitnehmer zu Hause bleiben. Wenn im Kraftwerk niemand arbeitet, fällt der Strom aus. Genauso kann die Lebensmittelversorgung und Ähnliches zusammenbrechen. Das Ausmaß der Katastrophe hängt hier wesentlich von psychologischen Faktoren ab. Solange die Menschen das Gefühl haben, die Krise sei halbwegs unter Kontrolle, begegnen sie der Gefahr relativ beherzt. Sobald jedoch Panik ausbricht, eskaliert die Krise, es kommt zu selbstverstärkenden Effekten und zur eigentlichen Katastrophe.

Wer entwirft denn die konkreten Notfallpläne, um solchen Szenarien zu begegnen?

Im föderalen System der Bundesrepublik ist niemand so richtig zuständig. Die Schutzkommission erstellt keine konkreten Notfallpläne, sondern zeigt hauptsächlich Lücken auf und macht Vorschläge, wie diese geschlossen werden können. Darauf muss dann aber die Politik reagieren. Bei den beiden Runden der Föderalismusreform ist es nicht gelungen, dem Bund, wie von uns gefordert, mehr Kompetenzen im Bevölkerungsschutz zu geben. Die Länder wollen keine Kompetenzen an den Bund abgeben, weil damit auch Geldmittel verlorengehen würden. Davon abgesehen sind in einer Demokratie mit dem Thema Bevölkerungsschutz keine Wahlen zu gewinnen. Politiker, die Haushaltsmittel für noch nicht eingetretene Gefahren verwenden wollen, werden schnell als Alarmisten angegriffen. Ich habe das vor einiger Zeit als »Tschernobyl-Effekt« beschrieben: Demokratien sind nicht in der Lage, auf angekündigte, wissenschaftlich vorhergesagte Gefahren adäquat zu reagieren. Besonders deutlich ist dies bei Langzeitthemen wie der Umweltverschmutzung. Hier kommen die Auswirkungen unseres heutigen Tuns weit später als die nächsten Wahlen. Politiker brauchen aber kurzfristige Erfolge, um wiedergewählt zu werden.

Eine Art mit Stress umzugehen, ist, ihn zu leugnen und mögliche Gefahren zu verdrängen. Wie sehr lassen Sie selbst den möglichen Ausbruch einer tödlichen Pandemie an sich heran?
Je abstrakter das Leid ist, desto leichter kann ich meine Gefühle kontrollieren und mich auf die Lösung des Problems konzentrieren. Die Nachricht vom Tod Hunderttausender Menschen aufgrund einer Virusepidemie hat fast abstrakten

Charakter, gerade wegen der Größe der Zahl. Erstaunlicherweise kommt das emotional weniger an mich heran als das Leid meiner Patienten oder eines mir nahen Menschen. Ich habe früher als Rettungssanitäter gearbeitet und war lange als Arzt im Krankenhaus tätig – das hat mich oft belastet. Wenn sich etwa der Zustand meiner Krebspatienten verschlimmerte, konnte ich sehr schlecht damit umgehen.

Schützen Sie sich vor seelischer Belastung, indem Sie das Leid von Menschen aus der Distanz beobachten und analysieren?
Ja, ich analysiere das Leid wie ein Schmetterlingssammler, der eine Nadel in den toten Schmetterling sticht, ohne darüber nachzudenken, dass das gerade noch ein lebendiges Tier war. Ich denke, dass wir Menschen schon seit der Steinzeit so programmiert sind, dass uns Gefahren, die uns direkt betreffen, eher alarmieren und unser vegetatives System angreifen, als die abstrakte Not von Menschen, die wir nicht kennen. Dass wir uns trotzdem um die Not von vollkommen Fremden, weit entfernten oder in der Zukunft lebenden Menschen kümmern, ist letztlich eine Kulturleistung. Diese müssen wir erbringen, weil uns die Wissenschaft sagt, dass die Erde ein winziges Raumschiff ist, das wir nur als globale Gemeinschaft als Lebensraum erhalten können. Ich bin des-

halb oft schockiert von der Kurzsichtigkeit, mit der politische und wirtschaftliche Entscheidungen getroffen werden.

Können Sie ein Beispiel nennen?

Ein Musterbeispiel: Andere Wissenschaftler und ich haben jahrelang dafür plädiert, die Bevölkerung vor biologischen Gefahren besser zu schützen, etwa vor Seuchen oder biologischen Anschlägen. Das Problem wurde hartnäckig ignoriert, bis es in Amerika 2001 zu den Milzbrandanschlägen kam. Als Kongressabgeordnete Briefe mit Milzbrandsporen erhielten, rückte die Gefahr ins Bewusstsein der Menschen und machte Schlagzeilen – und erst jetzt reagierte die Politik. Ähnlich war es mit der Vogelgrippe: Es mussten in den Medien erst die Bilder von toten Schwänen, von Männern in Schutzanzügen und tief fliegenden Tornadokampfjets erscheinen, damit die Menschen aufwachten. Solche Bilder bewegen mehr, als tausend Argumente von Fachleuten – dabei gab es gar keinen rationalen Zusammenhang zwischen den toten Schwänen und dem gefürchteten Ausbruch einer Grippepandemie. Als Wissenschaftler lernt man, dass Politiker erst dann handeln, wenn sie die Emotionen der Bevölkerung auf ihrer Seite wissen und mit konkreten Maßnahmen auch ihr Ansehen steigern.

Hat Sie die Ignoranz so mancher Entscheidungsträger nicht schon zur Verzweiflung getrieben?

Mich nicht, aber eine Reihe hervorragender Wissenschaftler ziehen sich in ihre eigene Welt zurück und weigern sich, die Politik zu beraten, weil man ihnen dort nicht zuhört. Ich selbst habe den Optimismus noch nicht verloren, dass der Mensch dazulernen und die Menschheit einiges besser machen kann. Ich glaube an gute Ideen und kann mich schon über kleine Schritte in die richtige Richtung freuen. Diese Grundkonstitution bewahrt mich vor Frustration und Resignation. Außerdem hilft die eigene Überzeugung, das Gegenüber zu überzeugen. Insofern befasse ich mich absichtlich nicht mit meinen Misserfolgen, sondern versuche mich über die Dinge zu freuen, die gut gelaufen sind.

Sie schützen sich also vor Stress, indem Sie sich bewusst auf Ihre Erfolge konzentrieren?

Ich lasse das, was ich in der Vergangenheit erreicht habe, vor meinem geistigen Auge Revue passieren und nutze diese Erfolge als Leitbilder für die Zukunft. Natürlich muss man auch seine Fehler analysieren, um sie nicht zu wiederholen. Aber die Volksweisheit, nur aus Fehlern könnte man lernen, halte ich nicht für richtig. Aus den Dingen, die funktioniert haben, kann man viel mehr lernen und vor allem leichter

Handlungsmuster für die Zukunft entwerfen. Ein anderer Vorteil meiner Sichtweise ist, dass ich mich an meine kleinen und größeren Erfolgserlebnisse halten kann, anstatt mich von den – natürlich viel häufigeren – Misserfolgen lähmen zu lassen.

Können Sie aus der Vergangenheit immer wieder Kraft schöpfen?
Ja. Stress entsteht doch dadurch, dass man ein negatives Bild aus der Vergangenheit auf die Zukunft projiziert, also Angst hat vor dem, was kommt. Ich greife die positiven Elemente heraus und versuche, sie zu wiederholen. Ich möchte mich nicht im Kreis drehen, sondern vorwärtsblicken. Ich konzentriere mich auf die Sprossen der Leiter zu meinem Ziel – und nicht auf die Zwischenräume, durch die man abstürzen könnte.

Sie betätigen sich auf zahlreichen Gebieten: Sie sind Direktor des Instituts für Medizinische Mikrobiologie der Uniklinik in Halle, halten Vorlesungen und forschen; Sie setzen sich für bioethische Themen ein, publizieren als Kolumnist unter anderem beim *Tagesspiegel;* Sie sind Mitglied der Schutzkommission des Inneren und beraten die Politik. Wie bekommen Sie all das in den Griff?
Ich fühle mich zeitlich schon überlastet, insbesondere dann, wenn ich mich mit Dingen befassen muss, die nicht wirklich wichtig sind. Wobei es natürlich eine Definitionsfrage ist, was man gerade für wesentlich hält und was einem unsinnig vorkommt. Wenn das Wetter so schön ist, dass ich unbedingt reiten gehen will, hätte mein Hobby sogar eine höhere Priorität als ein Vortrag, den ich vor Monaten halbherzig zugesagt habe. Oft muss ich dann jedoch in eine andere Stadt fliegen, zwei Stunden sprechen und nach einer kurzen Nacht in einem ungemütlichen Hotel zurückrasen. Wenn ich dann vor meinem Schreibtisch lande, wo sich die unerledigten Stapel immer noch türmen – dann holt mich der Stress ein.

Könnten Sie nicht einfach Nein sagen, wenn es zu viel wird?
Doch, mir gelingt es auch ganz gut, Arbeit zu delegieren. Dazu gehört es, anderen Menschen zuzutrauen, Dinge richtig zu machen. Häufig läuft alles gut. Wenn dem einmal nicht so ist, bekomme ich es entweder nicht mit oder aber ich nehme es hin – damit muss man dann eben leben.

Welche Form von Stress ist denn typisch in Ihrer Position?
Da ich einige Ämter habe und eine Menge gleichzeitig bewältigen muss, kann ich es nicht jedem 100-prozentig recht machen. Die Kollegen, die sich ganz und gar auf ein

Arbeitsgebiet konzentrieren, sind in ihrem Bereich meist schneller und besser. Ein klassischer Nebeneffekt der Interdisziplinarität ist, dass man auf der Erfolgsskala nur im oberen Fünftel rangiert.

Die Kollegen, die nur ein einziges Amt innehaben, sind also weniger gestresst als Sie?
Ihr Stress unterscheidet sich einfach von meinem: Wenn beispielsweise einem Institutsleiter das Budget gekürzt wird, versteht er das oft als persönliche Beleidigung, während ich da relativ entspannt bleibe. Ich rege mich nur auf, wenn deshalb Mitarbeiter entlassen oder Patienten schlechter behandelt werden – was leider durchaus vorkommt.

Brauchen Sie Anteilname, wenn Sie gestresst sind?
Durchaus, die anderen leiden dann wenigstens ein bisschen mit. Wenn ich mal wieder alle guten Argumente vorgetragen habe und dann trotzdem anders entschieden worden ist, empfinde ich das als persönliche Niederlage. Wenn mir dann zumindest meine Freunde zuhören, fühle ich mich schon besser. Wenn ich in einer solchen Situation für mich bleibe, lässt mich das Problem überhaupt nicht mehr los.

Und was entspannt Sie, wenn der berufliche Stress überhandnimmt?
Klavier spielen, auch Reiten und Windsurfen. Am Klavier folge ich den Regeln der Harmonie, wenn ich surfe, entsteht zwischen mir, dem Wind und den Wellen eine Art gemeinsamer Rhythmus, ähnlich wie beim Tanzen. Auch wenn ich mit meinen Kindern spiele, fällt der Stress von mir ab. Ich stelle mich intuitiv auf die Kinder ein, mein Kopf und mein Herz sind vollkommen anders gefordert als im Beruf. Das wirkt auf mich ausgleichend und neutralisiert gleichsam den Arbeitsstress.

Welche Rolle spielt denn die Intuition in der Wissenschaft?
Intuitive Elemente spielen auch in der Wissenschaft eine sehr große Rolle, die oft unterschätzt wird. Das Aufstellen und Prüfen einer neuen wissenschaftlichen Theorie ist ein schöpferischer Akt, ein extrem intuitiver Vorgang. Um ein Experiment richtig zu gestalten, muss man irgendwie schon vorher ahnen, was dabei herauskommen könnte – wie ein Seefahrer, der irgendwie ahnt, in welcher Himmelsrichtung es etwas zu entdecken gibt. In der Forschung ist das eigentlich verpönt, aber meines Erachtens sind viele große Entdeckungen so entstanden. Ich war auf einer Waldorfschule, wo ich gelernt habe, Zusammenhänge auch intuitiv zu erfassen. Das habe ich als Wissenschaftler nutzen können.

**Haben Sie einen Traum,
den Sie verwirklichen wollen?**

Ich habe im Laufe meines Lebens gelernt, dass es unmöglich ist, den beruflichen Werdegang zu planen und ambitionierte Träume systematisch zu verwirklichen. Trotzdem bin ich heute nahe dran, den Traum meiner ersten Studentenjahre zu leben, indem ich forschen und über die letzten Dinge nachdenken darf. Wenn sich die Menschen mit Krankheitserregern und anderen existenziellen Gefahren beschäftigen, ist das auch eine Chance auf einem ganz anderen Gebiet: Alle merken, dass sie in einem Boot sitzen und wachsen zusammen. Wenn die Familie der Menschen angesichts der gemeinsamen Bedrohung enger zusammenrückt und ihre Meinungsverschiedenheiten überwinden kann, haben die Mikroben vielleicht am Ende sogar etwas Gutes bewirkt.

Von Alexander S. Kekulé lernen

Sich abgrenzen

- Wer beruflich mit Leid konfrontiert ist, muss es mit Distanz betrachten. Dies hilft, Probleme schärfer zu analysieren und bessere Lösungen zu finden.

Risiken managen

- Die rationale Analyse von Bedrohungsszenarien trägt zur Minimierung von Risiken, Fehlentscheidungen und Panikreaktionen bei.
- Vorsorgemaßnahmen vermitteln ein Gefühl von Sicherheit und verhindern die Eskalation von Krisen.

Relativieren

- Wer viele Aufgaben gleichzeitig bewältigt, kann es nicht jedem recht machen und überall der Beste sein.

Sich aussprechen

- Anteilnahme und soziale Unterstützung helfen, Stress zu mindern.

Intuition nicht ausblenden

- Auch beim wissenschaftlichen Arbeiten spielt die Intuition eine wichtige Rolle, man darf sie keinesfalls ausblenden.

Entspannen

- Am besten funktioniert das Abschalten, wenn man sich in der Freizeit mit Dingen beschäftigt, die einen auf völlig andere Weise fordern als der Beruf.

Negatives umdeuten

- Auch einem negativen Geschehen lässt sich eine positive Bedeutung verleihen. So kann eine Epidemie dazu beitragen, dass die Menschen kooperieren.

Sich motivieren

- Statt sich mit Misserfolgen zu befassen, sollte man nach vorne blicken und sich über kleine Schritte in die richtige Richtung freuen.
- Bei Rückschlägen hilft es, vergangene Erfolge Revue passieren lassen und sie als Leitbilder für die Zukunft zu verwenden.

Michael Kempf

Michael Kempf, geboren 1977 in Sigmaringen, ist seit sechs Jahren Küchenchef im Restaurant Facil im THE MANDALA Hotel. Ausgezeichnet mit aktuell 1 Michelin-Stern und 17 Punkten im Gault Millau, welcher ihn 2008 zum Aufsteiger des Jahres kürte, ist er der jüngste Küchenchef unter den Sterneköchen in Berlin. Seine wichtigsten Stationen sind Dieter Müller (Schlosshotel, Lerbach), André Jaeger (Fischerzunft, Schaffhausen), Lothar Eiermann (Wald- und Schlosshotel, Friedrichsruhe), Klaus Assfalg (Kleber-Post, Bad Saulgau). Sein Küchenstil zeichnet sich durch Produktaffinität und die Vorliebe für Wildkräuter und Gewürze aus. Er lebt mit seiner Freundin Svenja in Kreuzberg.

Gute Teamarbeit, klare Kommunikation und Disziplin sind die besten Mittel gegen Stress

Herr Kempf, Sie haben 17 Punkte im »Gault Millau« und einen Stern vom »Guide Michelin«. Was bedeuten diese Auszeichnungen für Sie?

Sie sind eine Belohnung und ein Urteil über unsere tägliche Arbeit. Für mich persönlich sind sie die Anerkennung meines Kochstils und meiner Küchenphilosophie, die ich im »Facil« jeden Tag weiterzuentwickeln versuche.

Welche Küchenphilosophie verfolgen Sie denn?

Eine sehr puristische. Ich bin ständig auf der Suche nach tollen Produkten, die der Gast nicht so leicht kaufen kann. Die Grundprodukte müssen dann so perfekt und dezent umgesetzt werden, dass der ursprüngliche Geschmack nicht überdeckt wird. Ich möchte, dass der Gast zu mir sagt: »Mensch, so eine tolle Tomate habe ich noch nie gegessen!« Ich achte immer darauf, dass das Hauptprodukt am besten herauszuschmecken ist. Was bringt ein toller Hummer auf dem Teller, wenn die Soße so intensiv ist, dass das Fleisch überhaupt nicht mehr durchschmeckt?

Woher stammt Ihre Philosophie?

Auf der einen Seite gehe ich von meinen eigenen Vorlieben aus, auf der anderen Seite steht immer das Wohl des Gastes im Vordergrund. Ich habe nichts davon, den Kunden mit außergewöhnlichen Kreationen zu bevormunden, die er nicht mag. Er soll sich im »Facil« wohlfühlen. Alles soll stimmen: die Küche, der Service, das Ambiente.

Wann fängt Ihr Arbeitstag an, wann hört er auf?

Mein Tag beginnt um acht. Dann werden schon die großen Fleischstücke, Lammrücken, Rehrücken und dergleichen geliefert. Das muss alles vorbereitet werden, all die verschiedenen Soßen, die Jus. Die gesamte »mise en place« muss bis um 11 Uhr 30 stehen. Um 12 Uhr treffen die ersten Gäste ein, gerade mittags ist das Restaurant sehr gut besucht. Der Service geht bis um 15 Uhr, dann stehen Mitarbeitergespräche an, oder ich habe Büroarbeit zu erledigen; anschließend habe ich ein bis zwei Stunden frei, und abends geht es ab 17 Uhr weiter. Vor Mitternacht bin ich nicht zu Hause.

Könnte das ein Grund dafür sein, dass es so wenig Sterne-Köchinnen in der Spitzengastronomie gibt?

Täglich bis zu 16 Stunden am Herd bedeutet Schwerstarbeit; Beruf und Familie lassen sich bei uns schwer vereinbaren. Im »Facil« haben wir einige Köchinnen, vor allem im Frühstücksteam. Teilweise haben sie Kinder und Familie, wollen in ihrem Beruf weitermachen, aber verständlicherweise nicht erst um Mitternacht nach Hause kommen. Sie arbeiten bei mir von morgens 5.30 Uhr bis mittags um 14 Uhr.

Arbeiten Sie auch am Wochenende?

Samstag und Sonntag haben wir Ruhetag. Manchmal finden dann noch Meetings statt, aber ich versuche mir diese zwei Tage freizuhalten, um Stress abzubauen. Lieber gebe ich fünf Tage von morgens bis abends Vollgas und komme dann zur Ruhe. Es gibt Zeiten, etwa während der Berlinale, da arbeite ich 14 Tage am Stück, danach brauche ich unbedingt Abstand zum Tagesgeschäft, sonst kann ich überhaupt nicht mehr kreativ sein.

Sind Sie nach einem derartig intensiven Pensum nicht völlig überarbeitet und erschöpft?

Körperlich nicht, weil ich mich durch meine sportlichen Aktivitäten topfit halte, aber in gewissen Stresssituationen reagiere ich doch leicht gereizt, etwa wenn ein Gast reklamiert oder ganz spezielle Wünsche hat. Auch weil wir mit der Frühstückscrew auf sehr engem Raum arbeiten müssen, kommt es schon mal zu Reibereien; wir müssen dann sehr aufpassen, dass keiner die Nerven verliert.

Welche Rolle spielt in der Haute Cuisine die Disziplin?

Eine sehr wichtige. In meiner Küche geht es normalerweise ruhig zu, mein Führungsstil ist sehr liberal, aber ich achte schon darauf, dass die Zügel gestrafft sind und alles perfekt rausgeht. Ansonsten versuche ich immer, locker zu bleiben, ich muss ja meine Mitarbeiter, die 14 Stunden arbeiten, täglich motivieren. Wenn wir hier rumschreien würden wie in manchen Restaurants, wäre nicht nur die Arbeitsatmosphäre in der Küche unerträglich, auch die Qualität der Speisen würde darunter leiden, und die ebenfalls gestressten Kellner würden die Aggressionen direkt zu den Gästen weitertragen.

Was hilft Ihnen darüber hinaus, dem Stress vorzubeugen?

Neben der Disziplin hilft gute Kommunikation. Damit alles reibungslos abläuft, sprechen wir uns in unseren Meetings aus, reden über kücheninterne Probleme oder über die Schnittstelle Küche-Service. Stress entsteht beispielsweise, wenn die Mitarbeiter vom Service ständig in der Küche nachfragen, wie lange es denn noch dauert, bis ein Gericht fertig ist. Deshalb testen unsere Leute vom Service, sobald wir ein neues Menü auf die Karte setzen, jeden Gang selbst. So können sie abschätzen, wie viel Zeit die Zubereitung und das Anrichten des gesamten Menüs braucht. Damit nehmen sie ungeduldigen Gästen den Wind aus den Segeln und können erklären, weshalb ein bestimmtes Gericht einfach nicht schneller auf den Tisch kommen kann. Das erspart uns allen viel Stress.

Wie reagieren Sie auf Reklamationen?
Meistens geht es darum, dass ein Gericht zu stark oder auch zu schwach gewürzt ist. Das ist natürlich meistens sehr subjektiv. Ich komme aus Süddeutschland und bin mit dem Würzen sehr mutig, das ist manchen zu viel. Oder einer will seinen Fisch mehr durch, der andere eher glasig; da gerate ich kurz unter Stress, aber dann sage ich mir, Hauptsache, der Gast ist glücklich, das Essen geht zurück, und wir bereiten alles noch einmal frisch zu.

Kann es überhaupt ein objektives Urteil über die Qualität einer Gourmetküche geben?
Ausschlaggebend sind für mich die wichtigsten Führer – der »Gault Millau«, der »Michelin« und »Der Feinschmecker«. Ein wichtiges Indiz ist auch die Anzahl der Stammgäste. Wir haben viele, mit denen wir teilweise persönlichen Kontakt pflegen: Unsere Küche ist verglast, also können uns die Gäste beim Kochen zusehen, und wenn ich sie kenne, rufe ich sie meistens herein. Sie dürfen unsere Küchenatmosphäre schnuppern, manche lassen sich von mir

zeigen, wie die Küche funktioniert, ich führe sie sogar ins Kühlhaus.

Fühlen Sie sich nicht gestört, wenn Gäste sich in Ihre Küche drängen?
Nein, überhaupt nicht. Ich freue mich über das Interesse, außerdem habe ich ja nichts zu verbergen. Ich bin ein Hygienefanatiker, bei mir ist alles super sauber. Schlampigkeit erzeugt Hektik. Auch die Technik und die einzelnen Abläufe müssen stimmen, sonst kommen jede Menge Stresssituationen auf.

Worauf muss man bei der Sterneküche achten, um sie zu perfektionieren?
Man muss das Team je nach Fähigkeiten gut aufstellen und alle Mitarbeiter stark motivieren. Ich habe durch meine langjährige Arbeit in Toprestaurants wichtige Erfahrungen gesammelt, auch bei dem großen Koch Dieter Müller. Ich fing hier im »Facil« 2003 zunächst als Sous-Chef an, wurde später Küchenchef und konnte in dieser Zeit meine Führungsqualitäten stets weiterentwickeln. Wichtig ist auch: Ich habe die alte Küche umgebaut und vergrößert, man braucht für die Topgastronomie die richtigen Räume.

Woher nahmen Sie die Selbstsicherheit, diese verantwortungsvolle Aufgabe zu meistern?
Meine Sicherheit ist im Laufe der Jahre gewachsen, ich musste aber

viel Lehrgeld zahlen. Vieles lief zu Anfang schief, Mitarbeiter kündigten, weil sie nicht richtig motiviert wurden. Es genügt nicht, als Küchenchef Superideen zu haben, man muss sie seinen Leuten auch näherbringen. Heute tragen sie meine Philosophie mit, ich muss nicht mehr ständig dahinter her sein. Wir haben ein sehr gutes Arbeitsklima, gehen kameradschaftlich miteinander um – das ist bei einem stressigen Beruf wie dem unseren sehr wichtig. Mir tut es außerdem gut, dass ich keinen Druck von oben bekomme, diese Freiheit bewahrt mich vor Stress. Wenn dann noch die Zahlen stimmen, ist alles in Ordnung.

Sehen Sie das Kochen auf hohem Niveau als Kunst an?
Meine Küche ist ein Drittel Kunst, zwei Drittel Handwerk, so sehe ich das. Es reicht nicht, ein Gericht wunderschön anzurichten, das Handwerkliche muss auch stimmen. Kreatives Kochen ist eine Kunst, nur wenige Köche sind wirklich erfinderisch. Ich kreiere hier im »Facil« alle vier Wochen ein neues Sieben-Gänge-Menü, zwei Wochen lang wird jeder einzelne Gang getestet, manchmal sind wir erst nach dem achten Teller zufrieden. Dann müssen auch noch der Restaurantleiter und der Sommelier das Menü quasi aus der Sicht des Gastes probieren, bis wir es endlich servieren. Das Ganze ist nicht nur eine Kunst, es ist

auch körperlich anstrengend, ein richtiger Leistungssport!

Wie sehr trägt die Atmosphäre eines Restaurants zur Entspannung der Gäste bei?
Sie ist sehr wichtig! Gerade mittags kommen viele gestresste Geschäftsleute zu uns und wollen sich bei uns entspannen. Im »Facil« sind sie komplett von der Außenwelt abgeschnitten, alles ist sehr ruhig. Nur dann sind sie auch offen für das tolle kulinarische Erlebnis. Wir verzichten bewusst auf Musik in unserem Restaurant, und zwischen den Tischen lassen wir viel Platz. Lärm und Enge erzeugen Stress, unsere Kreationen hätten dann keine Chance. Wir müssen natürlich einen Topservice bieten, aufmerksame Kellner, die aber nicht dauernd um den Tisch herumspringen. Mittags hat der Gast nicht viel Zeit, wir sehen also zu, dass alles schnell geht und die Qualität trotzdem perfekt ist. Die Gäste dürfen von unserer Anstrengung ja nichts mitbekommen. Wir tragen sie auf Händen und merken, wie der Stress von ihnen abfällt.

Der französische Drei-Sterne-Koch Bernard Loiseau beging im Februar 2003 Selbstmord, weil der »Gault Millau« ihn von 19 auf 17 Punkte herabgestuft hat. Welchen Preis zahlen Sie dafür, in der Spitzengastronomie tätig zu sein?
Ich opfere sehr viel Freizeit. Am

Wochenende scoute ich Produzenten oder fahre zu einem Bauernhof, um seine Erzeugnisse zu begutachten. Ich habe natürlich auch keinen geregelten Tagesablauf. Trotzdem verliere ich niemals die Lust an meinem Beruf, die Sterneküche hat für mich nichts mit Zwängen zu tun, im Gegenteil, sie fordert meine Kreativität immer neu heraus.

Wann sind Sie am kreativsten?

Beim Sport, schon ein Spaziergang in der frischen Luft inspiriert mich, Hauptsache, ich bin weg vom Restaurant und habe den Kopf frei. Neue Ideen kommen mir nicht während des Tagesgeschehens, sondern in meiner Freizeit.

Genuss und Geschmack sind höchst individuell. Wurde Ihre Küche jemals negativ bewertet?

In meinen Anfängen wurde ich einmal von 16 auf 14 Punkte herabgestuft. Das war hart. Ich war daraufhin eine ganze Woche lang schlecht drauf und habe mir viele Gedanken gemacht. Doch dann hat mir der Geschäftsführer auf die Schulter geklopft und mich wieder aufgebaut. Das hat mir den Stress von den Schultern genommen. Man kann es nicht jedem recht machen. Manche halten mir heute vielleicht vor, ich sei nicht kreativ genug, ein Gericht sei nicht perfekt getestet oder ich müsste mehr in Richtung Molekularküche ausprobieren. Ich höre

mir das an und entwickle meinen Küchenstil weiter. Wichtig ist, dass das Team zu einem hält.

Kann gute Teamarbeit Stress wirksam reduzieren?

Wenn ein Team gut aufgestellt ist und kameradschaftlich funktioniert, relativiert sich die Situation, und ich kann auf Kritik sehr viel gelassener reagieren. Kritik trifft uns schließlich alle im Team, also sprechen wir gemeinsam darüber. Zusammenhalt ist ein gutes Mittel gegen Stress.

Anthony Bourdain, der namhafte Küchenchef aus New York, behauptet in seinem Buch, dass es in der Branche nicht selten zu Drogenmissbrauch kommt. Wie beurteilen Sie das?

Das entspricht teilweise schon der Wahrheit. Der immerwährende Leistungsdruck spielt da eine wichtige Rolle. Ich will jetzt kein Urteil über die ganze Szene abgeben, aber in sehr vielen Kreativberufen wird auf gewisse Hilfsmittel zurückgegriffen.

Was tun Sie, um zu entspannen?

Ich trainiere Marathon und laufe einmal im Jahr bei einem Marathon mit. Beim Laufen in der Natur, ohne Musik, ohne mit irgendeinem Menschen reden zu müssen, da entspanne ich mich am besten. Wenn ich in der Mittagspause ein, zwei Stunden draußen laufe, ist mein Kopf wie leer gepustet, und ich bin abends topfrisch. Wenn ich nachts nach Hause fahre, höre ich immer Info-Radio, das lenkt mich ab von der Kocherei, und ich bekomme wenigstens etwas mit vom Weltgeschehen. An den freien Wochenenden frühstücke ich erst einmal zwei, drei Stunden in aller Ruhe mit meiner Freundin. Das zelebriere ich richtig. Mir wird immer wieder klar, wie wichtig es ist, beim Essen abzuschalten und den Stress bewusst hinter sich zu lassen. Nur so kann man eine Mahlzeit überhaupt genießen.

Haben Sie niemals gehadert mit diesem Beruf, der Ihnen so viel abverlangt?
Manchmal frage ich mich schon, ob es das wert ist, so viel Kraft und Zeit in diesen Beruf zu stecken. An ein Familienleben ist nicht so leicht zu denken. Kaum Zeit für zwischenmenschliche Beziehungen, für die Familie in Süddeutschland und die Pflege von wichtigen Freundschaften aufbringen zu können, ist für mich das größte Opfer.

Wie überwinden Sie ein solches Motivationstief?
Mit meiner Freundin bin ich sehr glücklich, sie kann mich auch sehr gut motivieren, weil sie begeistert ist von dem, was ich tue. »Mensch, du bist noch jung, du hast eine Superzukunft vor dir«, sagt sie und

zeigt mir, was ich alles schon erreicht habe. Ich versuche, mir an meinen arbeitsfreien Tagen viel Zeit für sie zu nehmen, um alles zu besprechen, was sich in der Woche aufgestaut hat. Durch sie bin ich viel ausgeglichener und kann mich bei ihr zurücklehnen, somit kann ich auch den Stress sehr gut kompensieren.
Was natürlich auch motiviert, sind begeisterte Zeitungsberichte oder der Blick auf die tollen Kreationen, die wir uns ehrlich erarbeitet haben.

Haben Sie eine Vision, was Sie noch erreichen wollen?
Ich möchte meinen Küchenstil so weiterentwickeln, dass die Gäste sagen: »Mensch, beim Kempf habe ich vor vier Wochen das und das gegessen, das war ein Erlebnis, da muss ich wieder hin!« Mein anderes großes Ziel ist es, einen zweiten Stern zu bekommen. Den möchte ich aber genauso locker angehen wie den ersten. Ich habe damals weniger auf Vielfalt, dafür aber auf Perfektion gesetzt, und zu meiner großen Überraschung hatte ich bereits im ersten Jahr einen Stern. Genauso zwanglos soll es weitergehen. Wir arbeiten in unserer Küche sowieso schon unter sehr großem Druck, das menschliche Miteinander darf nicht durch noch größeren Stress auf der Strecke bleiben.

Von Michael Kempf lernen

Authentisch bleiben
- Man kann es nicht jedem recht machen. Hören Sie sich Kritik an, aber tun Sie nur, wovon Sie überzeugt sind.

Richtig führen heißt Stress vorbeugen
- Achten Sie als Vorgesetzter auf gutes Arbeitsklima, ein richtig aufgestelltes und kameradschaftliches Team, klare Kommunikation und Disziplin.
- Herumschreien vergiftet jede Arbeitsatmosphäre. Bemühen Sie sich deshalb um Selbstdisziplin, besonders in Stresssituationen.

Selbstbestimmt arbeiten
- Wer keinen Druck von oben bekommt, erspart sich viel Stress.

Beruf und Freizeit konsequent trennen
- Fünf Tage von morgens bis abends Vollgas geben ist in Ordnung, wenn die restlichen zwei Tage freigehalten werden.
- Zelebrieren Sie Ihre Freizeit, indem Sie zum Beispiel Sport treiben, in die Natur gehen, mit niemandem reden, ausgiebig frühstücken.
- Kreativität entfaltet sich am besten in der Freizeit. Neue Ideen kommen, wenn der Kopf frei ist.

Über das Wesentliche nachdenken
- Jede(r) sollte sich die Frage stellen, ob der Beruf es wert ist, auf Familienleben und Partnerschaft weitgehend zu verzichten.

An seine Vision glauben
- Wer ein Ziel vor Augen hat, kann mit mehr Elan und weniger Druck an die Arbeit gehen.

Max Mannheimer

Max Mannheimer, geboren 1920 in Neutitschein (heute Tschechien), ist ein Überlebender des Holocaust, Buchautor und Maler (unter dem Namen Ben Jakov). Als Auschwitz-Überlebender kehrte er 1946 nach Deutschland zurück und hat es sich zur Lebensaufgabe gemacht, als Zeitzeuge über die Schrecken des Nationalsozialismus zu erzählen. 1985 wurden seine Erinnerungen als »Spätes Tagebuch« in den Dachauer Heften veröffentlicht und erschienen im Jahr 2000 unter dem gleichen Titel als Buch. Seit 1988 ist Max Mannheimer Vorsitzender der Lagergemeinschaft Dachau. Er hat für sein Engagement zahlreiche in- und ausländische Ehrungen erhalten, unter anderem im Jahr 2000 die Ehrendoktorwürde der LMU München.

Ich habe in Auschwitz mein Angstpotenzial verbraucht

Herr Mannheimer, Sie sind einer der letzten Zeitzeugen der Shoah. Was bedeutet das für Sie?

Es bedeutet, dass ich jetzt im 24. Jahr an Schulen und Universitäten, bei Jugendverbänden und kirchlichen Einrichtungen Vorträge halten kann über die Zeit der Verfolgung – ohne Hass und Vorurteile. Durch die jahrelange Erfahrung gelingt es mir, emotionslos vorzutragen, ansonsten würden sich die Zuhörer nicht trauen, Fragen zu stellen. Ich will meine Zuhörer für die Stärkung der Demokratie gewinnen.

Wie kann man Schüler heutzutage für die Demokratie begeistern?

Indem ich die Diktatur mit der Demokratie vergleiche und ihnen den Genozid an Juden und Sinti und Roma schildere. Ich berichte aber auch, dass in Berlin 1500 Juden in Verstecken überlebten. Ich bekenne auch offen, dass ich nicht weiß, wäre ich kein Jude, ob ich zu den Mutigen gehört hätte, wissend, dass ich möglicherweise mein Leben riskiere. Die Neonazis, so erkläre ich, verehren noch heute einen Massenmörder, der für mehr als 50 Millionen Opfer verantwortlich ist. Aufgabe der Gesellschaft muss es sein, diese Asozialen zur Humanität zu bekehren. Mein Motto lautet: »Ihr seid nicht verantwortlich für das, was geschah – aber für das, was in Zukunft geschieht, schon.«

Auf Ihrem linken Unterarm wurde die Häftlingsnummer 99728 eintätowiert. Können Sie sich an diesen Tag erinnern?

Selbstverständlich, so etwas vergisst man nicht. Sinti haben unsere Nummern aufgrund der in der Nacht ausgestellten Karteikarten der Häftlinge eintätowiert. Unsere achtköpfige Familie wurde am 31. Januar 1943 aus Mähren nach Theresienstadt deportiert. 24 Stunden später bestiegen wir einen Personenzug, der uns in der Nacht vom 1. zum 2. Februar 1943 an die Todesrampe nach Auschwitz-Birkenau brachte. Ich zitiere aus meinem »Späten Tagebuch«, das ich 1964 niederschrieb: Alles aussteigen! Alles liegen lassen! Panik entsteht. Jeder versucht so viel wie möglich in Taschen zu stopfen. Die SS-Leute brüllen: Bewegung! Ein bisschen dalli! Noch ein Hemd wird angezogen. Noch ein Pullover. Zigaretten. Vielleicht als Tauschobjekt. Männer auf diese Seite, die Frauen auf die andere Seite, Frauen mit Kindern auf die Lkws. Männer und Frauen, die schlecht zu Fuß sind, können mit den Lkws mitfahren. Viele melden sich. Der Rest wird in Fünferreihen aufgestellt. Ein SS-Offizier steht vor uns. Obersturmführer. Wird von einem Posten so angesprochen. Vermutlich Arzt. Ohne weißen Kittel. Ohne Stethoskop. In grüner Uniform. Mit Totenkopf. Einzeln treten wir vor. Seine Stimme ist ruhig. Fast zu ruhig. Fragt nach Alter, Beruf, ob gesund. Lässt sich Hände zeigen, einige Antworten höre ich. Schlosser – links, Verwalter – rechts, Arzt – links, Arbeiter – links. Magazineur der Firma Bata – rechts. Es ist unser Bekannter. Büchler aus Bojkowitz. Schreiner – links. Dann ist mein Vater an der Reihe. Hilfsarbeiter. Er geht den Weg des Verwalters und Magazineurs. Er ist fünfundfünfzig. Das dürfte der Grund sein. Dann komme ich. Dreiundzwanzig Jahre, gesund, Straßenbauarbeiter. Die Schwielen an den Händen. Wie gut sind die Schwielen. Links. Mein Bruder Ernst: neunzehn, Installateur – links. Mein Bruder Edgar: siebzehn, Schuhmacherlehrling – links. Ich versuche meine Mutter, Frau, Schwester, Schwägerin zu entdecken. Es ist unmöglich. Viele Autos sind abgefahren. Ein SS-Mann fragte nach tschechischen Zigaretten. Ich gab ihm welche. Er beantwortete meine Fragen. Die Kinder kommen in den Kindergarten, Männer können ihre Frauen sonntags besuchen. Nur sonntags? Das reicht doch! Es muss wohl reichen. Das Ergebnis der Selektion war erschreckend: Von 1000 Männern, Frauen und Kindern kamen vorerst 155 Männer und 63 Frauen ins Lager, die Übrigen wurden direkt von der Rampe zur Vergasung gebracht.

Wie war die erste Nacht?

Nach der Selektion marschierten wir einige Hundert Meter in ein stacheldrahtumzäuntes Areal, wir sahen Wachtürme, Maschinengewehre. Starke Scheinwerfer beleuchteten das Tor, wir marschierten durch. Wir waren im Lager Birkenau. Wir betraten eine Baracke. Wir wurden aufgefordert, sämtliche in der Kleidung eingenähten Wertgegenstände auf einen Haufen zu werfen. Strafen wurden angedroht, falls man dem Befehl nicht folgt. Dann wurden wir aufgefordert, bis auf die Schuhe und den Gürtel, die Kleider auf einen anderen Haufen zu werfen. Obwohl ich hätte ahnen müssen, wo ich mich befand, fragte ich den aus Frankreich stammenden Häftling, der uns vorher registrierte, ob ich meine Kennkarte, so nannte man damals den Personalausweis, behalten solle. Er war sehr freundlich und sagte, ich bekäme eine neue. Dass dies eine tätowierte Nummer am linken Unterarm sein würde, konnte ich natürlich nicht ahnen. Dann wurde uns das Haar geschoren, der Körper rasiert und mit einer nach Petroleum stinkenden Flüssigkeit, die Cuprex hieß, bepinselt. Vollkommen nackt, nur mit Schuhen an den Füßen und dem Gürtel um den Leib, führte man uns bei Frost über das Gelände in einen saunaartigen

Raum. Ich weiß noch, dass ich den für uns zuständigen Häftling fragte: »Was passiert mit den alten Leuten, was passiert mit den Frauen und Kindern?« Die eiskalte Antwort: »Die gehen durch den Kamin.« Unwissend wie ich war, dachte ich nur, das Leben im Lager habe diesen Mann vollkommen verroht. Wenige Minuten später prügelten uns weitere Häftlinge mit Stöcken unter eiskalte Duschen. Danach bekamen wir folgende Zivilkleidung: Socken, Unterhose, Hemd, Jacke und Hose. Keinen Mantel, keinen Schal, keinen Pullover, keine Mütze. Als mein Bruder um eine andere Jacke bat, weil ihm die Ärmel zu kurz waren, bekam er einen Fausthieb mitten ins Gesicht und schlug mit dem Kopf auf dem Betonboden auf.

Ich half meinem Bruder beim Aufstehen. Die sogenannten Stubendienste trieben uns in einen Pferdestall, vollgestellt mit dreistöckigen Holzpritschen, ohne Stroh und ohne Decken. Als wir frierend auf unseren Pritschen lagen, beteten wir alle gemeinsam das »Schema Israel«, das jedem jüdischen Kind so vertraut ist wie den Christen das Vaterunser. Gegen sechs Uhr morgens riefen die Stubendienste zum Appell: »Antreten!« Als ich zum ersten Mal beim Zählappell zwischen meinen Brüdern stand und einen hell erleuchteten Stacheldrahtzaun mit einer Warntafel »Vorsicht! Hochspannung! Lebensgefahr!« sah, flüsterte ich

meinem Bruder Edgar zu: »Du wirst sehen, wir werden unser eigenes Grab ausheben müssen. Am besten, ich gehe hin und berühre diese Drähte – dann ist es aus!« Da fragte mich mein 17-jähriger Bruder: »Willst du mich allein lassen?« Ich schämte mich sehr. Mir wurde klar, dass es meine Pflicht war, meine zwei jüngeren Brüder zu beschützen.

Konnten Sie Ihre Brüder schützen?
Nein, ich habe meinen Bruder Ernst bereits fünf Wochen später verloren. Er kam völlig gesund ins Lager, aber von dem ungenießbaren Wasser bekam er Durchfall, Lungenentzündung, Schüttelfrost und Fieber. Wir haben ihn auf eine der unteren Pritschen gelegt, notdürftig zugedeckt und mussten dann weg. Als wir nach zwei Stunden zurückkamen, hatte eine Selektion stattgefunden, und mein Bruder Ernst stand mit anderen Häftlingen an einer Blockwand. Inständig bat ich den Häftlingsschreiber, die Karte von Ernst verschwinden zu lassen, doch der Mann sagte nur: »Glaubst du, ich gehe für deinen Bruder ins Gas?« Ich habe meinen Bruder nicht retten können.

Sie hatten wenige Tage nach Ihrer Ankunft im Lager Geburtstag. Ist Ihnen dieser Tag in Erinnerung geblieben?
Es war der 6. Februar 1943. An diesem Tag ereignete sich eine schreck-

liche Szene. Wir hatten gerade Decken bekommen. Ein Häftling, dem, wie vielen von uns, die Schuhe gestohlen worden waren, riss ein Stück aus seiner Decke, trennte sie in zwei Teile und band sie um seine Füße. Das bemerkte der Blockälteste, und nach dem bekannten Motto »Alle für einen, einer für alle«, bestrafte er sämtliche anwesenden Häftlinge, indem er sie zwang, Liegestützen zu machen und in der Hocke zu bleiben. Wer nicht spurte, bekam Schläge. Die Prozedur dauerte sieben Stunden, und nur der Abendappell hat uns gerettet. Einige waren aber tot umgefallen. Beim abendlichen Zählappell wurden die Toten dann ans Ende der Reihe gelegt und mitgezählt. Das war mein 23. Geburtstag.

Was gab Ihnen die Kraft, dieses Grauen durchzustehen?
Vor allem der Optimismus und die Kraft meines Bruders Edgar, der gläubig war. Für mich ist die Welt zusammengebrochen. Ich war zuvor sehr idealistisch, unsere Mutter hat uns dazu erzogen, an das Gute im Menschen zu glauben. Und nun lebte ich in diesem Inferno. Dennoch habe ich niemals Hass empfunden, nur Trauer und Wut. Mein Bruder glaubte, dass alles gut würde, dass die Amerikaner und die Russen ganz nah seien und wir bald frei wären. Ich selbst habe den Glauben an Gott verloren, und trotzdem betete ich immer wieder, wie ich es auch als Kind tat.

War in dieser barbarischen Welt auch Solidarität unter den Häftlingen möglich?
Es ging im Lager ums schiere Überleben. Ich habe unter den Gefangenen Verrat und Roheit erlebt, aber auch unglaubliche Solidarität und Selbstlosigkeit.

Haben Sie in diesem Inferno auch bestimmte Verhaltensweisen entwickelt, in der Hoffnung, doch noch davonzukommen?
Ich habe die Psychologie des KZ-Alltags sehr schnell durchschaut. Den Deutschen war wichtig, dass man militärisch strammsteht, aber man durfte sie nicht kopieren und schon gar nicht wie sie die Hacken zusammenschlagen. Man durfte ihnen auch nicht direkt in die Augen schauen. Überlebenswichtig war die physische Konstitution: Wer schwach wirkte, wurde sofort zum Opfer – ein Fingerzeig, und man war nicht mehr am Leben. Das war das Schlimmste – nicht der Hunger, nicht der Durst, nicht die Schläge, sondern die ständige Angst, nicht mehr arbeitsfähig zu sein.

Haben Sie in den Konzentrationslagern jemals einen Nazi-Schergen erlebt, der Mitgefühl gezeigt hat?
Es gab einen SS-Mann im Warschauer Getto, der immer schreck-

lich gebrüllt hat. An einem Sonntag rief er mich zu sich:»Kommen Sie her, Häftling 2882.«Als ich mich zur Stelle meldete, sagte er:»Sagen Sie Ihren Kameraden, dass ich nicht freiwillig zur SS gegangen bin, dass ich mit jüdischen Kindern in Berlin aufwuchs und mit ihnen befreundet war, dass ich keinen Häftling jemals schlage, aber ich muss so brüllen, sonst wird man mich als ungeeignet für diesen Dienst einstufen.« Was glauben Sie, wie meine Seele gehüpft ist! Er war damals 18 Jahre. Sie haben keine Ahnung, was so eine Äußerung für die Psyche der Häftlinge bedeutete, mit aller Kraft haben wir uns an solche sehr seltenen Aussagen geklammert.

Was hat Ihnen bei der Bewältigung Ihres Traumas geholfen?

In der ersten Zeit bin ich in Frankfurt dauernd ins Kino gegangen, um die Vergangenheit zu vergessen. Montag, Dienstag, Mittwoch, Donnerstag habe ich mir Filme angesehen, manchmal zwei an einem Tag, ganz gleich, welche. Aus therapeutischen Gründen habe ich 1954 angefangen zu malen, und 1986 habe ich begonnen, meine Vorträge zu halten. Das große Interesse, auf das ich stieß, hatte durchaus eine therapeutische Wirkung, schon deshalb, weil meine Gedanken bis dahin immer nur um die Vergangenheit, um das schreckliche Schicksal ermordeter Familienmitglieder gekreist waren.

Ich lese auch Berichte von anderen KZ-Häftlingen. Lange Zeit nahm ich vor Vorträgen Tabletten, heute brauche ich sie nicht mehr.

Wie ist es mit den Neonazis – haben Sie keine Angst vor einer Konfrontation?

Nein, ich bekomme zwar anonyme Anrufe, aber nachts stelle ich das Telefon einfach ab. Ich erhalte auch Drohbriefe. Würde meine Frau diese Briefe zu Gesicht bekommen, sie bekäme Angst und würde verlangen, dass ich sofort aufhöre. Ich selbst habe mein Angstpotenzial in Auschwitz verbraucht.

Heute sage ich geradeheraus, was ich zu sagen habe und scheue nicht davor zurück, Politiker jeglicher Couleur anzugreifen, wenn ich es für richtig halte. Ich habe mich auch mit mehreren Neonazis getroffen, wie Ingo Hasselbach oder Timo A. Einige sind inzwischen aus dem braunen Sumpf ausgestiegen, so Ewald Althans, dem ich dabei geholfen habe und den ich sogar heimlich in der Justizvollzugsanstalt Landsberg besucht habe.

Stoßen Sie niemals an Ihre physischen oder psychischen Grenzen?

Nein, ich kenne keine Grenzen. Jeder noch so kleine Erfolg reicht mir schon, um weiterzumachen. Ich habe eine Aufgabe, und diese Aufgabe nehme ich ernst. Es wird mir nie zu viel sein.

Welche Rolle spielt Humor in Ihrem Leben?

Der Humor ist meine Balancierstange, die mich durchs Leben trägt. Ich habe meinen Humor sofort nach dem Krieg wiedergefunden. Einmal sagte ich bei einem Vortrag vor der jüdischen Gemeinde im Goethe-Institut von Barcelona: Hätte Isabella von Kastilien 1492 meine Vorfahren zum Katholizismus bekehrt, wäre ich vielleicht ein berühmter Torero geworden, und die Frauen hätten mir zugejubelt. Ich hätte aber auch vom Stier aufgespießt werden können, ohne Narkose tut das sehr weh. Also bin ich dankbar, dass meine spanischen Vorfahren jüdisch geblieben sind.

Regen Sie sich im Alltag häufig über Kleinigkeiten auf?

Eigentlich nicht, ich nehme die Dinge philosophisch. Meine Frau möchte immer, dass ich etwas zum Lesen mitnehme, wenn ich sie zum Arzt bringe und wir lange warten müssen. Ich meditiere aber lieber und denke über dieses oder jenes nach. Ich kann stundenlang schweigen und sehr ruhig sein, ich komme mit mir sehr gut zurecht.

Führen Sie trotz Ihrer schrecklichen Erlebnisse und Erfahrungen ein erfülltes Leben?

Ja, ich habe zwei wunderbare Kinder, fünf Enkel bzw. Enkelinnen und ich bin doppelter Uropa. Ich habe ein sehr erfülltes Leben. Ich tue außerdem, so glaube ich, etwas sehr Nützliches: Ich setze mich gegen das Unrecht ein, gegen die Unmenschlichkeit, gegen Antisemitismus und Rassismus, ich engagiere mich für Humanität und Toleranz. Ich bin durchaus glücklich.

Sie lieben das Leben?

Ja, ich liebe das Leben und die Frauen. Ich verehre sie, wenn auch nur platonisch. Das klingt, als hätte ich Platon gelesen und Altgriechisch gelernt. Dem ist aber nicht so, meine Bildung ähnelt einem Emmentaler Käse, viele Löcher und wenig Käse. Als mein Sohn noch ein Kind war, fragte er mich: »Papa, wieso weißt du so viel?« Ich habe ihm geantwortet: »Ich habe ein Lexikon mit losen Blättern in die Luft geworfen, und während die Seiten herunterfielen, habe ich schnell gelesen.«

Welche Botschaft würden Sie Ihren Enkelkindern gerne mitgeben?

Humanität ist das Höchste, es ist wichtig, sie zu verbreiten. Das ist alles.

Von Max Mannheimer lernen

Sinn
- Glück empfindet man, wenn man etwas Nützliches tut – zum Beispiel wenn man sich gegen Unrecht, Antisemitismus und Rassismus engagiert.

Schuld
- Schuldzuweisungen für die Vergangenheit helfen nicht weiter. Man muss vermitteln, dass die heutige Generation Verantwortung für die Zukunft trägt.

Bescheidenheit
- Niemand weiß, ob er im entscheidenden Moment Mut und Zivilcourage aufbrächte. Deshalb sollte man sich selbst nicht über andere stellen.

Angst
- Man darf nicht zulassen, dass Angst das eigene Leben und die Handlungsfähigkeit lähmt. Man muss den Mut aufbringen, trotzdem Stellung zu beziehen.

Humor
- Humor ist ein ganz entscheidender Faktor im Leben, er sorgt für psychische Stabilität und Ausgeglichenheit.

Dialog
- Auch mit seinen Gegnern sollte man das Gespräch suchen. Manchmal lassen Menschen sich überzeugen.

Ruhe
- Man muss nicht immer etwas tun. Schweigen und Meditieren kann sehr gut tun.

Erfolg
- Wer seine Aufgabe ernst nimmt, wird durch jeden noch so kleinen Erfolg motiviert, weiterzumachen.

Botschaft
- Humanität ist das höchste Gut – dafür sollten wir kämpfen.

Reinhold Messner

Reinhold Messner, 1944 in Südtirol geboren, bestieg bereits als Fünfjähriger seinen ersten Dreitausender. Nach seinem Technikstudium verschrieb er sich ganz dem Bergsteigen. Ihm gelangen viele Erstbegehungen, die Besteigung aller 14 Achttausender sowie der »Seven summits«, die Durchquerung der Antarktis, der Wüsten Gobi und Takla Makan sowie die Längsdurchquerung Grönlands. Reinhold Messner lebt mit seiner Familie in Meran und auf Schloss Juval in Südtirol, wo er Bergbauernhöfe bewirtschaftet, Bücher schreibt und museale Anlagen entwickelt. Seit einigen Jahren widmet sich Reinhold Messner seinem Projekt Messner Mountain Museum (MMM) sowie seiner Stiftung (MMF), die Bergvölker weltweit unterstützt.

Ich bekenne mich zu meinem Egoismus, für mich ist er eine Stärke

Herr Messner, Sie bezeichnen sich als einen Grenzgänger, für den die Ästhetik eine große Rolle spielt. Was hat Bergsteigen mit Ästhetik zu tun?

Ich sehe mich nicht als Sportler, sondern bin eher in der Kunst anzusiedeln. Sport hat viel mit Aggressionen zu tun, mir ist hingegen beim Klettern die Linie wichtig, die Route, der Stil, die Art und Weise, wie ich mein Ziel erreiche. Natürlich misst sich auch der Bergsteiger mit anderen, aber seine Welt ist eine völlig andere als die der Sportler. In den Bergen bewege ich mich außerhalb der Ballungszentren, weit entfernt von der Zivilisation, also in einer archaischen Welt. Im Grunde bin ich dort, wo der Mensch vor 100 000 Jahren war. Außerdem kann ich bei dem, was ich tue, Anarchist sein – es gibt keine Regeln, die Regeln mache ich mir selber.

Sie sind also Künstler, Individualist und zugleich Anarchist?

Richtig. Ich bezeichne mich als Anarchisten, weil ich klettern kann, wann ich will, wo ich will, mit wem ich will und wie ich will. Beschließe ich zum Beispiel, die Eiger-Nordwand zu besteigen – das ist die größte Wand der Alpen –, dann befolge ich einzig und allein die Regeln, die mir die Natur diktiert. Nur wenn ich die Natur nicht respektiere, bin ich irgendwann tot, oder mein Partner ist tot, und ich habe die Folgen zu tragen. Vielleicht komme ich selbst nicht mehr runter. Ein Bergsteiger erfährt eine einzigartige Welt – sie ist anarchisch, archaisch und gefährlich, und er trägt alle Verantwortung für sein Tun.

Wie erleben Sie Gefahr auf Ihren extremen Bergtouren?

Der Poet Gottfried Benn hat einmal geschrieben:»Bergsteigen ist ein am Tod provoziertes Leben.« Das heißt, der Tod ist eine Möglichkeit, und wer das nicht erkennt, wer sagt, mir passiert nichts, ist ein Dummkopf. Auf dem Nanga Parbat muss man immer mit einer tödlichen Situation rechnen. Es können Steine runterrollen, ich kann ausrutschen, hinunterfallen, und das könnte den Tod zur Folge haben. Wenn ich dort nur spazieren ginge, käme diese überwältigende Emotion, dass ich umkommen könnte, überhaupt nicht auf. Ich bin also sehr viel genauer, viel wacher, auch viel adrenalingespeister, wenn es gefährlich ist. Das ist ein sehr positiver, anregender Stress. Die Kunst besteht darin, nicht zu fallen, nicht umzukommen – denn: Umkommen wäre einfach.

Wie finden Sie die richtige Balance auf der Gratwanderung zwischen Lebensgefahr und Vorsicht aus Respekt vor dem Leben?

Eine Bergtour zu unternehmen – in welchem Schwierigkeitsgrad auch immer – ist, wenn überhaupt, schon der eigentliche Fehler. Denn bei jeder Bergbesteigung begibt man sich in einen echten und nicht etwa in einen Als-ob-Gefahrenraum, wie er in der Kletterhalle existiert. Man steht normalerweise nicht unter besonderem Stress, man ist aber jede Sekunde hellwach, hoch konzentriert und aufmerksam. In der Stadtkultur lebt es sich völlig anders: Bricht das Pseudosicherheitsnetz der Menschen, leben sie dennoch weiter, womöglich sogar besser. In den Bergen gibt es keine Pseudosicherheit.

Woher stammt Ihr stark ausgeprägtes Bedürfnis nach Autarkie?

Das hat mit meiner Art Leben zu tun: Wenn ich den Nanga Parbat besteige, mich in die Wildnis oder in die Sahara begebe, dann liefere ich mich aus. Ich verlasse den normalen Alltag und unsere reglementierte Welt mit all ihren fürchterlichen Einschränkungen. Oben auf dem Nanga Parbat bin ich wie auf hoher See, ich bin für mich selber verantwortlich, niemand kontrolliert mich, schränkt mich ein. Aber natürlich bin ich enorm exponiert, und wenn ich dort oben einen Fehler mache, komme ich ganz allein für die Folgen auf.

Lernten Sie schon als Kind, verantwortungsvoll mit heiklen Situationen umzugehen?

So ist es. Wir waren neun Kinder, also mussten sich die älteren um die jüngeren Geschwister kümmern und Verantwortung übernehmen. Meine Mutter versorgte die Kleinsten, und ich machte dann mit meinen jüngeren Brüdern verrückte Dinge. Einmal habe ich meinen elfjährigen Bruder Werner zum Berg mitgenommen – eine Erstbegehung. Ich habe ihn auf dem Weg in einer Hütte abgesetzt und ihn angewiesen, mich mit dem Fernglas des Hüttenwirts im Auge zu behalten: »Wenn ich in Gipfelnähe bin, dann gehst du um den Berg herum, dorthin, wo ich wieder herunterkomme.« Unten musste ich den Buben abholen und heil nach Hause bringen. Ich war mir der großen Verantwortung ständig bewusst.

Gehen Sie mit Ihren eigenen Kindern genauso waghalsig um wie damals mit Ihren kleinen Geschwistern?

Nein, ich bin mit meinen Kindern viel vorsichtiger, halte eher die Hand über sie und behüte sie mehr, als es meine viel jüngere Frau tut. Wir waren uns übrigens immer einig, dass sie am Berg aufwachsen sollten, dass sie nicht in eine Edelschule für reiche Kinder gehen sollten, sondern in eine ganz normale. Sie müssen sich mit den anderen zusammenraufen und lernen, wie es im wahren Leben zugeht. Ich diskutiere mit meinen Kindern, wenn sie Fragen haben, aber ich sage nie, das ist richtig oder falsch. Ich weiß es doch selber nicht.

Sie sind für viele die Personifikation des Grenzgängers schlechthin. Ihr ganzes Leben steht für Gefahr und Abenteuer. Wie sehen Sie sich selbst?
Es ist das Bild von außen, das einen »Übermenschen« aus mir gemacht hat. Dieses Bild habe ich stets abgelehnt. Ich bin ein ganz normaler Mensch, nur hatte ich eben die Möglichkeit, außergewöhnliche Erfahrungen zu sammeln und von jenen zu lernen, die mehr erfahren und erlebt haben als ich. So schaffte ich es als Felskletterer, Höhenbergsteiger oder Grenzgänger immer wieder, festgeschriebene Grenzen zu überschreiten. Zugleich fand ich heraus, wo für mich selber die Grenze liegt.

Wie entwickelte sich in Ihnen das ausgeprägte Bewusstsein für extreme Herausforderungen? Wie haben Sie Ihr Potenzial entdeckt?
Nach 1000 Erfahrungen als Kletterer erkannte ich, dass das, was alle für unmöglich hielten, theoretisch möglich ist, und ich beschloss, in der Praxis zu testen, was noch möglich

ist. Man braucht den Mut und die Gabe zu sagen: »Das wage ich jetzt.« Wenn ich es nicht wage, kann ich ja nicht einmal scheitern. Ich muss, gerade als Bergsteiger, immer bereit sein zu scheitern, und zwar in jedem Moment. Wenn ich diese Bereitschaft nicht in mir habe, gerate ich unter extremen Stress, und die Wahrscheinlichkeit, dass ich umkomme, ist groß. Immer, wenn es mir bei meinen Touren zu gefährlich wurde, bin ich umgekehrt. Ich habe alles neu überprüft, Fehleinschätzungen korrigiert. Dann konnte ich den nächsten Versuch starten. Ich bin fast so oft gescheitert, wie ich erfolgreich war.

Woher kommt Ihre unerbittliche, fast übermächtige Beharrlichkeit?
Ich habe ein starkes Selbstwertgefühl. In der Schlussphase meiner Felsklettereri war mir klar, dass niemand auf der Welt die Touren klettern kann, die ich bewältigt habe. Es gab vielleicht bessere Kletterer als mich, doch niemand, der sich so viel traute wie ich. Man braucht dazu die Selbstsicherheit, die notwendige Erfahrung und auch die Lockerheit, im Notfall abzubrechen und zurückzukehren. Diese Erkenntnis habe ich mir schon sehr früh, und zwar bei den Klettereien zwischen meinem fünften und zwanzigsten Lebensjahr, selbst erarbeitet. Außerdem habe ich einen untrüglichen Instinkt für die Natur: Ich sehe einfach, was

machbar ist und was nicht. Gelernt habe ich das durch meine Fehler, durch Versuch und Irrtum.

Womit beschäftigen Sie sich im Augenblick?
Im Moment bringe ich gerade mein Museumsprojekt zu Ende. Als ich es vor zehn Jahren auf den Tisch legte, sagten alle: »Herr Messner, wenn Sie das machen, sind Sie für den Rest Ihres Lebens pleite. Sie haben keine Chance, das Projekt zu einem Erfolg zu führen.« Ich habe meine Museumsidee aber schließlich gegen viele Widerstände durchgesetzt.

Woher nehmen Sie diese unerschütterliche Sicherheit zu sagen: »Ich werde es schaffen!«?
Ich bin genauso vorgegangen wie beim Everest oder beim K2 oder in der Antarktis. Ich habe in dieser Zeit meine geballte Energie, meine sämtlichen Mittel und all meine Begeisterung in dieses Vorhaben gesteckt. Mein Leben spielt sich zwischen Selbstverschwendung und Selbstzerstörung ab. Beim Bergsteigen ist die Möglichkeit der Selbstzerstörung stets gegenwärtig. Schalte ich sie aus, bin ich ein Dummkopf. Beim Museumsprojekt besteht zwar nicht die Gefahr physischer Selbstzerstörung, dafür aber die des wirtschaftlichen Zusammenbruchs. Ich benutze den Begriff Selbstverschwendung, weil ich nicht genau weiß, ob das ganze Unternehmen einen Sinn

hat. Meine Frau, meine gesamte Familie waren absolut dagegen, dass ich so viel Geld in ein so aufwendiges Projekt stecke. Nun entsteht es, und ich allein bin der Sinnstifter. Ich wusste, dass das Bauvorhaben ungefähr zehn Jahre bis zur Fertigstellung brauchen würde, und ich habe für mich beschlossen, dass die Arbeit und Energie, die ich dafür aufwende, Lebenssinn bedeutet. So kann ich den Widerständen der Gegner und der Fachleute begegnen.

Wie kamen Sie darauf, ein Museum zu errichten?
Die Idee kam zum ersten Mal auf, als meine älteste Tochter eingeschult wurde und wir beschlossen, in die Stadt zu ziehen, da die Kinder vom Berg oben bis ins Tal zwei Stunden gebraucht hätten. Also stand unsere Burg während der Schulmonate leer. Daraufhin verwandelte ich die Burg im Frühling und im Herbst in ein Museum. Irgendwann entwickelte ich dann die Idee eines fünfteiligen Museums.

Sie setzen Ihre Vorstellungen und hochfliegenden Pläne gegen alle Widerstände durch – für sich und für die Gemeinschaft. Würden Sie sich als Visionär bezeichnen?
Auf jeden Fall, und die Vision muss auch realisiert werden, denn nur die Realisation macht mich stark. Eine starke Vision – den Kopf in den Wolken und zugleich mit beiden Füßen

auf dem Boden – das ist Voraussetzung. Nur so kommt man weiter.

Ich möchte meine Vision des fünfteiligen »Messner Mountain Museums« auf jeden Fall umsetzen und Synergien zwischen den einzelnen Museen herstellen. Das Zentrum des Gesamtkonzepts ist das Felsmuseum oben auf einem Berg, umgeben von Tausenden Gipfeln. Das Eismuseum hat seinen Platz in einer Eiswelt, das Museum zu den heiligen Bergen steht auf einem Kultplatz, genau dort, wo sich der Kultplatz vom Ötzi befindet, das Bergvölkermuseum liegt mitten im Bergbauerngebiet. Die Geografie spielt mir zu, und ich will sie unbedingt nutzen. Fünf Jahre habe ich mit den Behörden um diesen Standort gestritten. Ein langer, aufreibender Kampf, der sich am Ende jedoch gelohnt hat. Ich brauche eine optimale Lage für meine Museen, und ich habe mich durchsetzen können.

Was haben Sie in Ihrem Leben nicht umsetzen können?
Ein paar Besteigungen, ein paar Durchquerungen. Die Arktisdurchquerung ist mir zum Beispiel nicht gelungen, aber ich bin darüber überhaupt nicht traurig, denn ich habe beim Scheitern viel gelernt.

Gibt es auch Augenblicke, in denen Sie sich hilflos fühlen, in denen Sie Angst haben?
Hilflos nicht, nur ab und zu wütend, aber ich fresse diese Wut nicht in mich hinein.

Und natürlich habe ich auf meinen Expeditionen gewaltige Angst verspürt – absoluten, existenziellen Stress. Ein Beispiel: Peter Hillary, der Sohn des berühmten Bergsteigers Edmund Hillary, der als Erster bis zum Gipfel des Mount Everest kam, bestieg gerade die sehr gefährliche Westwand des Ama Dablam, als ein Stück Hängegletscher abbrach. Ich war zu dem Zeitpunkt nicht weit davon entfernt, auf einer eigenen Expedition unterwegs und wurde per Funk zuhilfe gerufen. Der mich begleitende Arzt und ich sind sofort aufgebrochen.

Wir fanden eine grauenvolle Situation vor: Peter und die vier Männer, die ihn begleiteten, waren gestürzt. Einer von ihnen war tot, und sie mussten ihn vom Seil abschneiden, um sich von der Last seines Körpers zu befreien. Peter hatte den Arm gebrochen, die drei anderen waren schwer verletzt und bluteten. Sie befanden sich alle in Lebensgefahr. Riesige Felsbrocken fielen von 6000 Meter Höhe herunter. Wenn so ein tischgroßer Stein aufschlägt, bricht er in tausend Stücke, die immer noch so groß sind wie eine Kanonenkugel. Wenn man davon getroffen wird, ist man tot. In dieser Situation habe ich reagiert wie ein wildes Tier. Das war maximale Belastung, ein Maximum an Adrenalin, ein Maximum an Stress.

Ich habe die Männer nur noch angebrüllt und Befehle erteilt. Da ist Leadership gefragt. Keine Fragen, keine Diskussionen, sonst wäre die Rettung nicht möglich gewesen. Wir haben die drei Überlebenden unter einen Überhang gezogen und dann abgeseilt. Inzwischen hatte unsere Expeditionsleitung Hubschrauber organisiert, um die Männer vom Wandfuß weg in ein Krankenhaus zu fliegen.

Wenn Sie selbst in Gefahr sind, wie verhalten Sie sich dann? Draußen tobt ein Orkan, es ist 40 Grad unter null, das Zelt droht wegzufliegen. Was tun Sie?

Aufpassen, ob die Nähte halten, versuchen, den Druck des Sturms im Zeltinneren mit dem Körper auszugleichen. Wenn man zu zweit oder zu mehreren ist, wechselt man sich ab, einer bleibt wach, die anderen schlafen. Doch wenn das Zelt 24 Stunden lang gehalten hat, dösen alle irgendwann ein, und man vertraut darauf, dass es noch weitere 24 Stunden halten wird. Erstaunlicherweise fange ich in solchen Situationen an zu schreiben, zu lesen, bin konzentriert und zugleich entspannt, mache alles Mögliche. Ich schreibe meine Bücher oft draußen, da bin ich am ehrlichsten.

Welche sind aus Ihrer Sicht Ihre größten Stärken?

Ich besitze die Gabe, andere Leute glauben zu lassen, dass die Projekte, die ich an sie herantrage, ihre eigenen seien. Ich sehe das als perfekte Leadership an. Tatsächlich behaupten alle meine Partner, die über gemeinsame Unternehmen Bücher schreiben, das Ganze sei ihre Idee gewesen. Ich könnte nachweisen, dass die Ideen immer von mir stammten. Meine Partner haben sie verinnerlicht.

Noch eine Stärke – ich schließe nie schriftliche Verträge ab, ich sage einfach nur: »Wir machen das miteinander.« Vertrauen braucht keine Schriftform.

Weitere Stärken?

Ich bin sehr ungeduldig, und ich stehe dazu. Ich bin auch relativ schnell. Ich hatte das Glück, sehr früh zu lernen, dass das Leben begrenzt ist. Ich weiß, dass ich in diesem Leben meine Sachen tun muss, und sage nie: Ich habe noch Zeit. Dabei ist es völlig unwichtig, wie lang dieses Leben ist. Von Bedeutung ist nur, jetzt, morgen und übermorgen das zu tun, was mir wichtig ist. Ich bekenne mich zu meinem Egoismus, ich halte ihn für eine Stärke und nicht für Schwäche.

Gehört Ihr großes Beharrungsvermögen nicht auch zu Ihren starken Seiten?

Ja, in dem Sinne, dass ich die Fähigkeit besitze, wieder aufzustehen, wenn ich etwas nicht geschafft habe und am Boden bin. Ich versuche es nochmal und nochmal. Ein extremer Kletterer wie ich wächst an den Widerständen. Jene Unternehmungen und Projekte, gegen die es keinerlei Widerstände gab, die glattgingen, waren meistens so erfolgreich. Bei der Eröffnung des Hauptsitzes meines Museums in Schloss Sigmundskron bei Bozen habe ich öffentlich gesagt:»Ich danke allen, die sich gegen dieses Projekt gestellt haben, sonst wäre es niemals so gut geworden.«

Also sind die wichtigsten Dinge in Ihrem Leben Autonomie, Selbstbestimmung und Selbstverantwortung?
Ja, für mich ist das Wichtigste in meinem Leben, ein selbstbestimmter Mensch zu bleiben. Ich stelle mir alle meine Aufgaben selbst. Mir ist es völlig egal, was dabei herauskommt, was ich hinterlasse. Aber ich will tun und selber bestimmen können, was wichtig ist, vor allem im kreativen Bereich. Ich lasse mir nicht sagen:»Du musst das und das so oder so machen.« Ich möchte gern selber die Fäden in der Hand halten.

Und was wird von Ihrer Lebensgefährtin bestimmt? Welche Entscheidungen trifft sie?
Wir leben zusammen, und sie entscheidet das meiste, was die Kinder und wirtschaftlichen Angelegenheiten angeht. Ich vertraue ihr voll-

kommen und lasse ihr dabei freie Hand. Sie ist genauso daran interessiert wie ich, dass wir und die Kinder so weiterleben können wie bisher, also selbstbestimmt. Wir sind auch beide der Ansicht, dass die Kinder ihr eigenes Leben finden müssen. Ich kann ihnen nicht helfen, ihren Weg zu finden. Mein Weg ist für die Kinder ein falscher Weg.

Ihr Leben ist kein Vorbild für Ihre Kinder?
Ich will kein Vorbild sein. Mein Weg ist für alle anderen Menschen der falsche Weg. Er kann nur für mich richtig sein. Er ist jetzt ja nicht mehr korrigierbar, er ist nur nach vorne hin lebbar. Ich kann nicht sagen: »Was wäre gewesen, wenn?« Oder: »Was würdest du tun, wenn du noch eine zweite Chance hättest?« Ich kann meinen Kindern eine Burg hinterlassen und ein paar Sammlungen, aber damit müssen sie auch umgehen wollen. Wenn sie sagen »will ich nicht«, sollen sie alles verkaufen und etwas anderes machen.

Wie kommt es, dass Sie für die Ich-Werdung, für den eigenständigen Weg Ihrer Kinder so viel Verständnis haben?
Wir Menschen haben alle das Recht zur Selbstverwirklichung, zur Ich-Werdung. Nur die Kirchen haben uns das ausgetrieben. Es ist doch Verführung zu sagen, man müsse es den Kirchen auf Erden recht machen,

um in den Himmel zu kommen. In welchen Himmel denn? Warum soll ich das Leben verspielen, verschleudern, vergeben, um in einen fiktiven Himmel zu kommen?

Sind Sie ein religiöser Mensch?
Ja, im weitesten Sinne schon. Jeder Spaziergang, jede Expedition ist für mich wie ein Gebet, eine Form des Staunens.

Gibt es für Sie einen Zusammenhang zwischen Altern und Stress?
Ich finde es wahnsinnig wichtig, dass sich Menschen mit dem Älterwerden befassen. Ich setze mich mit der Frage des Alterns auseinander und reduziere meine Aktivitäten dort, wo ich an Kompetenz oder Kapazität verliere. Ich verlagere meine Aktivitäten mehr und mehr ins Mentale. Ich werde mich bemühen, jedes Jahr ein Buch zu schreiben, um meine Gehirnzellen zu trainieren, das macht mir wahnsinnig viel Spaß. Es geht mir nicht darum, Geld zu verdienen. Bücher zu schreiben bringt kein Geld, es ist nur interessant, sich zu positionieren, Auseinandersetzungen zu führen und vor allem das Gehirn zu betätigen. Ich möchte mich ausdrücken, denn dann weiß ich, dass es gesagt ist und dass es bleibt. Das gelingt mir auch nicht an allen Tagen, aber ab und zu.

Sie sind ein Abenteurer – reizt Sie noch immer das scheinbar Unmögliche?
Ich entwickelte sehr früh den Mut, meine Träume auszuleben. Ich wurde und werde dafür häufig angegriffen, aber ich schere mich wenig um Konventionen. Ein angepasstes, bürgerliches Leben zu führen und auf meine Wünsche verzichten zu müssen – das wäre schon Stress für mich.

Was wünschen Sie sich am meisten als Bergsteiger?
Ich wünsche mir, dass das Bergsteigen ein grenzüberschreitendes Abenteuer bleibt. Und dazu muss das Gefühl des Unmöglichen bewahrt werden. Wenn der Berg mit Klebehaken, Aufstiegshilfen und anderen künstlichen Hightech-Systemen ausgestattet wird, ist das Unmögliche gestorben. Dann gibt es keinen Anreiz mehr, Grenzen zu verschieben, zu überwinden. Dann ist der Alpinismus tot. In dem Moment, in dem wir das Jenseitige »killen«, gibt es keine wahre Neugierde mehr, keine Weiterentwicklung. Das Unmögliche mag sich verändern in unserer Vorstellung, transformieren, niemand aber darf es mit irgendwelchen Tricks kaputt machen. Der Grenzgang, den ein Alpinist für sich und gegen sich besteht, ist eine gewaltige Herausforderung. Zugleich zeigt er uns Menschen die Grenzen des Machbaren auf.

Von Reinhold Messner lernen

Auf Konventionen pfeifen und selbstbestimmt leben
- Sich an gängige Lebensmodelle anzupassen ist großer Stress. Leben Sie nach Ihren eigenen Wünschen.
- Sich selbst zu verwirklichen ist ein Grundrecht. Fragen Sie sich dabei nicht, was andere davon halten und was Sie hinterlassen.

Machen statt warten
- Das Leben ist begrenzt. Gehen Sie Ihre Projekte sofort an.

Grenzen überschreiten und Visionen umsetzen
- Wo Ihre Grenzen sind, finden Sie nur heraus, wenn Sie versuchen, sie zu überschreiten.
- Das zu verwirklichen, was als unmöglich gilt, erfordert großen Mut. Doch die Realisierung macht stark.

Selbstverantwortlich handeln
- Machen Sie sich klar, dass für Ihr Leben nur Sie selbst die Verantwortung tragen.

Dem Tod bewusst begegnen
- Die Präsenz des Todes macht das Leben zu einer Herausforderung – der Wille zu (über)leben ist anregender, positiver Stress.

Fehler wagen, aber im richtigen Moment umkehren
- Man lernt durch Versuch und Irrtum, durch das Scheitern.
- Lernen Sie aber, umzukehren, wenn das Risiko zu groß wird.
- Korrigieren Sie Ihre Fehleinschätzungen, wachsen Sie an den Widerständen und starten Sie den nächsten Versuch.

Andere Lebensentwürfe akzeptieren
- Jedes Leben ist einzigartig. Was für Sie richtig ist, kann für andere falsch sein. Versuchen Sie nicht, anderen, zum Beispiel Ihren Kindern, Ihren Weg aufzuzwingen.

Gelassen mit dem Altern umgehen
- Akzeptieren Sie, dass Ihre Fähigkeiten in bestimmten Bereichen nachlassen. Entfalten Sie Ihre Kapazitäten auf anderen Gebieten.

Dagmar Metzger

Dagmar Metzger, geboren 1958 in Berlin, Abitur 1977, Bankausbildung von 1978 bis 1980 bei der Berliner Volksbank e.G., 1980 bis 1989 Studium der Rechtswissenschaften an der Freien Universität in Berlin. Danach tätig in der Rechtsabteilung der Berliner Volksbank e.G. Von 1991 bis 1993 Leiterin der Debitorenbuchhaltung bei der Firma Goldwell AG in Darmstadt, von 1993 bis 2008 Justiziarin der Stadt- und Kreissparkasse Darmstadt. Von Februar 2008 bis Januar 2009 Landtagsabgeordnete des Hessischen Landtages in der 17. Wahlperiode.

Kein Beruf ist es wert, dass man seine Lebensfreude dafür opfert

Sie sind seit 18 Jahren in der SPD, auch Ihr Schwiegervater ist SPD-Mitglied, und Ihr Vater war immer SPD-Anhänger und Wähler. Hat die Verankerung Ihrer Familie in dieser Partei Sie darin bestärkt, gegen Andrea Ypsilanti zu stimmen?

Ja, das Denken meines Vaters hat durchaus die Grundlagen meines politischen Handelns mitbestimmt. Als Andrea Ypsilanti in Hessen mit Hilfe der Linkspartei zur Ministerpräsidentin gewählt werden wollte und ich dagegen stimmte, handelte ich auch im Sinne meines Vaters. Er war ein sehr gewissenhafter, ehrlicher und charakterfester Mann.

Hatten Sie ein enges Verhältnis zu Ihrem Vater?

Er war bis 1948 in russischer Gefangenschaft, gehörte also zu den Spätheimkehrern. Der Krieg und die Zeit seiner Gefangenschaft haben ihn sehr geprägt, aber er hat niemals davon gesprochen. Ich habe ihn immer wieder bekniet, mir oder zumindest meiner Mutter von seinen Erfahrungen zu berichten – vergeblich. Dabei war er ein offener, gesprächiger und herzlicher Mensch, doch über traumatische Erfahrungen konnte er nicht reden, er sagte nur immer wieder, es dürfe nie

wieder Krieg bei uns geben. Auch als die Berliner Mauer gebaut wurde, schottete er sich innerlich ab und fraß seinen Kummer in sich hinein.

Hatte der Mauerbau persönliche Folgen für Ihre Familie?

Von einem Tag auf den anderen war der Kontakt meines Vaters zu seiner sehr betagten Mutter und zu seinen Brüdern gekappt. Sie waren in Ost-Berlin geblieben, und wir lebten in West-Berlin. Viele Jahre durfte mein Vater seine Familie nicht sehen. Erst Ende der 60er mit Sondergenehmigungen und dann Anfang der 70er, als endlich ein Besuchsrecht ausgehandelt worden war, ließ man ihn nach Ost-Berlin. All das hat ihn sehr bedrückt, zumal er stets Ulbrichts Beteuerungen geglaubt hatte, niemand habe vor, eine Mauer zu bauen. Obwohl er seine Gefühle für sich behielt, zog er doch Lehren aus seinen bitteren Erfahrungen und beschwor mich immer wieder: »Kind, drücke deutlich aus, was du zu sagen hast. Bleib bei dem, was du sagst, stehe dazu. Versuche einen geradlinigen Weg zu gehen, denn nichts ist so schlimm wie Lüge und Verstellung.«

Sie sind die Schwiegertochter des ehemaligen Darmstädter SPD-Oberbürgermeisters Günther Metzger. Der Metzger-Kreis, Vorläufer des Seeheimer Kreises konservativer Sozialdemokraten, wurde von ihm

mitbegründet. Ist das von großer Bedeutung für Sie?

Ich habe in eine Familie eingeheiratet, der die Hochs und Tiefs der Politik wohlbekannt sind. Sie hat am eigenen Leibe erfahren, was es bedeutet, sich bestimmten Hierarchien beugen zu müssen, und hat mich in der schwierigen Zeit der Entscheidungsfindung während der Landtagszeit in Hessen sehr unterstützt.

Sie standen monatelang unter enormem Druck. Hat die Unterstützung Ihrer Familie Ihnen geholfen, diesen Stress besser durchzustehen?

Auf jeden Fall. Mein Mann ist ein sehr politischer Mensch. Er konnte gut mit meiner Situation umgehen und hat mich zu Hause aufgefangen. Er hat schon mit neun Jahren beim ersten Bundestagswahlkampf seines Vaters mitgemacht, er weiß, was es bedeutet, sich politisch zu engagieren. Auch als ich im November 2008 beschloss, aufzuhören und für die Landtagswahl nicht mehr anzutreten, bestärkte er mich und sagte: »Es ist richtig, du musst dich wohlfühlen.« Ich sah tatsächlich keinen Sinn mehr in meiner politischen Arbeit, man hätte mich noch stärker ausgegrenzt als in den kritischen Monaten zwischen März und November.

Diese neun Monate als Landtagsabgeordnete waren für mich wie eine sehr anstrengende Schwangerschaft: Ich habe die Freuden, die Höhen und Tiefen einer Schwangerschaft mitgemacht, zum Schluss musste ich allerdings mit einer Fehl- oder Totgeburt irgendwie fertigwerden.

Konnten Sie dem neunmonatigen Stress auch Gutes abgewinnen?

Heute sage ich mir: Diese neun Monate waren ein interessantes Kapitel in meinem Leben. Ich möchte sie nicht missen. Ich habe viele Erfahrungen gesammelt, und seitdem ich losgelassen habe, schlafe ich auch wieder gut. Ich hätte niemals gedacht, dass ich so viel Bewunderung für meinen Mut und meine Zivilcourage ernten würde, »nur« weil ich bei meinem Versprechen geblieben bin.

Man drohte Ihnen auch mit einem Parteiausschlussverfahren. Wie haben Sie diese Zeit erlebt?

Es war wie Spießrutenlaufen. Ich musste mich unentwegt rechtfertigen: zunächst gegenüber Andrea Ypsilanti, dann vor dem geschäftsführenden Landesvorstand und dem Fraktionsvorstand, einen Tag später vor den fast 100 Mitgliedern des Parteirats, die den Kurs Andrea Ypsilantis mittragen wollten. Rund 98 der 100 Mitglieder waren gegen mich. Ich sei ein Verräter und nicht tragbar für die Partei. Die Ausschlussrufe wurden immer lauter, schließlich rief jemand: »Geh doch zur CDU!«

Wie sind Sie mit den persönlichen Anfeindungen zurechtgekommen?

Ich konnte die Angriffe nicht verstehen. Ich hatte mich doch nur an das gehalten, was die Partei während des Wahlkampfes monatelang versprochen hatte, nämlich nicht mit der Linkspartei zu koalieren. Plötzlich galt das Wahlversprechen nichts mehr, weil Ypsilanti unbedingt zur Ministerpräsidentin gewählt werden sollte. Die Attacken meiner Parteigenossen waren für mich schwer zu ertragen, sie waren empört über die Anmaßung eines Newcomers wie mich. Dabei hatte doch nicht ich den Fehler gemacht, sondern Andrea Ypsilanti.

Was ging in Ihnen vor, als Sie die entscheidende Parteiratssitzung verlassen hatten?

Ich war total gerädert und auch extrem verunsichert: Wenn 98 Prozent der Mitglieder gegen mich sind, darf ich dann überhaupt bei meiner Meinung bleiben? Soll ich meinem Gewissen folgen oder schulde ich der Partei nicht doch Fraktionsdisziplin? Ich habe mich nach der Sitzung erst mal zwei Tage zurückgezogen, um meine Gedanken zu sortieren. Nach diesen zwei Tagen musste ich die Partei wissen lassen, ob ich mein Mandat behalten wollte oder nicht. Dieser enorme innere Konflikt hat mich sehr angestrengt, ich habe Yoga und lange Spaziergänge im Wald gemacht, um zu entspannen

und ruhig nachdenken zu können. Sehr hilfreich waren auch die Gespräche mit meinem Mann und meinem Schwiegervater, die in ihrer politischen Karriere ähnliche Situationen erlebt hatten, allerdings wurden sie niemals so massiv attackiert wie ich. Ich kam mir vor wie eine Angeklagte vor einem Tribunal.

Dann kam die Pressekonferenz, auf der Sie Ihren Standpunkt noch einmal verteidigten. Waren Sie damals sehr aufgeregt?

Als ich bei der Pressekonferenz versicherte, ich würde bei meinem Wahlversprechen bleiben und Andrea Ypsilanti nicht wählen, war ich ganz ruhig. Ich hatte auch noch nicht vor, mein Mandat niederzulegen, und bestand auf dem Anspruch, Mitglied dieser Fraktion zu bleiben. Ich bin es gewohnt, Belastungen auszuhalten und mich zusammenzureißen, also stand ich diese Pressekonferenz gut durch. Doch danach, als die Anspannung vorbei war, da saß ich zwei, drei Tage stundenlang auf dem Sofa oder lag im Bett und konnte mich nicht einmal aufraffen, einen Waldlauf zu machen. Dieser Zustand hat fast 14 Tage angehalten.

Hatten Sie in jenen Tagen Selbstzweifel? Waren Sie enttäuscht?

Ich hatte erhebliche Selbstzweifel. Ich hatte als anerkannte Justiziarin bei der Sparkasse hier in Darmstadt gearbeitet und mochte diesen Beruf sehr. Die Kollegen waren richtig traurig, als ich in die Landespolitik wechselte. Also fragte ich mich, warum ich mir all den Stress antat.

Zugleich machte ich mir aber auch Mut: Ich wollte doch etwas bewegen, hatte viel Zeit und Geld in den Wahlkampf investiert, also durfte ich nicht aufgrund persönlicher Empfindlichkeiten alles hinwerfen.

Wie gestaltete sich die erste Fraktionssitzung?

Die 42 Abgeordneten kannten sich fast alle und haben sich gegenseitig begrüßt, ich hingegen wurde kaum beachtet. Nur ganz wenige gaben mir die Hand. Mir gelingt es normalerweise recht gut, mich auf schwierige Situationen einzustellen, indem ich mir schon vorher ausmale, was alles auf mich zukommt – meistens wird es dann weniger schlimm, als ich dachte. Doch diesmal war es umgekehrt: Wie ich später erfuhr, hatte man die Parole ausgegeben, mich sozial zu ächten.

In den letzten Besprechungen vor der Auflösung des Parlaments setzte man die drei anderen Mit-Verweigerer und mich sogar an den Rand des Raumes, direkt neben die Linkspartei. Demonstrativer kann man kaum ausgegrenzt werden.

Waren Sie nie versucht, aus Solidarität zur Partei Ihren Standpunkt aufzugeben?

Ich habe während des Wahlkampfs ein Dreivierteljahr über 7000 Hausbesuche in Darmstadt gemacht. Immer wieder fragten mich die Menschen, insbesondere jene aus der sogenannten bürgerlichen Mitte: »Nicht, Frau Metzger, wenn es nicht reicht, dann gehen Sie bestimmt mit der Linkspartei zusammen!« Ich verwies auf das Wahlversprechen unserer Vorsitzenden und gab den Wählern auch mein persönliches Wort. Ich hatte keinerlei Zweifel an Andrea Ypsilantis Versprechen. Nur weil sie es dann brach, konnte ich doch mein eigenes Ansehen nicht aufs Spiel setzen und mich selbst unglaubwürdig machen. Für mich ist die Linkspartei keineswegs eine demokratische Partei. Ihr Ziel ist es, unser Gesellschaftssystem, die soziale Marktwirtschaft, abzuschaffen. Das ist nicht akzeptabel.

Sind Sie sehr von Frau Ypsilanti enttäuscht?

Ja, ich habe ihr geglaubt. Sie hat einen tollen Wahlkampf gemacht, sie versprach einen neuen Politikstil für Hessen, es ging um Wahrhaftigkeit und Ehrlichkeit. Doch dann hat die Machtgier gesiegt. Das hat mich wirklich enttäuscht.

Am 14. November 2008 zogen Sie schließlich Ihre Kandidatur für die Landtagswahl am 18. Januar 2009 zurück. Waren Sie am Ende Ihrer Belastbarkeit?

Ja, ich konnte nicht mehr. Ich bin

ein sehr fröhlicher Mensch, und meine Lebensfreude kam mir immer mehr abhanden. Dann der Medienhype, die Verfolgung durch die Presse und die Sorge um das weitere Schicksal verschiedener Abgeordneter, all das ging mir Tag und Nacht durch den Kopf. Ich kam auch gesundheitlich an meine Grenzen, als der Druck immer stärker wurde; ich lag nachts stundenlang wach, konnte einfach nicht einschlafen. Ich wurde ja auch hier im Wahlkreis zunehmend angefeindet, weil ich die Lawine als Erste losgetreten hatte. Man warf mir vor, bestimmte Karrieren und vor allem den notwendigen Machtwechsel in Hessen verhindert zu haben. Von diesem Druck musste ich mich befreien. Kein Beruf ist es wert, dass man seine Lebensfreude dafür opfert.

Ist politische Arbeit für Sie nicht doch mehr als ein normaler Beruf? Ist sie Leidenschaft?

Ja, und auch Spaß! Mein Mann, mehrere Genossinnen und Genossen sind mit mir auf Wahlkampftour gegangen. Die gesamte Familie hatte Spaß am Wahlkampf. Da mein Mann und ich keine Kinder haben, haben wir der Politik all unsere Zeit gewidmet.

Haben Sie im Laufe der parteiinternen Auseinandersetzungen auf Solidarität vonseiten eines Bundespolitikers gehofft?

Doch, das wäre vielleicht hilfreich gewesen, um den jetzt bestehenden Ansehensverlust meiner Partei hier in Hessen zu verhindern, der sicherlich auch Auswirkungen auf die Bundestagswahl haben wird. Ich denke, die Bundespolitiker hatten einfach Angst vor den möglichen Konsequenzen. Sie haben in Berlin ja ähnliche Flügelkämpfe zwischen rechts und links wie wir hier. Als Politprofi habe ich gelernt, die Parteizwänge der Politiker zu respektieren. Außerdem kann ich mich ganz gut in die jeweiligen Standpunkte der verschiedenen Seiten hineinversetzen. Dennoch muss ich eine eigene, für mich stimmige Entscheidung treffen.

Im Artikel 38 des Grundgesetzes steht, Sie seien als Abgeordnete, als Vertreterin des ganzen Volkes, nicht an Aufträge und Weisungen gebunden und nur Ihrem Gewissen unterworfen. Wie sehen Sie das?

Ich bin mir und der Verfassung treu geblieben, darüber bin ich froh und auch stolz. Ich habe mich damit auseinandersetzen müssen, was es heißt, in der Politik ein Gewissen zu haben. Das Gute ist, dass ich ihm folgen kann und – sozusagen als Krönung – zugleich von der Verfassung geschützt werde. Ich habe letztlich viel Anerkennung bekommen. Zahlreiche Frauen und Männer, denen ich hier in Darmstadt und auch in anderen Orten im Landkreis auf der Straße begegnet bin, haben mir spontan eine rote Blume in die Hand gedrückt. Manche wollten mit mir einen Cappuccino trinken und mit mir reden. Ich habe schon etwas losgetreten, was über die Parteigrenzen hinausgeht. Vertreter anderer Parteien haben ihre Bewunderung und auch ihre Hochachtung ausgedrückt, manche sagten:»Wir wissen, wie es bei uns in der Partei zugeht. Wer weiß, ob wir Ihren Mut gehabt hätten.«

Werden Sie noch einmal kandidieren, oder sitzt der Schock zu tief?
Erst mal kandidiere ich nicht mehr, aber ich sage niemals nie. Es kann durchaus sein, dass ich vielleicht noch einmal darüber nachdenke, in fünf Jahren noch einmal anzutreten. Jetzt brauche ich Abstand, deshalb werde ich wieder als Justiziarin bei der Sparkasse arbeiten, dann wird man weitersehen. Auf jeden Fall bleibe ich zunächst der SPD treu. Mein Mann ist allerdings ausgetreten: Zu groß war seine Enttäuschung über seine Partei und darüber, dass mir keiner der großen, erfahrenen Politiker, die schon sein Vater kannte, zu Hilfe kam und mir den Rücken stärkte. Dennoch steht mein Mann mir zur Seite – und das, obwohl ich weiterhin mein Parteibuch habe!

Haben Sie außer der Politik noch eine andere Leidenschaft?
Ich bin eine leidenschaftliche Köchin und kann beim Kochen richtig gut entspannen. Mein Mann und ich laden unsere Freunde häufig zu fünf-, sechsgängigen Menüs ein. Dann schnippeln wir drei, vier, fünf Stunden in unserer Küche, schälen Zwiebeln oder Kartoffeln und unterhalten uns dabei. Seit einigen Jahren verabreden wir uns mit anderen Paaren, jedes Paar ist für eine Speise zuständig – Vorspeise, Zwischengang, Hauptgang, Nachspeise. Wenn wir dann alle zusammensitzen und essen, fällt der letzte Stress von mir ab.

Haben Sie sich jemals beim Kochen blamiert?
Einmal habe ich versehentlich einen Lachs im Schnellkochtopf so verkocht, dass der Fisch komplett zerfiel, aber wir haben ein köstliches Ragout mit Sahnesauce daraus gemacht. Seitdem ist das eines unserer Spezialgerichte, wir haben es sogar in das Kochbuch aufgenommen, das wir für meinen Wahlkampf herausgegeben haben:»Metzger kocht«. Aus einem Unfall kann sich auch Gutes ergeben.

Was hat Ihnen am meisten geholfen, den Stress zu meistern?
Meine Familie und dann: lachen, kochen, laufen.

Von Dagmar Metzger lernen

Authentisch bleiben

- Man darf sein eigenes Ansehen nicht aufs Spiel setzen und sich selbst desavouieren. Stehen Sie zu Ihren Versprechen.

Negatives in Positives verwandeln

- Auch in schweren Zeiten kann man wertvolle Erfahrungen machen. So erntet man für Zivilcourage nicht nur Hass und Anfeindungen, sondern auch Bewunderung und Zustimmung.
- Wenn etwas schiefgeht, kann man die Situation durch Kreativität retten – zum Beispiel wenn aus einem verkochten Fisch ein köstliches Ragout wird.

Rückzugsmöglichkeiten schaffen

- Lassen Sie sich durch Partner, Familie und Freunde unterstützen und motivieren.
- Ziehen Sie sich in schwierigen Momenten zurück, um Ihre Gedanken zu sortieren.
- Kultivieren Sie Ihre Hobbys, z.B. Laufen oder Kochen.

Prioritäten setzen

- Kein Beruf ist es wert, dass man seine Lebensfreude dafür opfert. Ziehen Sie Konsequenzen aus Ihrer Überbelastung.

Niemals nie sagen

- Bleiben Sie offen für die Zukunft: Wenn sich die Situation ändert, kann es sinnvoll sein, Entscheidungen zu revidieren.

Gerhard Polt

Gerhard Polt, geboren 1942 in München, zählt zu den bekanntesten und erfolgreichsten Kabarettisten in Deutschland. Er studierte in München Politische Wissenschaften, Geschichte und Kunstgeschichte, später in Schweden nordische Sprachen. 1976 trat er erstmals als Kabarettist auf. Es folgten Fernsehproduktionen, unter anderem *Fast wia im richtigen Leben*, Auftritte in der Sendung *Scheibenwischer*, Kinofilme (unter anderem *Man spricht Deutsh*), sowie Theateraufführungen (z.B. *Tschurangrati*). Für seine Verdienste erhielt er zahlreiche Auszeichnungen, unter anderem den Großen Karl-Valentin-Preis und den Jean-Paul-Preis des Freistaats Bayern. Mit den befreundeten Biermösl Blosn steht er seit Jahrzehnten gemeinsam auf der Bühne.

Banalität kann sehr erholsam sein

Herr Polt, Sie sind 1942 geboren. Was bedeutet es, in der Kriegs- und Nachkriegszeit groß zu werden?
Ein enormes Thema in meiner Kindheit. Nur ein Beispiel: Wenn ich mit sechs oder sieben in einer Gastwirtschaft war, dann saßen am Nebentisch immer Verwundete, immer irgendwelche malträtierten Menschen. Noch mit 14, 15 traute man sich kaum, sich irgendwo hinzusetzen, denn man wurde immer gleich angeschrien: »Der Rotzhund setzt sich da hin!«, weil die Sitzplätze immer den Invaliden vorbehalten waren. »Wart nur, wenn der Russe kommt«, war eine sehr gängige Redensart. Ständig präsent waren auch die Flüchtlinge, die praktisch von allen gehasst wurden. Sie kamen an, hatten nichts und wurden miserabel behandelt.
Es hat sich aber auch ein anderes Bild eingeprägt. Ich bin ja in Altötting groß geworden, und da waren ständig die Wallfahrer, die kamen und gingen wie Ebbe und Flut. Wir Kinder haben die Pilger angebettelt, schnell einen Rosenkranz aufgesagt oder ein Heiligenbildchen verkauft. Wir wollten nur Bargeld. Wenn die uns Lebensmittel geben wollten, waren wir stinkbeleidigt.

Wie war das Verhältnis zu Ihren Eltern?
Mein Vater war in Gefangenschaft, er kam erst später zurück. Aber das Verhältnis zu den Eltern war allgemein viel distanzierter als heute. Wir waren auf der Straße, auf dem Feld, im Wald, nie zu Hause. Wir wurden nicht ständig angeleitet und gefördert. Ich war auch in keinem Kindergarten. Wir Kinder lebten in einer eigenen Welt, die Erwachsenenwelt kannten wir nur vom Abend: Man kam heim, musste schnell was essen und ins Bett.

Wann haben Sie für sich entdeckt, dass Sie Humor haben?
Ich habe schon immer humorvolle Sachen geliebt, im Radio den Karl Valentin zum Beispiel. Ich habe als Kind auch mit Begeisterung *Huckleberry Finn* gelesen, und ich zehre heute noch von bestimmten Bildern aus der Geschichte. Aber wann ich das entdeckt habe, ist wirklich schwer zu sagen. Ich glaube, ich habe es nicht selber entdeckt, sondern andere haben es mir gesagt.

Sie sind also entdeckt worden?
Ja, manche sagten, du hast eine Komik, aber es hat mir nichts bedeutet. Mich hat es aber interessiert, wenn andere Leute komisch waren, das ja, und vielleicht hat mir das etwas gegeben, sodass ich davon gelernt habe. Aber ich habe mir nicht bewusst vorgenommen, so zu werden

wie der Karl Valentin. Es war nicht so wie »Ich habe beschlossen, Politiker zu werden«. Das erste Mal hat mich Jürgen Kolbe in diese Richtung gelenkt, der Mann einer Kollegin meiner Frau. Wir waren da eingeladen, und ich habe Geschichten erzählt, ganz normale Geschichten, wie ich sie jetzt Ihnen erzähle. Er war Lektor beim Hanser Verlag und fragte, ob ich nicht Lust hätte, ein Hörspiel zu machen. Dann haben wir zusammen ein Hörspiel gemacht. Und dann kam der nächste Zufall: Dem Regisseur Hanns Christian Müller ist bei einer Aufführung der Jochen Busse ausgefallen, und dann sagte seine Frau, die Gisela Schneeberger: »Mensch, dieser Gerhard, der ist doch immer so komisch, kann man den nicht einbinden?« Irgendwann hat Dieter Dorn mich zur Woche des Kabaretts eingeladen, und da bekam ich dann den Kulturpreis der Stadt München.

Sind Sie ein Mensch mit viel Selbstvertrauen?
Jein, das ist unterschiedlich. Ein Selbstvertrauen als Humorist habe ich nicht. Ich habe nicht das Gefühl, dass ich tatsächlich komisch bin. Es ist mir wichtig, dass mir meine Frau oder andere sagen, dass ich komisch bin.
Natürlich habe ich Selbstvertrauen, es ist eine Grundvoraussetzung, aber ich kann es nicht verwalten. Wenn ich auf eine Bühne gehe, geschieht

manchmal etwas Merkwürdiges. Es gibt Abende, da ist alles ganz normal, und dann gibt es Abende, an denen ich nicht Angst, aber irgendwie eine Unruhe verspüre, es könnte nicht klappen. Etwas Unwägbares, Diffuses.

Wann geraten Sie unter Stress?
Zum Beispiel, wenn ich mit anderen Leuten zusammenarbeite oder andere etwas von mir erwarten. Wenn ich nur mir selbst verantwortlich bin, dann schreibe ich oder ich schreibe nicht, oder werfe es in den Papierkorb. Aber wenn ich etwas im Team machen möchte, sollte ich möglichst ein guter Partner sein. Und dazu muss ich bestimmte Dinge leisten. In einem Team von Humoristen oder Satirikern ist natürlich die Frage, ob mir was einfällt. Es bleibt schon offen, ob ich sozusagen trotz Anstrengung, trotz meines Willens zu einem Ergebnis komme, mit dem ich zufrieden bin. Das verursacht Stress oder Unruhe.

Wann verspürten Sie zum letzten Mal wirklich einen inneren oder äußeren Druck, zum Beispiel das Gefühl, auf einen Auftritt nicht vorbereitet zu sein?
Da habe ich komischerweise wieder großes Selbstvertrauen. Wenn man zwei Stunden allein auf einer Bühne ist, ist das natürlich viel Text. Es kann schon sein, dass ich dann mal denke: Hoffentlich fällt mir das oder

das wieder ein. Oder wenn ich eine neue Geschichte habe, die noch nicht ganz fertig ist, aber ich hatte mir schon irgendwie was gebaut, und es ist wieder verschwunden. Da habe ich schon die Chuzpe zu sagen, ich gehe jetzt raus, und es wird mir dann schon auf der Bühne wieder einfallen. Dieses Selbstvertrauen habe ich.

Was sagen Sie denn in so einem Moment zu sich?
Es wird schon werden. Es geht, ich bin ziemlich sicher, es geht. Wissen Sie, es gibt doch den schönen Spruch von den Bremer Stadtmusikanten: »Etwas Besseres als den Tod findest du überall.« Und ich denke mir dann, es gibt Schlimmeres, als dass ich mal dastehe und vielleicht drei oder vier Sekunden einen Hänger habe. Mir fällt schon ein, was ich dann sage. Diese Form der Gelassenheit habe ich.

Was ist für Sie Gelassenheit? Können Sie das in Worte fassen?
Es geht darum, etwas lassen, etwas verlassen, etwas auslassen zu können, auch die Sache etwas mehr von außen zu betrachten. Ich kann mich in manchen Situationen selbst betrachten. Wenn ich zum Beispiel eine Diskussion mithöre, die mich provoziert, und ich eigentlich gerne etwas dazu sagen würde: In so einer Situation bedeutet Gelassenheit, mir zu sagen, nein, du musst nicht rein-

schreien, du musst jetzt diesen Menschen nicht verbessern, aber du merkst dir, warum es dich provoziert hat. Dann versuche ich die Sache mit anderen Leuten, meiner Frau, mit Freunden zu besprechen. Denn damit abschließen kann ich nur, wenn ich die Provokation auflösen kann oder zu irgendeinem Ergebnis komme. Aber im Moment der Provokation kann ich mich zurücknehmen.

Also Sie verbeißen sich nicht, sondern lassen Dinge los?
Ob andere Leute mich auch so sehen, weiß ich nicht, aber ich würde es mir bis zu einem gewissen Grad zuschreiben, ja.

Ich komme auf die Frage zurück: Wann geraten Sie unter Druck, und woran merken Sie das?
Zum Beispiel in einer Diskussion, in welcher man von mir erwartet, dass ich sofort Erhellendes sagen oder Stellung beziehen kann. Wenn ich denke, ich sollte eingreifen, mich aber eigentlich nicht kompetent fühle, weil ich meine, ich müsste erst darüber nachdenken. Wenn ich bei Statements oder Interviews das Gefühl habe, ich soll jetzt schnell irgendwie was absondern, was sozusagen ein Licht auf die Sache wirft. Da versuche ich mich zu drücken, nicht aus Feigheit, sondern weil ich weiß, mein Beitrag kann nicht gut sein, weil ich nicht gut genug bin in dem Moment.

Gibt es Phasen, in denen Sie sich verausgaben, zum Beispiel wenn Sie einen Film drehen?

Ja natürlich, körperlich und geistig. Die Filme, bei denen ich mitwirke, sind ja immer meine Geschichten. Ich habe also eine Geschichte geschrieben, habe lange darüber nachgedacht, wie es sein soll. Und dann bemerke ich, dass meine Intention nicht in meinem Sinne umgesetzt wird, aus den verschiedensten Gründen. Es gibt da die verrücktesten Gründe, etwa wenn es heißt, diese Einstellung kriegen wir so nicht mehr hin, denn dazu bräuchten wir einen Lichtumbau, und dann würde uns der Drehtag 40000 Euro mehr kosten. Da sind Sie ein Rädchen in einer Maschinerie. Ich habe es geschrieben, ich bin auch Darsteller, aber ich habe es nicht mehr in der Hand. Ich habe es in andere Hände gegeben, bin aber dabei, bin sozusagen Zeuge, wie es zum Teil auch den Bach runtergeht.

Das heißt, Sie haben nicht mehr die Kontrolle?

Ich bin in einem Boot, das ich selbst mit gebaut habe, und dann sehe ich, dass Leute entweder anders steuern, als ich mir das vorstelle, oder es ist kein Steuermann mehr da, oder nicht der, den ich gewollt hätte. Sie schreiben ein Buch und wollen es in einem Film umgesetzt sehen, und dann schauen Sie danach den Film an und sehen jeden Fehler.

Ich weiß genau: Dies hätte ich nie gemacht, jenes habe ich nicht gewollt – das sehe ich alles. Das macht unruhig.

Und wie äußert sich das bei Ihnen? Werden Sie mürrisch?

Nein, ich schaue mir die Sachen selten an.

Aber Sie werden sich doch Ihre eigenen Filme anschauen?

Selten. Na gut, nach 20 oder 25 Jahren hat jetzt mein Sohn die »Fast wia im richtigen Leben«-Serie mitgebracht, da habe ich mir ein paar Folgen angeschaut. Aber normalerweise schaue ich mir lieber Sachen von anderen Leuten an.

Können Sie nicht über sich selbst lachen?

Doch, damit hat es nichts zu tun. Manchmal kann ich schon sagen, das war gut gemacht, aber im Endeffekt könnte ich Ihnen bei jedem dieser Filme sagen, wo wir etwas anders hätten machen sollen. Es gibt Hunderte von Versäumnissen oder von Dingen, die nicht so geworden sind, wie man sich das vorgestellt hat. Gott sei Dank bin ich kein Perfektionist im eigentlichen Sinn, denn dann müsste ich wirklich leiden. Ich kann mit all diesen Fehlern durchaus leben, das fällt bei mir dann unter die Kategorie »Das ist menschlich«, und dann hake ich es ab.

Das heißt, Sie können mit sich Frieden schließen?

Ja, ich glaube schon. Wie sollte ich anderen Leuten verzeihen können, wenn ich mir selber nicht verzeihen kann? Das klingt jetzt vielleicht sehr abgeklärt, aber ein bisschen ist es eben so.

Nachsichtig und verständnisvoll mit sich umzugehen ist also eine positive Form, mit Druck, Stress und Konflikten umzugehen?

Im Endeffekt glaube ich schon, ja.

Aber ist es nicht schwer, sich die eigene Unvollkommenheit vor Augen zu führen?

Ja, aber jetzt kämen wir ins Philosophische, diese menschliche Unvollkommenheit ist ja eben die Wurzel für die Komödie und die Tragödie.

Spielt Humor auch in Ihrem Alltag eine Rolle?

Ich nehme an, ja. Wenn ich manchmal etwas sehe, was nicht unbedingt erfreulich ist, suche ich nach irgendwelchen humorvollen Verknüpfungen, die etwas Versöhnliches haben. Natürlich gibt es Dinge, die sind so entsetzlich, dass man sich nicht so einfach mit Humor davon distanzieren kann. Wenn ich bei einem Autounfall einen jungen Menschen tot auf der Straße liegen sehen, wie hilft mir dann mein Humor? Der hilft mir gar nicht. Wenn ich aber einen Tag später einen

bayerischen Landespolitiker höre, der auf die Frage, ob man nicht eine Geschwindigkeitsbegrenzung einführen sollte, sagt:»Man muss auch mal sehen, es gibt Menschen, denen wo es pressiert.« – Sie wissen, was ich meine ...

In welchen Situationen verlieren Sie den Humor – mal abgesehen von schlimmen Ereignissen?

Wenn ich das genau wüsste. Aber ich bin eigentlich ganz froh, dass ich es nicht weiß. Ich bin überzeugt, dass es, solange ich lebe, immer Situationen geben wird, in denen ich ziemlich humorlos bin.

Fällt es Ihnen auf?

Das gehört für mich auch zur menschlichen Schwäche, wenn ich merke, jetzt bist du humorlos gewesen. Aber was für ein Gefühl ist dann da? Es kann sein, dass Leere vorherrscht oder aber Angst oder irgendwelche anderen Gefühle, die eben in dem Moment dominieren und den Humor nicht wirken lassen. Natürlich gibt es Humor, der dann im Nachhinein auftaucht. Der zu spät gekommene Humor.

Sind humorvolle Menschen besonders sensibel?

Es gibt ja nicht den Humor, sondern er ist individuell unterschiedlich. Es gibt aber bestimmte Situationen, in denen er eben vorkommt, zum Beispiel wenn Sie an ein klassisches

Kasperltheater denken, wo Kinder sich freuen und lachen, weil das Krokodil danebenschnappt. Das ist eine Form von Humor, und ich sehe, dass Ähnliches für Erwachsene genauso funktioniert, wenn sich das Stück sozusagen in diesen Ritualen abspielt. Ich glaube, und das ist das Schöne, dass Humor grundsätzlich etwas Menschliches ausdrückt. Aber berühmte Nazis haben sich auch damit gebrüstet, dass sie humorvoll sind. Es gibt Leute, die sagen, auch der Stalin sei humorvoll gewesen. Ich kann nicht ausschließen, dass jemand humorvoll und trotzdem ein gnadenloser Killer ist. Einer kann sehr sensibel und humorvoll sein und trotzdem ein zu großer Grausamkeit fähiger Mensch. Schauen Sie, eine Figur wie Richard III., wie wollen wir den einschätzen? Ich glaube, die shakespeare'schen Figuren, die haben so was. Der Shakespeare kannte dieses Nebeneinander, das Sowohl-als-auch, oder?

Wenden wir uns nach den Tyrannen der Zeitdiktatur zu. Wir haben immer weniger Zeit, obwohl wir alle technologischen Hilfsmittel haben, um Zeit zu sparen. Wie sehen Sie diese Entwicklung?

Ich kann wahrscheinlich gar nicht anders, als diese Übermobilität als etwas Absurdes und Eigenartiges zu betrachten. Ich bewundere Menschen, die sich einen anderen Zeitduktus bewahrt haben. Wenn ich einen alten Brotzeitesser sehe, wie der langsam seine Scheibe runterschneidet und dann genüsslich irgendeine Wurst isst, mit einem Genuss und einer Freude. Und wenn man dem gegenüberstellt, wie Leute im ICE im Speisewagen schnell was runterwürgen, daneben haben sie noch einen Laptop stehen ... natürlich ist das an und für sich auch komisch, es ist gut nachzumachen. Diese Hast macht viele Menschen krank, ganz sicher.

Ich habe ein Wort dafür gefunden, wenn ich manchmal einfach wo sitze: Ich »sinnlose« vor mich hin. Das heißt, es hat keinen Sinn, was ich tue, und ich bin auch froh, dass keiner da ist, kein Sinn, dass ich nichts Sinnvolles tun muss. Da gibt es doch diesen schönen Sketch von Loriot, wo einer dasitzt und die Frau ihn immer drängt, spazieren zu gehen oder Zeitung zu lesen, und er sagt immer: »Ich möchte einfach nur hier sitzen.« Also das ist wunderbar. Dieses Gefühl, nichts zu tun, nichts zu produzieren, kein Homo faber zu sein, nicht einmal ein Homo ludens, der spielen will, also nichts vorzuhaben.

Leute, die keinen richtigen Beruf haben oder eigentlich nicht direkt etwas tun müssen – früher hat man noch Privatiers gesagt –, diese Geschöpfe der bürgerlichen Gesellschaft, davon hat es wohl früher mehr gegeben, die sehe ich jedenfalls nicht mehr so im Stadtbild.

**Nehmen Sie sich die Zeit,
um zu »sinnlosen«?**
Die habe ich Gott sei Dank. Auch
wenn ich etwa weiß, dass ich morgen auftreten muss, kann ich das
sozusagen wegbanalisieren. Ich mache nichts Besonderes, ich muss
nicht meditieren oder so, sondern da
gibt's andere lustige Sachen. Ich gehe zum Beispiel bei einem Nachbarn
vorbei und sage etwas Belangloses
wie »Es ist heiß heute.« Das weiß er,
er schwitzt ja, und dann sagt er: »Ja,
das stimmt.« Schon habe ich den
kleinsten gemeinsamen Nenner und
kann mit ihm über Hitze und Kälte
reden, darüber, dass die Arktis
schmilzt. Das lenkt mich ab, gibt
mir Ruhe und Sicherheit. Ich kann
mich so sehr schnell in irgendeine
relativ banale Situation begeben,
die mir aber hilft. So eine Banalität
ist sehr erholsam.

**Wie kommt es aber, dass das
Pausieren, das »Sinnlosen«,
so wenig geschätzt wird?**
Vielleicht hängt es mit der Arbeits-
ethik der Protestanten und Ähn-
lichem zusammen. Ist nicht selbst
der Urlaub so definiert, dass die
Leute nicht nichts tun sollen, sondern die Pflicht haben, sich gesundheitlich wieder so auf Vordermann
zu bringen, dass sie weiterarbeiten
können? Also gibt es keine Pause
im Sinne des Nichtstuns, sondern
selbst die Muße muss dazu dienen,
die Arbeitskraft wiederherzustellen.

Der Mensch wird funktionalisiert.
Vielleicht macht auch das viele
Leute krank. Wenn man schon ein
schlechtes Gewissen haben muss,
dass man die Pause nicht genutzt
hat, um noch etwas zu machen …
also da kommen wir in eine komi-
sche Ecke.

**Wie finden Sie Zeit für sich?
Nehmen Sie sich die Zeit?**
Dazu fällt mir die Frage ein: Bin ich
Subjekt oder Objekt innerhalb dieser
Zeit, gestalte ich die Zeit oder ist das
Zeit, die sich mit mir manifestiert?
Die Zeit gehört mir eigentlich nicht.
Ich bin keiner, der sagt, ich lege Zeit
an und dann kriege ich mehr Zeit
raus. Ich kann im eigentlichen Sinn
keine Zeit gewinnen, aber auch
nicht verlieren. Wenn mir ein Zug
wegfährt und ich sitze dann am
Bahnhof rum, dann bin ich eher ein
Fatalist. Ich sage na ja, schaue ich
mich um, und manchmal ergibt sich
irgendwas, und irgendwas nehme
ich dann doch mit.

**Es heißt von Ihnen, dass Sie ungern
Interviews geben.**
Ja, das ist richtig.

Warum?
Ich halte meine persönlichen Ansichten keineswegs für so erhellend
und so wichtig, dass ich sie unbedingt veröffentlichen will. Ich sage
ja, was ich sagen will, schon auf der
Bühne oder im Film. Ich gehe zum

Beispiel auch nicht in Talkshows. Nicht aus Arroganz oder weil ich gegen Talkshows bin. Ich glaube nur, dass ich in meinem Privatleben genug Möglichkeiten habe, das, was mich bewegt, zu sagen, dazu brauche ich nicht in die Öffentlichkeit zu gehen. Dazu bin ich auch wirklich nicht wichtig genug.

Wie kommt es, dass Sie mir heute ein Interview gewähren?
Das habe ich wirklich gern gemacht, wissen Sie, warum? Weil ich Sie mag. Aber ich muss vielleicht noch eine weitere Ausnahme machen mit den Interviews: Wenn so ein Knirps von einer Schülerzeitung kommt und will von mir ein Interview, das gebe ich natürlich auch.

Von Gerhard Polt lernen

Selbstbestimmung
- Wer nur für sich arbeitet, vermeidet Stress. Denn Stress entsteht durch Kontrollverlust: Wenn andere etwas anders machen als man selbst, wenn die Dinge anders laufen, als man sich das vorgestellt hat, wenn man keine Möglichkeit hat, gegenzusteuern.

Gelassenheit
- Gelassenheit hat viel mit lassen zu tun: Dinge zulassen, Dinge loslassen, sich nicht provozieren lassen.

Zuversicht
- Stimmen Sie sich vor schwierigen Situationen positiv: Es wird gutgehen!
- Relativieren Sie die Folgen eines eventuellen Fehlers: Es gibt Schlimmeres!

Ruhe
- Pausen soll man nicht nutzen, sondern genießen, und zwar ohne schlechtes Gewissen. Muße dient nicht dazu, die Arbeitskraft wiederherzustellen.
- Tun Sie ganz bewusst einmal gar nichts, jedenfalls auf keinen Fall etwas Sinnvolles – »Sinnlosen Sie vor sich hin.«
- Druck und Stress kann man »wegbanalisieren« – durch ganz alltägliche Handlungen wie Smalltalk mit dem Nachbarn.
- Hypermobilität und Multitasking machen krank. Nehmen Sie sich auch für Alltägliches wie Brotzeit machen die nötige Zeit.
- Verabschieden Sie sich von dem Gedanken, dass Sie Zeit sparen oder verschwenden könnten. Auch scheinbar verlorene Zeit, wie Wartezeit am Bahnhof, kann einen weiterbringen.

Nachsicht
- Verzeihen Sie sich selbst, dann können Sie auch anderen verzeihen.
- Perfektionisten leiden nur. Leben Sie deshalb mit Ihren Fehlern und denen der anderen.

Wolf D. Prix

Wolf D. Prix, geboren 1942 in Wien, ist einer der Gründer des Architektur-büros COOP HIMMELB(L)AU. Er studierte Architektur an der Technischen Universität seiner Heimatstadt, bei der Architectural Association in London und am Southern California Institute of Architecture in Los Angeles. Nach Lehrtätigkeiten im Ausland erfolgte 1993 der Ruf als ordentlicher Professor an die Universität für angewandte Kunst in Wien, wo er seit 2003 Vorstand am Institut für Architektur und Vizerektor der Hochschule ist. Wolf D. Prix erhielt zahlreiche Auszeichnungen. Er ist Mitglied des Österreichischen Kunstsenats, der Europäischen Akademie der Wissenschaften und Künste sowie des Beirats für Baukultur.

Um sich wohlzufühlen, müssen Menschen ihr Haus emotional in Besitz nehmen

Sie wurden 1942 während des Zweiten Weltkriegs geboren. Wie verlief Ihre Kindheit? Wie sehr hat die Verfassung Ihres Vaters Sie beeinflusst?

Als Kriegskind: angestrengt. Aber die psychologisch auch bezüglich meiner Entwicklung interessantere Geschichte ist die, dass mein Vater an einem Auftrag für ein Haus in Chicago arbeitete. Die Pläne waren fertig, das Schiffsticket gekauft, als Hitler in Österreich einmarschierte. Der Zweite Weltkrieg begann, und er musste seine Pläne begraben. Man könnte es aber auch so sagen, dass er die Aufgabe, in den USA etwas zu bauen, unbewusst an mich weitergegeben hat.

Was führte 1968 zu der Gründung des Architekturbüros Coop Himmelb(l)au?

Wie man schon an meinen frühen Zeichnungen sehen kann, hat mich konventionelle Architektur nie interessiert. Mich faszinierte immer schon die freie Interpretation des Raumes. 1968, als meine Kollegen und ich COOP HIMMELB(L)AU gründeten, waren wir überzeugt, Architektur hier, jetzt und sofort radikal ändern zu können. Alle Macht der Fantasie war im Mai '68 in den Straßen von Paris zu lesen. Im Nachhinein gesehen eine vollkommene Überschätzung der Intelligenz der Bauindustrie und eine Unterschätzung der Macht der Geschmacksathleten in Politik und Wirtschaft. Wir mussten und wollten daher neue Strategien und Methoden für die Entwicklung einer neuen Architektur finden. Wenn man den Prozess der Entwicklung eines Architekturprojekts analysiert, so sieht man bald, dass der empfindlichste Punkt der Moment des Entwurfes ist. So haben wir uns gedacht, um Architektur wirklich zu ändern, müssen wir diesen Moment von allen Sachzwängen befreien, um freien Raum entwerfen zu können. Diese Gedanken haben sehr viel mit der Theorie des Unbewussten von Freud zu tun. So entstand mit der Zeit in unserem Atelier das, was man später Dekonstruktivismus oder Dekonstruktivistische Architektur genannt hat. Und übrigens bin ich davon überzeugt: Je gestresster der Architekt im Moment des Entwurfs ist, umso gestresster wird sein Gebäude sein. Und wenn ein Gebäude unter Zwang entworfen wird, wird dieser Zwang in diesem Gebäude bewusst oder auch unbewusst erfahrbar.

Ist die dekonstruktivistische Architektur als eine antiautoritäre Bewegung zu verstehen?

Ja, auf jeden Fall. Mir war und sind

autoritäre Gesellschaften höchst zuwider.

Haben Sie in all den Jahren, in denen Sie Ihre Träume nicht umsetzen konnten, niemals an sich gezweifelt?
Nein, mir hat aber geholfen, dass wir zu zweit waren. Allein steht man mit dem Rücken an der Wand, zu zweit steht man Rücken an Rücken und kann sich frei bewegen. Wir haben jedes Risiko gemeinsam getragen. Und wenn unsere Kritiker monierten, unsere Architektur sei zu aufgeregt, konnten mein Partner und ich nur lachen – aufgeregt war doch der Kritiker nur selbst, weil ihm unsere neue Ästhetik fremd war. Und alles Fremde ist zunächst einmal zum Fürchten, folglich lehnt man es ab.

Nun kann man sich auch zu zweit in eine fixe Idee verrennen. Was hat Sie darin bestärkt, auf Ihrem ungewöhnlichen Weg weiterzumachen?
So wie wir uns in den 68ern alten Autoritäten widersetzt haben, haben wir auch in der Architektur neue Überzeugungen kompromisslos durchgesetzt. Wir wollten immer identifizierbare Gebäude schaffen – Räume, mit denen sich die Bewohner auseinandersetzen und identifizieren können. Nichts ist gefährlicher in der Architektur als Anonymität. Sie provoziert die Menschen geradewegs dazu, ihre gesichtslosen Behausungen zu zerstören. Die Vororte von Paris sind ein gutes Beispiel für solch sozialen Architekturstress. Wir Architekten müssen Gebäude schaffen, die die Bewohner mental und emotional in Besitz nehmen können.

Üben anonyme, kalt wirkende Gebäude seelischen Stress auf ihre Bewohner aus?
Eines ist klar – je stärker der Entwurf eines Gebäudes mit Emotion aufgeladen ist, desto mehr Emotion werden die Räume ausstrahlen. Die Bewohner oder die Benutzer spüren das, bewusst oder auch unbewusst.

Was kann noch negativen Stress erzeugen?
Viele mit der Infrastruktur und der Qualität der Gebäude, also mit der Architektur zusammenhängenden Faktoren können Stress fördern oder auch vermindern. Ein einfaches Beispiel: Lärm erzeugt Stress. Bewohner, die jede Bewegung der Nachbarn mitbekommen, weil das Gebäude nicht schallgeschützt ist, fühlen sich in ihrer Privatsphäre gestört und reagieren gestresst, wobei die Westeuropäer besonders empfindlich sind. Negativer Stress der lähmenden Langeweile kann auch entstehen, wenn in allen Räumen eines Gebäudes gleiche Temperaturen und gleiche Lichtverhältnisse herrschen. Wir müssen daher Räume mit unterschiedlichen Atmosphären erzeugen, also ein Reizklima schaf-

fen, das das Wohlbefinden der Menschen erhöht.

Gilt Ähnliches auch für die Stadtplanung?

Die Stadt ist unsere Lebensform der Zukunft. Schon jetzt leben mehr als 50 Prozent der Weltbevölkerung in Städten. Wir wissen auch, dass die Stadt viele Vorteile hat, aber jeder Vorteil hat bekanntlich auch einen Nachteil. Die Vorteile zu vergrößern und die Nachteile zu vermindern, das ist die Aufgabe der Architekten. Allerdings müssen wir auch in der Städteplanung neue Methoden erfinden, die die Stadt als kommunikatives Netzwerk definieren können, die nicht nur der kapitalistischen Wachstumsideologie verpflichtet sind. Abwechslungsreiche Bauten und Infrastrukturen können wir emotional am ehesten in Besitz nehmen, Menschen sehen sehr viel bewusst oder auch unbewusst. Auch das ist die Aufgabe des Architekten der Zukunft: das unbewusst einzukalkulieren.

Werden Sie manchmal mit dem Vorwurf konfrontiert, Ihre Entwürfe seien unrealistisch oder unbezahlbar?

Architekturen, die nicht dem Einheitsgeschmack der Mittelmäßigkeit verpflichtet sind, werden gerne als unbaubar oder zu teuer diffamiert. Mit allen unseren Bauten, die im übrigen 30 Prozent weniger Energie verbrauchen, als die Norm erfordert, beweisen wir das Gegenteil. Intelligente Strategien der Planung und der Kostenrechnung, wie sie Architekten international entwickeln, lassen uns die ökonomischen Zwänge der Gebäude steuern. Und: Nicht die Architektur ist intelligent, sondern die Architekten. In unserem Beruf ist der größte Stressfaktor, immer schneller sein zu müssen und Probleme, bevor sie zu Problemen werden, zu lösen. Daher steckt im Wort Planung das Wort (Voraus-)Ahnung.

Haben Sie jemals ein Projekt abgebrochen?

Ja, mehrmals schon! Als zum Beispiel ein Auftraggeber beim Bau eines Einfamilienhauses einen luxuriösen Atombunker auf Kosten seines Wohnraumes und der Kinderzimmer wollte, haben wir das Projekt zurückgegeben. Wenn wir Klischees eines Auftraggebers nicht durchbrechen können, bleibt uns ja nichts anders übrig, als zu sagen: »Es gibt auch andere Architekten.«

Gibt es Länder, in denen Sie nicht bauen würden?

Ich finde es idiotisch, wenn Kritiker Rem Koolhaas oder Herzog & de Meuron vorwerfen, in China zu bauen. Dann müsste man dem Brunelleschi vorwerfen den fantastischen Dom für die autoritäre Kirche gebaut zu haben. Es geht also nicht darum, ob ein Architekt in einer

Demokratie oder einer Diktatur baut, sondern darum, dass er die gleiche Augenhöhe mit seinem Auftraggeber verlangt und seine Ideen durchsetzt. Wenn das gelingt, gibt es keinen Grund für scheinmoralische Vorwürfe.

Sie bearbeiten zurzeit 35 Projekte weltweit. Sind Sie jedes Mal selbst involviert?
Immer. Und das geht so: Ich vereinbare mit unseren Projektpartnern eine entwerferische Bandbreite, in der sich jeder frei bewegen kann. Werden aber die Grenzen dieser Bandbreite überschritten, setzen wir uns wieder zusammen. So gelingt die Identifikation der Mitarbeiter mit dem Gebäude, und die Handschrift unseres Ateliers bleibt erkennbar. Zugleich achte ich aber darauf, dass das Atelier seine Architektursprache durch mehr Erfahrung und Wissen Schritt für Schritt weiterentwickelt. Das wäre für mich wirklicher Stress, wenn es zu einem Stillstand käme.

Wie behalten Sie bei dieser Unmenge an Projekten die Übersicht?
Überblick ist eine Frage des Standpunkts. Darum liebe ich Türme. Manchmal muss ich mich auch zurückziehen können, um Übersicht zu bewahren. Dann sage ich plötzlich und unvermittelt zum Schrecken meiner Mitarbeiter einen Termin ab, denn das befreit ungemein.

Früher konnte ich mit Leichtigkeit sieben oder acht Sachen gleichzeitig tun, und Multitasking machte mir großen Spaß. Heute ist aber sich zurückzuziehen und das Vertrauen in die Projektpartner zu setzen der bessere Weg zur Übersicht.

Entstehen bei diesem Arbeitsvolumen unter Druck nicht auch Konflikte im Team?
Es gibt nur noch wenige Konflikte, dann allerdings heftige. Ich kann sehr ungeduldig werden, muss ich gestehen. Aber ich habe die Nachteile eines autoritär geführten Ateliers früh erkannt und Berater eingesetzt, die dem Atelier geholfen haben, gegenseitiges Vertrauen aufzubauen, daher nehmen die Konflikte ab.

Was bringt Sie persönlich unter Druck?
Unqualifizierte Eitelkeiten stressen mich, denn sie sind verschwendete Energie. Ich denke und assoziiere sehr schnell. Wenn aber mein Gegenüber mir aus Eitelkeit nicht folgen kann oder will, werde ich richtig grantig. Grantigsein: nicht gerade eine Stärke von mir.

Und worin liegen Ihre herausragenden Stärken?
Das schnelle Sehen, das schnelle Begreifen und nach wie vor die Fähigkeit, parallel an mehrere Sachen zu denken. Und noch immer der Mut zum Risiko.

Sie üben viele verschiedene Funktionen aus, sind Professor für Architektur an der Universität für angewandte Kunst in Wien und hatten verschiedene Gastprofessuren. **Wie schaffen Sie es, sich immer wieder auf neue Situationen einzulassen?**

Das ist ja das Tolle an unserem Beruf! Als Lehrer kann ich jungen Menschen Selbstvertrauen vermitteln, um neue Ideen zu entwickeln. Das ist spannend und anregend, und wenn im Atelier neue, entwicklungsfähige und mir noch unbekannte Ideen eingebracht werden, bin ich sofort begeistert. Denn dann entsteht dieser positive Stress, dieses Bigger-than-life-Gefühl. Die ökonomische Seite ist mir zunächst total egal. Ich bin stolz darauf, dass wir die Kreativität immer noch an die allererste Stelle setzen!

Wer kreativ ist, geht neue Wege und setzt sich der Kritik aus. Wie gehen Sie damit um?

Je höher man steigt, desto heftiger wird die Kritik, wobei sie nicht immer konstruktiv ist. Das ärgert mich nicht unbedingt. Nur wenn die Kritik sehr persönlich wird, unter die Gürtellinie zielt und böse Unterstellungen lanciert, dann ärgere ich mich. Verkannt zu werden, ist mir egal.

Wie lang dauert Ihr Arbeitstag?

24 Stunden sind nicht gelogen. Architektur ist Kunst, und das Denken daran kann man nicht abschalten. Nicht einmal im Traum. Der Beruf des Architekten ist ein selbstausbeuterischer, denn wenn du einen hohen Anspruch stellst, kannst du dir nie sicher sein, ob das Beste schon erreicht ist.

Erzeugt Perfektionismus nicht Stress?

Und ob. Ich bin zwar stolz auf meine Projekte, sehe aber trotzdem, was wir das nächste Mal besser machen können. Nur die Architekten als Erfüllungsgehilfen, die all diese vielen schlechten Bauten zu verantworten haben, schließen den Denkprozess wie eine Tür ab und gehen nach Hause.

Wie reagieren Sie, wenn andere Fehler machen?

Jeder hat das Recht auf Fehler. Was mich aber ärgert, ist, wenn man einen Fehler wiederholt. Und zornig werde ich, wenn ein Fehler zum dritten Mal begangen wird.

Zorn und Gelassenheit schließen sich aus. Was assoziieren Sie zu Gelassenheit?

Gelassenheit hat bei mir eine negative Bedeutung, weil ein ehemaliger Kanzler aus Österreich sich der Gelassenheit rühmte, indem er nie Stellung zu irgendetwas nahm. Das ist falsch. Daher kann ich mich nicht als gelassen bezeichnen, denn ich mische mich allzu gerne ein und antworte auch ungefragt.

Wie schaffen Sie es bei dem hohen Qualitätsanspruch Ihres Büros, dem enormen Druck entgegenzuwirken?
Indem wir Methoden entwickelt haben, um die Abwicklung eines Projekts so vorauszuplanen, dass wir nie die Kontrolle verlieren. Die Planung der Planung ist das Entscheidende. Ich sehe aber nicht gerne, wenn meine Leute nachts durcharbeiten, sie brauchen Freiräume. Es ist ein großer Stressfaktor in unsrem Beruf – die Selbstverständlichkeit, mit der von Architekten verlangt wird, dass sie gleichzeitig drei Lösungen entwickeln, ohne ein Honorar dafür zu erhalten.

Können stark engagierte Architekten Privat- und Berufsleben auseinanderhalten?
Ich glaube nicht, denn die intensiven Gedanken, die zu künstlerischen Lösungen führen, sind nicht abzuschalten. Ein Architekt, der zu Erfolg und Ansehen kommen will, der die Gedankenwelt beeinflussen möchte, muss sich letztlich ganz und gar für sein Leben mit der Architektur entscheiden.

Gibt es deshalb verhältnismäßig wenige erfolgreiche und berühmte Architektinnen?
Es gibt in der Architektur mehr Männer in wichtigen Positionen als Frauen, und das Verhalten der Männer macht es den Frauen viel schwerer, sich zu manifestieren. Ich denke, dass es in der Zukunft mehr »berühmte« Frauen in der Architektur geben wird. Ich sehe das in unserem Atelier – sehr viele Frauen sind bei uns in führender Position.

Was tun Sie, wenn Sie sich erholen wollen?
Ich denke an die Architektur, die ich noch gerne bauen will.

Von Wolf D. Prix lernen

Architektur und Stress
- Öde Infrastruktur, unkommunikative Ballungszentren, anonyme Räume, schalldurchlässige Behausungen, Langeweile durch Gleichförmigkeit stressen.

Negativer Stress
- Der eigene Stress fließt in die eigene Arbeit mit ein und überträgt sich auf das, was man entwirft und erschafft.
- Negativer Stress entsteht, wenn man die Kontrolle verliert. Deshalb ist die akribische Planung eines Projekts entscheidend.

Positiver Stress
- Die ständige Konfrontation mit neuen Perspektiven, die Auseinandersetzung mit neuen Ideen, die Begeisterungsfähigkeit anderer lassen ein »Bigger-than-life-Gefühl« entstehen.

Work-Life-Balance
- Künstlerische Lösungen beschäftigen einen rund um die Uhr. Eine Trennung von Beruf und Privatleben ist nicht möglich. Wer in einem schöpferischen Beruf erfolgreich sein will, muss sich ganz und gar dafür entscheiden.

Teamwork
- In einem Beruf, in dem man Risiken eingeht und häufig mit Kritik konfrontiert wird, arbeitet man viel besser mit einem Geschäftspartner. So kann man sich gegenseitig stützen und unterstützen.

Übersicht
- Multitasking ist nicht immer der richtige Weg. Sich von Zeit zu Zeit zurückzuziehen und anderen zu vertrauen hilft, die Übersicht zu bewahren.

Beratung
- Externe Berater können helfen, im Team Vertrauen auf- und Konflikte abzubauen.

Gelassenheit
- Wenn Gelassenheit bedeutet, nie zu irgendetwas Stellung zu beziehen, dann ist sie nicht erstrebenswert.

Barbara Rudnik

Barbara Rudnik, geboren 1958 in Wehbach an der Sieg, gehörte zu den profiliertesten und populärsten deutschen Schauspielerinnen. Sie wurde in jungen Jahren von Studenten der Hochschule für Film und Fernsehen in München als Darstellerin entdeckt. Nach Schauspielunterricht und ersten Rollen am Theater folgte ihr Kinodebüt 1981 im Film *Kopfschuss*. Zahlreiche Hauptrollen in internationalen und nationalen Fernseh- und Theaterproduktionen sowie mehrere Kinofilme schlossen sich an. Für ihre Rolle in *Der Sandmann* bekam Barbara Rudnik 1996 den Adolf-Grimme-Preis. Im Jahr 2006 wurde sie als beste deutsche Schauspielerin mit der »Goldenen Kamera« ausgezeichnet. Barbara Rudnik erlag am 23. Mai 2009 einem langjährigen Krebsleiden.

Rechne mit dem Schlimmsten, hoffe auf das Beste

Frau Rudnik, erinnern Sie sich noch an den Anfang Ihrer Filmkarriere, als Sie von Studenten der Hochschule für Fernsehen und Film in München entdeckt wurden?
Ja natürlich, ich war zu diesem Zeitpunkt in der Schauspielschule, absolvierte das dritte, also das letzte Jahr. Ich arbeitete damals auch noch in einer Eisdiele, und eines Nachmittags sprachen mich zwei Studenten an. Ich kann mich genau an den Tag erinnern, ich weiß sogar noch, dass der eine einen Kiwi-Eisbecher für 5,60 Mark aß. Sie fragten mich, ob ich nicht Lust hätte, in einem Hochschulfilm mitzuspielen.

Sehen Sie diesen Augenblick heute als Fügung oder gar als Schicksal?
Als Fügung, weniger als Schicksal. Entscheidend war ja, was danach geschah. Es hätte auch bei dem einen Film bleiben können, aber ich habe danach einen Hochschulfilm nach dem anderen gedreht. Eigentlich habe ich in jenem Jahrgang bei jedem Film mitgespielt.

Wann war Ihnen klar, dass Sie Schauspielerin werden wollen?
Das erste Mal eigentlich mit zwölf. Ich las viel über das Theater, diese Welt schien mir so geheimnisvoll und faszinierte mich so sehr, dass ich da unbedingt hinwollte. Ich begann am Staatstheater in Kassel als Statistin zu arbeiten und war begeistert. Lange dachte ich, ich könnte keine Schauspielschule besuchen, weil ich kein Abitur hatte, aber als ich nach München kam, erfuhr ich, dass ich gar kein Abitur brauchte, und meldete mich umgehend bei einer Schauspielschule an. Ich bestand die dreimonatige Probezeit und die anschließende Prüfung, wurde aufgenommen, und das war es dann.

Haben Ihre Eltern nicht darauf gedrängt, dass Sie das Abitur machen?
Mit den richtigen Lehrern hätte ich das Abitur vielleicht geschafft ... Aber ab dem 9. Schuljahr hatte ich keine Lust mehr auf Schule, und es war niemand da, der mich forderte. Meine Eltern hatten da kaum noch Einfluss auf mich, ich wurde sehr früh selbstständig. Ich habe meine Eltern sehr geschätzt und gemocht, aber ich war immer sehr verschlossen. Vielleicht kam von daher mein Wunsch, Schauspielerin zu werden. Ich spürte, dass ich mich so vielleicht mehr öffnen und aus mir herausgehen würde.

Was macht eine gute Schauspielerin aus? Worauf kommt es besonders an?
Ein hohes Maß an Wahrhaftigkeit ist ganz wichtig. Ich denke, man sollte sich weniger an die Anweisungen in

den einschlägigen Büchern halten, sondern eher einen eigenen Zugang zu den Rollen finden, um seine Kräfte und Stärken überzeugend einbringen zu können. Gerade beim Fernsehen und Film ist es wichtig, nicht zu sehr zu spielen, sondern mehr zu sein.

Woran erkennt man, dass jemand nicht »wahrhaftig« ist und lediglich »spielt«?
Das sieht und spürt man, es kommen sehr leicht falsche Töne auf. Wenn man das Publikum berührt, dann ist es richtig. Und nur Wahrhaftigkeit überzeugt. Man kann sie sich nicht antrainieren – einem guten Schauspieler gelingt die Wahrhaftigkeit irgendwann wie von selbst.

Gab es eine Rolle, mit der Sie sich besonders stark identifiziert haben?
Ja, ich habe zwei Filme für das Fernsehen gedreht, in denen ich eine Kranke spielte. Einmal hatte ich Multiple Sklerose und das andere Mal Krebs. Diese Rollen haben mich extrem angestrengt und herausgefordert. Ich musste bei der MS-Kranken eine andere Körperlichkeit herstellen, mir wurde eine jüngere und ganz vitale Frau gegenübergestellt. Das hat mich beim Drehen unglaublich gestört: Da tanzt eine herum und ist die Tolle, während ich mich mit meiner Rolle unendlich abmühe. Da musste ich sehr darauf achten, meine Stärke zu behalten und mich nicht unterbuttern zu lassen. Kranke Frauen zu spielen gehört wohl zu meinen intensivsten Arbeiten.

Wie finden Sie nach einem intensiven, anstrengenden Dreh wieder Abstand zu Ihrer Rolle?
So intensiv ist eine Rolle dann doch wieder nicht. Während ich spiele, ist die Intensität groß, aber letztendlich handelt es sich nur um einen Text, den man spricht. Selbst wenn ich mich stark in eine Rolle einfühle, ist es überhaupt kein Problem, hinterher Witze zu erzählen oder was auch immer. Das große Geheimnis ist die richtige Dosierung zwischen Spannung und Entspannung.

Gibt es Momente, in denen Sie beim Schauspielen richtig gestresst sind?
Ja natürlich. Ich muss bei lauten Szenen wahnsinnig aufpassen, nicht zu übertreiben. Vor solchen Szenen habe ich zuvor meistens Angst und spiele dann viel zu viel. Bei jedem Schauspieler ist das anders, jeder hat seine Schwachpunkte, manche sind in der Lautstärke richtig gut. Ich selbst musste mir erst bewusst machen, dass ich mich bei den lauten Szenen vorher schon verkrampfe und dann schlecht spiele. Mit der Zeit ist es besser geworden. Ich fand heraus, dass ich der Szene eine Chance geben muss, um sie kommen zu lassen und sie nicht zu sehr zu forcieren.

Wie kommen Sie mit Kollegen zurecht, die Ihnen nicht liegen oder die schwach sind in ihrer Rolle?

Es ist deutlich angenehmer, mit jemandem zu spielen, der auf derselben Wellenlänge ist, der dasselbe will, dem man in die Augen schauen kann und von dem etwas zurückkommt. Wenn mir das Spiel des anderen nicht gefällt, dann muss ich das gedanklich ausschalten und mich so weit wie möglich auf mich selbst konzentrieren. Das ist gar nicht so schwierig, man ist sowieso meistens auf sich selbst konzentriert. Die größte Kunst besteht darin, dem anderen beim Spielen zuzuhören – wenn man das hinbekommt, ist man wirklich sehr entspannt.

Ist ein guter Schauspieler also jemand, der in sich ruht und sich zugleich auf den anderen einlassen kann?

Ja, das könnte man so sagen. Aber ich glaube, dass ein guter Schauspieler auch mit Persönlichkeit gesegnet sein sollte, denn es muss ja etwas rüberkommen, er muss die Menschen berühren, und diese Fähigkeit kann man nur sehr schwer vortäuschen. Eine Verletzlichkeit und Sensibilität wie die einer Romy Schneider hat man oder hat man nicht, es ist fast unmöglich, sie zu erarbeiten.

Nur – je verletzlicher man ist, desto mehr versucht man, sich irgendwie zu schützen, und da besteht die Gefahr, dass man sich verschließt. Eine Schwierigkeit, die ich gut kenne.

Wie kommt es, dass Ihnen oft Eigenschaften wie »kühl«, »unnahbar« und »stark« zugeschrieben werden?

Das sind die Klischees, die beim Fernsehen und beim Film ganz schnell aufkommen, das darf man nicht so ernst nehmen. Nur wenn man das Glück hat, eine andere Rolle angeboten zu bekommen, man also nicht immer die gleiche Figur spielen muss, kann man solche Urteile revidieren.

Ich habe mich beim Film nicht immer wohlgefühlt, und wenn ich ein bisschen unsicher werde, dann mache ich zu. Da kommt die angebliche Kühle und Unnahbarkeit in mir zum Vorschein. Manchmal muss man mit dem Schicksal leben, immer die falschen Rollen spielen zu müssen, wobei ich mich nicht beschweren kann. Ich habe ganz interessante, gebrochene Figuren gespielt, die aber gleichzeitig eine große Lebensenergie und Lebenslust verkörperten.

Können Sie sich vorstellen, eine wirklich humorvolle Rolle zu verkörpern?

Das möchte ich wahnsinnig gerne. Allerdings müsste ich mir mehr Sicherheit erarbeiten, da ich das selten gemacht habe. Kleine, gute Figuren, auch humorvolle, würden mich reizen. Hauptrollen schaffe ich im Moment nicht mehr.

Humor ist sehr wichtig bei Schauspielern, sonst geht gar nichts. Allerdings fühlen sich Schauspieler auch oft verkannt und beklagen, dass ihre Art Humor nicht genügend erkannt wird.

Können Sie selbst bestimmen, welche Rolle Sie wie spielen möchten?
Das hängt von einem selber ab und natürlich auch von der Regie. Aber zuallererst davon, wie sehr man darauf besteht mitzubestimmen. Ich fühle mich oft zu unsicher, um das, was ich möchte, einzufordern.

Wenn Sie verunsichert oder enttäuscht werden, sprechen Sie das an, oder behalten Sie es eher für sich?
Ich spreche es an und versuche es zu klären. Aber im Streiten bin ich nicht gut, ich brauche ewig, bis ich mich verteidige, weil ich dazu neige, die Schuld immer bei mir zu suchen. Es gibt allerdings gute und schlechte Tage: Ich habe zwei Persönlichkeiten in mir, eine sehr starke und eine sehr schwache. Mal komme ich in einen Raum, und jeder nimmt mich wahr, und ein anderes Mal sieht man mich gar nicht. Das spüre ich sofort. In den starken Momenten bin ich selbstbewusst, fühle mich als Persönlichkeit, übernehme die Führung. In den schwachen Momenten hingegen bin ich sofort bereit, mich unterzuordnen.

Was bringt Sie zum Lachen?
Gute Musik bringt mich innerlich zum Lachen, bereitet mir eine innere Freude. Sie verschafft mir Zugang zu meinen Emotionen. Ob ich zuhöre oder mitsinge, Musik lässt meine Gefühle fließen, ich kann mich toll dabei »entleeren«. Ich liebe Filme wie »Heimatklänge«, eine Dokumentation über Schweizer Jodler. Sie haben eine neue Form des Jodelns entwickelt und arbeiten einfach nur mit Urtönen, die etwas ganz Archaisches haben, aber doch modern umgesetzt wurden. Solche Musik geht mir unter die Haut! Ich liebe leichten, aber auch traurigen Blues und klassische Musik.

Seit zwei Jahren spiele ich selbst Akkordeon. Ich möchte die Leute nur ein bisschen unterhalten, ich werde natürlich keine Profimusikerin mehr. Inzwischen spiele ich bei den Filmfonikern mit, das ist ein Orchester mit lauter Menschen, die beim Film arbeiten. Dabei lerne ich wahnsinnig viel, und es bringt mich innerlich zum Lachen. Ansonsten bringt auch gutes Essen mein Herz zum Lachen!

Sie sagten einmal, Sie würden gerne für eine gewisse Zeit auf Wanderschaft gehen, aber lieber mit einem Hund als mit einem Menschen, sonst müssten Sie ja reden. Unterhalten Sie sich nicht gerne?
Nein, ich bin einfach kein Mensch des Wortes. Gemeinsam etwas tun,

gemeinsam etwas arbeiten, das ist in Ordnung. Aber sich einfach so ins Blaue hinein zu unterhalten, das ist nicht mein Ding, da schweige ich lieber. Viele Menschen können sich spielerisch unterhalten und sich dabei amüsieren. Mich strengt das an.

Sie stellen sich Ihrer Krebserkrankung ja sehr offensiv. Was hat Sie dazu bewogen, damit an die Öffentlichkeit zu gehen?

Letztendlich war der Auslöser die Verleihung des deutschen Filmpreises. Meine Agentur sagte, ich müsse die Presse vorher über meine Krankheit informieren, und das habe ich eingesehen. Ich durfte und wollte mich nicht mehr verstecken. Da gar nicht abzusehen ist, wann sich meine Gesundheit wieder bessert, falls überhaupt, wurde mir klar, dass ich gar keine andere Chance habe, als an die Öffentlichkeit zu gehen. Ich wollte wieder wie früher an allem teilnehmen, und zwar in dem Zustand, in dem ich mich gerade befinde.

Wie beurteilen Sie die Reaktion der Presse?

Mit der »Bunten« lief es sehr gut, ich kenne die Redakteure, und die Journalistin, die mich interviewt hat, war sehr angenehm. Was danach folgte, fand ich weniger angenehm, weil ich erstmal zwei Wochen lang das Gefühl hatte, dass mich jeder

nur noch unter dem Aspekt der Krankheit sieht. Aber dieser Eindruck verflüchtigte sich dann auch wieder. Die Krankheit ist zwar, insbesondere bei Menschen, denen ich zum ersten Mal begegne, ein zentrales Thema, aber das gibt sich, so ähnlich wie sich das Prominentsein auch mit der Zeit legt.

Wirkt denn Prominenz oder Krankheit hemmend bzw. verunsichernd auf andere?

Ja, ich denke schon. Weil beides »unnormal« ist. Normalerweise lernt man Menschen kennen und ist entweder beeindruckt von ihnen oder nicht. Aber durch die Medien werden bestimmte Personen besonders hervorgehoben, man kennt sie und kennt sie doch nicht – plötzlich stehen sie vor einem, und das macht einen irgendwie nervös.

Wie bewegen Sie sich in der Öffentlichkeit – fühlen Sie sich beobachtet?

Es geht. Ich habe meine festen Plätze, an die ich regelmäßig gehe, wo mich die Menschen kennen. Von daher bin ich dort schon mal geschützt. Schlimm ist es, wenn es mir gar nicht gutgeht und ich mich irgendwie ausgeliefert fühle. Das ist nicht schön, dann kann es richtig schlimm werden. Dann ist selbst der Weg zum Bäcker unangenehm. Vor vielen, vielen Jahren, es ging mir gerade miserabel – ich weiß nicht mehr, warum –, sprach mich jemand an, und ich schämte mich so, dass ich einfach behauptet habe: »Ich bin das nicht!«

Warum schämten Sie sich denn?
Ich dachte oft, ich könnte die Erwartungen der anderen nicht erfüllen. Sie sahen etwas Besonderes in mir, zumindest glaubte ich das, und in schlechten Momenten meinte ich, überhaupt nichts Besonderes zu sein, also habe ich mich wirklich verleugnet. Ich glaube, ich habe mich damals viel zu sehr unter Druck gesetzt. Das ist bestimmt nicht gut und ein sehr unangenehmer Stress.

Was haben Sie gemacht, um diesem Stress zu entkommen?
Irgendwann bin ich krank geworden. So unglaublich es klingen mag, in vielen Dingen hat mir der Krebs eine größere Entspannung gebracht. Ich beginne mal mit dem Äußerlichen: Früher fand ich mich manchmal sehr hübsch, aber zuweilen auch geradezu hässlich. Damit hatte ich immer wieder zu kämpfen. Jetzt fühle ich mich diesbezüglich viel stabiler, ein angenehmes Gefühl. Ich habe früher bestimmt viel besser ausgesehen, aber jetzt kann ich einfach sagen, ich sehe so aus, wie ich aussehe. Wenn ich mal etwas unansehnlich bin, dann weiß ich, woran es liegt, nämlich meistens an den Medikamenten.

Wie sehr hat Sie Ihre Krankheit innerlich verändert?
Es ist erstaunlich, aber ich gehe wirklich sehr erfolgreich mit meiner Krankheit um. Ich bin innerlich stabil, ich vertrage die Medikamente, ich bin erfolgreich im Überleben. Ich fühle mich körperlich zwar durchaus eingeschränkt, aber es war nie so schlimm, dass ich nicht damit umgehen konnte. Ich stelle mich meiner Aufgabe und finde bei den Menschen viel Anerkennung dafür. Das hört sich seltsam an, aber meine größten Krisen erlebte ich, wenn alles gut zu laufen schien, denn dann fehlte mir plötzlich die Aufgabe. Seitdem ich krank bin, hadere ich nicht mehr so mit mir, das ist ganz eigenartig.

Was hat sich noch durch Ihre Krankheit verändert?
Ich habe seit einem Jahr einen Hund. Das war die weiseste Entscheidung, die ich treffen konnte, denn nun, da ich so gut wie gar nicht mehr arbeite, gibt er meinem Leben einen Rhythmus und ist unglaublich hilfreich. Er zwingt mich auch, täglich eine Stunde spazieren zu gehen. Ich bin zutiefst davon überzeugt, dass es mit diesem Hund zu tun hat, dass ich meinen Zustand so gut vertrage. Wenn man alleine lebt und nicht zur Arbeit geht, muss man wahnsinnig aufpassen, dass man den Anschluss nicht verliert und aus der Gesellschaft fällt. Der Hund hilft mir dabei.

Wie gehen Ihre Freunde und Kollegen mit Ihrer Krankheit um?

Es geht schon damit los, dass die Frage »Wie geht's?« nicht mehr einfach als Begrüßung, als das übliche »Guten Tag« ausgesprochen wird, sondern ernst gemeint ist. Das ist für mich anstrengend, weil es natürlich ständig passiert, aber ich sage dann meistens »Es geht ganz gut.« Ich muss nun wirklich nicht mit jedem ein intensives Gespräch über meine Krankheit führen! Ansonsten spüre ich sehr viel Hilfsbereitschaft, sehr viel Zuwendung, sehr viel Angenehmes, und wenn sich Freunde von mir verabschieden, werde ich ein bisschen fester gedrückt als früher.

Was könnten andere Menschen, die an Krebs erkrankt sind, von Ihnen lernen?

Ich glaube nicht, dass man anderen wirklich helfen kann. Vielleicht kann man Hoffnung geben, wenn überhaupt. Als meine Krankheit diagnostiziert wurde, befand ich mich wochenlang in einer Art Schockstarre, und dennoch hatte ich nie zuvor in meinem Leben einen so klaren Kopf. Ich konnte auf einmal kristallklar denken. Es war, als wären alle Verschmutzungen im Gehirn, alle Verstopfungen komplett weggeblasen. Heute habe ich manchmal richtig Sehnsucht nach diesem Zustand. Wahrscheinlich ist das so eine Art Notprogramm des Körpers.

Und dann, nachdem dieser Schock vorbei war, hatte ich nur noch positive Gefühle. Wenn ich beispielsweise in den Nachrichten erfuhr, dass jemand gestorben war, dachte ich: »Dieser arme Mensch, der war erst 20 Jahre alt – mein Gott, geht es dir gut!«

Wie hat sich die Krankheit auf Ihre Beziehungen zu anderen Menschen ausgewirkt?

Ich bin egoistischer geworden, bestehe mehr auf meinem Wohlbefinden. Früher fühlte ich mich immer sehr verpflichtet für alles Mögliche, nun habe ich das ein bisschen abgelegt. Manchmal nehme ich meine Krankheit auch ganz frech als Ausrede: »Ich kann heute Abend leider nicht kommen, mir geht es nicht so gut.« Ich bleibe auf Partys oder bei abendlichen Einladungen auch nur noch so lange, wie ich möchte, und nicht, wie es die Gastgeber vielleicht erwarten.

Gibt es sonst noch positive Veränderungen durch Ihre Krankheit?

Als ganz angenehm empfinde ich es, nicht mehr zu arbeiten. Es ist natürlich ein Glücksfall, dass ich nicht mein gesamtes Geld ausgegeben habe und mir dieses Leben jetzt leisten kann. Es gibt ein Gefühl von Freiheit, keine Hauptrollen mehr spielen zu müssen, mir ist jetzt erst klargeworden, wie sehr mich das belastet hat. Ich habe den Stress dieser Hauptrollen während des Drehens gar nicht wirklich wahrgenommen, erst hinterher wurde mir bewusst, wie viel Kraft sie mich gekostet haben.

Sie haben Ihrer Krankheit viele positive Seiten abgewonnen. Fühlen Sie sich heute insgesamt freier?
Ja, das hätte ich mir so nie vorstellen können. Ich hätte früher nie behauptet, dass mich die Schauspielerei anstrengt, es war mir nicht bewusst. Ich bin oft über meine Grenzen hinausgegangen und war doch nie ganz zufrieden mit mir. Heute bin ich dabei, kleinere Rollen vorzubereiten. Ich glaube, das ist ganz wichtig: Immer mit dem Schlimmsten zu rechnen, damit man nicht ganz unvorbereitet ist – und trotzdem auf das Beste zu hoffen.

Von Barbara Rudnik lernen

Sich abgrenzen
- Sie müssen gar nichts! Weigern Sie sich, die Erwartungen anderer zu erfüllen oder etwas Besonderes sein zu müssen.
- Hören Sie auf Ihre eigenen Bedürfnisse und bemühen Sie sich nicht, die anderer zu erfüllen.
- Trennen Sie zwischen sich und dem Bild, das andere von Ihnen haben. Nehmen Sie die Vorstellungen anderer über Sie nicht so ernst.

Offen bleiben
- Achten Sie darauf, sich nicht völlig zu verschließen, auch wenn Sie sich verletzlich fühlen.

Sich Gutes tun
- Verwöhnen Sie Ihre Sinne. Durch gutes Essen und gute Musik erschließen Sie sich den Zugang zu Ihrem Innenleben.

Auf den Hund kommen
- Ein Hund kann eine große Stütze sein: Er gibt dem Tag einen Rhythmus. Er zwingt einen zu täglichen Spaziergängen und sorgt dafür, dass man den Anschluss an das Leben nicht verliert.

Sich der Krankheit stellen
- Stellen Sie sich Ihrer Aufgabe und sagen Sie sich: Ich gehe erfolgreich mit meiner Krankheit um, ich bin innerlich stabil, ich vertrage die Medikamente, ich bin erfolgreich im Überleben.
- Eine schwere Erkrankung wie Krebs kann auch Entspannung bringen, weil man vieles, was man an sich selbst nicht akzeptiert, auf die Krankheit zurückführen kann.

Auf Illusionen verzichten
- Rechnen Sie mit dem Schlimmsten, hoffen Sie trotzdem das Beste.

Michael Schramm

Seit Mai 2006 ist Michael Schramm persönlich haftender Gesellschafter von Hauck & Aufhäuser Privatbankiers. Er verantwortet die Geschäftsbereiche Privat- und Unternehmerkunden, einschließlich der Vermögensverwaltung und des Wealth Managements. Zuständig ist er ebenso für eine Reihe von Tochtergesellschaften. Zuvor war Michael Schramm bei der Berenberg Bank in Hamburg Mitglied der Geschäftsleitung mit Gesamtverantwortung für das Global Private Banking und Publikumsfonds. Seit vielen Jahren ist er als Börsenexperte zu Gast bei Fernseh- und Rundfunksendern. Er verfasst regelmäßig Kommentare und Kolumnen in Printmedien. Michael Schramm lebt mit seiner Familie in Bad Homburg.

Am Ende des Tages bin ich mit mir im Reinen

Herr Schramm, Ihre Sekretärin ist heute nicht da, was bedeutet das für Sie?

Passend zum Thema Ihres Buches: Stress, weil meine enge Zeitplanung – ich liebe Effizienz –, dann ins Wanken kommt, wenn mir nicht jemand hilft, die Zeit in den Griff zu bekommen. Deshalb habe ich hier in München als auch in Frankfurt und in Hamburg eine Sekretärin. Die drei koordinieren alles untereinander. Wenn dann irgendwas dazwischenkommt, merke ich, dass ich keine Puffer gelassen habe. Gestresst bin ich also, wenn ich nicht genügend Zeit habe, um wichtigen Themen gerecht zu werden.

Was passiert, wenn Sie keine Zeitpuffer einplanen?

Natürlich werden Zeitpuffer eingeplant, aber auch die sind knapp bemessen. Ein Zeitpuffer jeden Morgen ist das Frühstück, so ab 7 Uhr 30, zu dem ich gegebenenfalls Gesprächspartner einlade. Und der zweite Zeitpuffer ist der Transportweg zu den Flughäfen, ineffizient eigentlich. Ich lade dann auch mal jemanden ein, mich zum Flughafen zu begleiten. Dann sitzen wir noch eine Stunde beisammen und können uns unterhalten.

Wenn Ihr Tag um 7 Uhr 30 anfängt, wann hört er denn auf?

Dreimal in der Woche gegen 22 Uhr und zweimal in der Woche gegen 20 Uhr. Die Achtuhrzeit trage ich mir auch in meinen Kalender ein, damit ich meinen Kindern noch Gute Nacht sagen kann, das versuche ich immer hinzubekommen. Ansonsten gehört aber selbstverständlich immer dazu, eine Abendveranstaltung im Sinne der Bank wahrzunehmen.

Heißt das, Ihre Kinder kommen zu kurz?

Ja, das hört sich grausam an, dass nur zweimal in der Woche die Zeit bleibt, sie ins Bett zu bringen. Ich versuche, das am Wochenende zu kompensieren. Das Wochenende ist insofern auch mit einer festen Zeitplanung versehen, damit die Kinder den Papa dann tatsächlich exklusiv haben, und zwar jedes mit seinen persönlichen Bedürfnissen. Das heißt, einen halben Tag mache ich etwas mit meinem Sohn, er ist zwölf, zum Beispiel im Sommer Golf spielen, und einen halben Tag verbringe ich mit meiner sechsjährigen Tochter, wir basteln, backen Kuchen oder spielen etwas. Im Winter machen wir jeden Sonntagabend um 18 Uhr das Kaminfeuer an und sitzen zwei Stunden zusammen, ich lese eine Geschichte vor, oder wir machen irgendwelche Ratespiele. So erleben wir richtig heile Familie. Das tut uns allen unheimlich gut, mir auch, es gibt mir nämlich die Kraft für die anstehende Woche.

Können Sie zur Ruhe kommen und zügig einschlafen, oder brauchen Sie länger, um abzuschalten?

Ich schlafe sehr schnell ein, natürlich vor allem, weil ich kaputt und fertig bin, aber auch, weil ich Themen eigentlich nicht mit nach Hause bringe. Ich denke auf dem Weg nach Hause oder ins Hotel nochmal über alles nach, aber ich verfüge über einen inneren Mechanismus, der es mir ermöglicht, tatsächlich am Ende eines Tages mit mir im Reinen zu sein.

Wie funktioniert dieser Mechanismus?

Ich brauche ungefähr eine halbe Stunde, in der ich den ganzen Tag nochmal durchgehe, auch die Dinge aufarbeite, die nicht gut gelaufen sind. Ich gehe nicht mit offenen Themen ins Bett. Entweder schicke ich noch am Abend eine SMS oder spreche jemandem auf die Mailbox, oder ich beschreibe einen kleinen Notizzettel, den ich mir in den Kalender lege. Dann sage ich mir, heute Abend kann ich an diesem Thema nichts mehr ändern, und morgen werde ich die Energie brauchen, die mir jetzt die nächsten Stunden geben, und ich schalte ab. Es gibt ganz selten Tage, an denen ich mal nicht gut einschlafe oder auch mit Sorgen noch spätabends dasitze.

Wie belastend ist das viele Reisen für Sie?

Oft hat man ein oder zwei Termine, und der Rest des Tages ist an Flughäfen draufgegangen. Viele fühlen sich dann unproduktiv und sind deswegen abends gestresst. Für mich sind die Flugzeiten genau die Bürozeiten, die ich brauche, um mich über die Dinge, die ich zu entscheiden habe, zu informieren. Sobald ich aus dem Flugzeug steige, ist das Telefon wieder an. Deswegen ist es nicht besonders schrecklich. Dann gibt es den Fahrer, der mich zum Flughafen bringt, es gibt einen, der mich wieder abholt, sodass ich mir keine Gedanken über Parkplätze und Termine machen muss. Im Auto geht die Arbeit weiter, etwa mit Telefonterminen. Toll ist, dass meine Familie das super mitmacht und keinen zusätzlichen Stressfaktor aufbaut. Die sind das so gewohnt und wissen auch alle, dass die Kompensation dann am Wochenende stattfindet.

Wie bekommen Sie die Sorgen und Bedürfnisse Ihrer Ehefrau und Ihrer Kinder mit?

Manchmal fällt mir schon auf, dass ich zwar abends um zehn mit mir selbst im Reinen bin, aber meine Frau zu Recht auch noch die Themen besprechen möchte, die sie oder die ganze Familie am Tag bewegt haben. Zum Glück haben wir wenige Konflikte, aber wenn, dann geht es genau darum, dass ich mich noch stärker bemühen muss, auch dafür aufnahmefähig zu sein. Ich habe einen kleinen Trick. Wenn ich vom Flughafen komme, lege ich im Auto eine CD von Roger Cicero ein. Der singt das Lied »Zieh die Schuh' aus, bring den Müll raus.« Es klingt vielleicht komisch, aber das hilft mir zu begreifen, dass jetzt andere Dinge wichtig sind.

Sie sind 40 Jahre, mit 38 sind Sie Gesellschafter der Bank geworden. Was hat Sie bewogen, zu einer vergleichsweise kleinen Privatbank zu gehen?

Ich habe mich immer als Unternehmer gefühlt, ich habe vorher schon einmal in einer Privatbank in der Geschäftsleitung gearbeitet, als angestellter Geschäftsleiter. Mein ganzes Wirken, meine Art zu arbeiten und Entscheidungen zu treffen, aber auch kritisch wieder infrage zu stellen, die ist so typisch für einen klassischen mittelständischen Unternehmer, dass es für mich die richtige Wahl schien. Mir liegt eben die konkrete, handlungsorientierte Unternehmensführung, und das kann ich am glaubwürdigsten und auch am ehrlichsten, wenn ich persönlich hafte, wenn ich selber auch Mitgesellschafter dieser Firma bin.

Das heißt, Ihr Stress ist positiver Stress, weil Sie sich mit dem Unternehmen identifizieren?

Identifikation ohnehin, aber auch die Art des Arbeitens ist positiver Stress. Wenn ich das, was ich mit meinem Kenntnisstand als die richtige Lösung ansehe, auch uneingeschränkt umsetzen kann, dann gibt mir das positive Energie.

Was tun Sie als Führungspersönlichkeit, um Mitarbeitern negativen Stress möglichst zu ersparen?

Meine Mitarbeiter bekommen von mir uneingeschränkte Loyalität. Ich überlege mir, was ich mir selber Leid zufügen würde in einer großen Bankorganisation: nämlich getrieben zu sein und gezogen zu werden aus einer Sparten- und einer Matrixorganisation heraus. Mir ist wichtig, den Führungskräften meine Position und auch meinen Rückhalt zu dokumentieren. Meine Führungskräfte kennen sehr genau meine Vorstellungen zu einzelnen Themen, aber auch zu den großen Linien der Bank, sodass Fehlinformation, Irritation, Nichtabgestimmtheit als Stressursache wegfallen. Ich pflege den engsten Mitarbeitern gegenüber eine sehr starke Offenheit, das ist meine Hilfestellung.

Wie gut kennen die 600 Mitarbeiter Ihrer Bank, von ganz unten bis zum mittleren Management, Sie persönlich?

Wenn man dem Betriebsrat glauben darf, kennen mich viele zu wenig. Obwohl mein Partner und ich, wenn sich die Möglichkeit bietet, schon mal durchs Haus gehen und kurze Gespräche auf dem Flur führen. Ich würde behaupten, dass ich von drei Vierteln der Mitarbeiter die Namen kenne. Aber wenn am Jahresende jeder ein kleines Präsent und ein paar persönliche Worte von uns bekommt, stellen wir uns trotzdem die Frage, ob das wirklich ausreichend war.

Haben Sie jemals Personal entlassen müssen?

Ja, das eine oder andere Mal, sei es aus einer betriebswirtschaftlichen Notwendigkeit oder im Einzelfall aus Leistungsgründen. Das ist eine Sache, die mich viel stärker bewegt als Probleme, die wir bei operativen Themen haben. Wenn man die meisten Mitarbeiter per Namen kennt, dann weiß man, das sind nicht Personalnummern, sondern einzelne Schicksale. Um erfolgreicher Manager zu sein, muss man jedoch bei aller Menschlichkeit die Zukunftsfähigkeit der Firma und damit die Sicherung aller Arbeitsplätze über den Gedanken an den Einzelnen stellen. Normalerweise führe ich Gespräche, wie mir der Schnabel gewachsen ist, und gebe zu allem

meine Kommentare ab. Aber beim Thema Entlassungen habe ich eine so große Verantwortung, dass ich mir meine Worte sehr genau überlege und mich vorher ruhig hinsetze, mit Papier und Bleistift, und darüber nachdenke, wie die angemessene Erklärung in so einem Fall lauten könnte.

Das machen Sie persönlich?

Ja, sonst geht die Authentizität verloren.

Eine Abschlussfrage: Angesichts der Krise unseres Wirtschafts- und Finanzsystems empfinden viele Menschen Existenzängste. Können Sie als Bankier ihnen diesen Stress nehmen?

Ich glaube nicht an die Schreckensszenarien, ich setze sehr stark auf die Selbstheilungskraft unseres Systems. Solche Verwerfungen hat es immer gegeben, nur früher mündeten solche Verwerfungen häufig in einen Krieg. Was der Einzelne auch an persönlichen materiellen Verlusten heute erleidet, die sind viel, viel erträglicher als das, was vorherige Generationen erleiden mussten.

Von Michael Schramm lernen

Sich verwirklichen
- Gestalten wollen und die eigenen Ideen auch umsetzen können, verleiht positive Energie.

Erfolgreich führen
- Geben Sie Ihren Mitarbeitern Rückhalt, verhalten Sie sich verlässlich, kommunizieren Sie offen Ihre Ansichten und Strategien – das reduziert Ihren Stress und den der Mitarbeiter.
- Stellen Sie die Zukunftsfähigkeit der Firma und die Sicherung von Arbeitsplätzen über das Wohl des Einzelnen.
- Wenn Sie Mitarbeiter entlassen müssen, dann bereiten Sie sich auf das Gespräch gründlich vor. Kommunizieren Sie Ihre Entscheidung authentisch und respektvoll.

Abschalten
- Bringen Sie alles, was Sie auch abends gedanklich und emotional aufwühlt, vor dem Zubettgehen zu Papier oder delegieren Sie es.
- Coachen Sie sich selbst, indem Sie sich sagen: Ich kann jetzt nichts mehr ändern und lasse los, morgen werde ich dann mit geballter Kraft die unerledigten Aufgaben anpacken.

Zeit für die Familie einplanen
- Wenn Sie während der Woche wenig Zeit für die Familie aufbringen können, dann halten Sie das Wochenende von beruflichen Verpflichtungen frei.
- Planen Sie die Zeit mit Ihrer Familie wenn nötig als Termine fest ein und nehmen Sie diese Termine ernst.
- Lassen Sie Ihre beruflichen Sorgen im Büro und widmen Sie sich zu Hause gedanklich ausschließlich den Themen und Problemen Ihrer Familie.
- Führen Sie Rituale ein, auf die sich Ihre Kinder verlassen können.

Eigene Probleme relativieren
- Stellen Sie zum Beispiel die aktuelle Krise in einen historischen Bezug: Die gegenwärtige globale Finanzkrise ist zwar bedrohlich, im Vergleich zu früher löst solch eine Krise aber keinen Krieg mehr aus.

Leopold Stiefel

Leopold Stiefel, Jahrgang 1945, gründete 1979 gemeinsam mit Erich und Helga Kellerhals sowie Walter Gunz den Elektrofachmarkt Media Markt, heute die Nummer eins in Europa, Nummer zwei weltweit und in 16 Ländern Europas vertreten. Seine Tätigkeit als Vorsitzender der Geschäftsleitung der Media-Saturn-Holding GmbH endete 2006, er ist aber weiterhin als Gesellschafter am Unternehmen beteiligt. Leopold Stiefel ist Stadtrat der Stadt Ingolstadt, Beiratsvorsitzender der ERC Ingolstadt Eishockeyclub GmbH, Hochschulrat der Fachhochschule Ingolstadt, Vorstandsmitglied der INGENIUM-Stiftung sowie Verwaltungsrat der Sparkasse Ingolstadt. Zudem ist er in den Aufsichtsräten von Tertia Köln und der SWI Beteiligungen GmbH vertreten.

Mir geht es darum, Menschen nicht klein, sondern groß zu machen

Herr Stiefel, in jedem Bericht über Sie wird betont, dass Sie ein Flüchtlingskind sind. Welche Bedeutung hat es für Ihr Leben, in einer Flüchtlingsfamilie aufgewachsen zu sein?
Nach dem Krieg waren Flüchtlingsfamilien nicht gern gesehen. Den Menschen in Deutschland ging es nicht gut, und da strömten Einwanderer ins Land und beanspruchten Beihilfen. Die Auswanderer aus dem Sudetenland, aus Polen oder wir, aus dem heutigen Serbien, galten als Eindringlinge, die den Leuten von dem wenigen, was sie hatten, etwas wegnahmen.

Begegnete man Ihrer Familie mit Ablehnung? Haben sich andere Kinder über Sie lustig gemacht?
Ich wurde dauernd gehänselt. Wir sind als evangelisch-freikirchliche Flüchtlinge, also als Baptisten, in dem sehr konservativen, katholischen Ort Ernsgaden groß geworden. Wir wiesen also gleich drei Makel auf: Wir waren Flüchtlinge, wir waren kinderreich und hatten die falsche Religion. Doch zum Glück wuchs ich in einer intakten Großfamilie auf, wir hatten ein tolles Familienleben: sechs Kinder, meine Oma und meine Eltern. Wir waren die einzigen Flüchtlinge im Dorf. Also rückten wir als unbemittelte, ausgegrenzte Familie sehr nah zusammen.

Wenn ich diese Zeit Revue passieren lasse, bestätigt sich für mich der alte Lehrspruch: Das größte Unglück ist immer für etwas gut. Die stressvollen Erfahrungen, die ich als Kind und in der Jugendzeit machen musste, haben mich zu einem Kämpfer gemacht. Wäre ich im Wohlstand aufgewachsen, wäre ich bestimmt nicht der geworden, der ich heute bin.

Ein Kind spürt die Ungerechtigkeit, kann seinen Kummer aber schlecht ausdrücken. Wie haben Sie sich zur Wehr gesetzt?
Ich habe mich sehr stark abgekapselt. Das war meine Art, mich zur Wehr zu setzen. Meine Brüder waren meine einzigen Freunde. Dann habe ich allerdings mit 16 Jahren beschlossen, unser Dorf zu verlassen und nach Ingolstadt zu ziehen. Dort habe ich ein sehr kleines, karges, aber billiges Zimmer bei einer alten Dame gemietet, etwas Besseres konnte ich mir nicht leisten. Aber auch das hat mich in meiner Entwicklung weitergebracht.

Warum wollten Sie denn unbedingt so früh selbstständig werden?
Ich wollte mich verändern. Ich brauchte ein ganz neues Umfeld, um beruflich voranzukommen. Ich be-

absichtigte, Kaufmann zu werden, und erkannte, dass ich meinen starken bayrischen Akzent ablegen und meine Ausdrucksweise verfeinern musste. Was ich als Kind mitbekommen hatte, reichte nicht für eine Karriere in der Geschäftswelt. Also musste ich weg von zu Hause und meinen Horizont erweitern. Ingolstadt war damals für mich eine sehr große Stadt, unser Dorf hatte ja nur 900 Einwohner. Für mich war die Umstellung so fundamental, als würde ich heute von Ingolstadt nach Paris ziehen.

Wie sind Sie als 16-Jähriger in dieser Stadt zurechtgekommen? Fühlten Sie sich einsam?
Ja, ich fühlte mich einsam. Jeden Samstag stieg ich nach Geschäftsschluss auf mein Fahrrad – damals arbeiteten wir Samstags oft bis zum Abend – und fuhr nach Ernsgaden, um bei meiner Familie zu sein. Unter der Woche war ich abends alleine in meinem Zimmer, habe irgendeinen kalten Imbiss heruntergewürgt – das war es dann. Ich fühlte mich derartig einsam, dass ich meine erste Liebe sehr schnell geehelicht habe: Endlich hatte ich einen Menschen ganz für mich! Ich wollte eine eigene Familie gründen, damit die Einsamkeit ein Ende hat. Also habe ich mit 21 Jahren geheiratet.

Sie haben sich für den Beruf des Handelskaufmanns entschieden. Warum?
Mein Vater, der Hilfsarbeiter war, wollte, dass alle seine fünf Söhne Handwerker werden, denn er meinte, das Handwerk habe einen goldenen Boden. Ich war dazu auch bereit, doch dann wollte es der Zufall, dass ich als 14-Jähriger in der Kirche einem sehr sympathischen Mädchen begegnete, die zu mir sagte: »Ich lerne Verkäuferin in einem Textilkaufhaus in Ingolstadt.« Sofort blitzte in mir der Wunsch auf, Verkäufer zu werden. Ich würde unter vielen Menschen sein, wichtige Kontakte knüpfen, mich weiterentwickeln. Doch mein Vater war strikt dagegen: »Das kommt gar nicht infrage, du bist zu schüchtern und du kannst nicht mit Menschen umgehen, du bist überhaupt nicht redegewandt. Lerne Maurer, irgendein Handwerk.«

Wie haben Sie auf den Widerstand Ihres Vaters reagiert?
Ich wollte mich unbedingt freischwimmen. Ich war damals tatsächlich sehr introvertiert, ging nie auf andere zu, konnte Menschen nicht in die Augen schauen – meine Kindheit als Außenseiter hat mich geprägt. Doch vielleicht wurde ich gerade deswegen Einzelhandelskaufmann und lernte alles, was man für den Handel braucht: Buchführung, Verkauf, Verkaufspsychologie.

So hat die kurze Begegnung mit einem unbekannten Mädchen rein zufällig meine berufliche Zukunft bestimmt. Ich habe das Mädchen übrigens nie wiedergesehen.

Wenn Sie jetzt einen Sprung machen von dem Sohn, der sich gegen seinen Vater durchsetzt, zu dem Unternehmer, der Sie heute sind – woher haben Sie die Kraft genommen, ein eigenes Unternehmen zu gründen?
Ich habe niemals mit dem Gedanken gespielt, ein eigenes Unternehmen zu gründen. Ein Ziel hatte ich mir allerdings gesetzt, und daraus schöpfte ich meine Kraft: Ich wollte mit 25 Jahren nicht mehr auf der unteren Stufe des Berufslebens stehen – niemand sollte mir von früh bis spät sagen, was ich zu tun habe, mich herumkommandieren. Ich wollte mein Leben selbst bestimmen. Das habe ich erreicht. Ich war mit 24 schon Geschäftsführer einer kleinen Firma. Irgendwann wurde mir von meinem Chef ein Gesellschaftsanteil angeboten. Gemeinsam haben wir dann die Idee des Media Marktes entwickelt.

Wie hat es das scheue, introvertierte Flüchtlingskind geschafft, zusammen mit seinem Chef ein eigenes Unternehmen zu gründen?
Kein Mensch, auch nicht die einflussreichste Führungskraft, kann den Erfolg genau vorausplanen.

Zum Erfolg gehört sehr viel Glück. Manchmal genügt es, im richtigen Moment die richtigen Leute kennenzulernen, und schon werden neue Weichen gestellt. Es kommt auch vor, dass ein ungeplanter Vorfall die Laufbahn in eine völlig neue Richtung lenkt, und zwar in eine, die sich erst im Nachhinein als glückliche Wendung erweist.
Dafür gibt es ein interessantes Beispiel aus meinem eigenen Leben: Ich wollte von Ingolstadt nach München umziehen und bewarb mich in der Elektroabteilung der Firma Hertie als Abteilungsleiter. Doch der Mann, mit dem ich das Bewerbungsgespräch geführt hatte, erkannte sofort, dass ich unfähig war, die Elektroabteilung eines großen Konzerns zu leiten. Ich hatte nur eine Volksschulausbildung, kam aus einem kleinen Elektrogeschäft einer kleinen Stadt. Also kehrte ich nach Ingolstadt zurück, zutiefst enttäuscht und hochgradig gestresst. Doch genau dieses Unglück war mein Glück. Hätte mich Hertie eingestellt, wäre ich nie zu Herrn Kellerhals gekommen. Er hat mich als Verkäufer eingestellt, und mit ihm habe ich später Media Markt aufgebaut. Eigentlich wollten wir bloß ein Unternehmen gründen, von dem wir leben konnten und in dem sich die Mitarbeiter und die Kunden wohlfühlen. Das war die erste Zielsetzung. Und heute sind wir weltweit die Nummer zwei. Es zeigt sich immer wieder: Rückschläge

bedeuten momentanen Stress, aber sie können auch der Preis für wichtige Lernprozesse und neue Weichenstellungen sein.

Sie legen großen Wert darauf, dass sich Ihre Mitarbeiter in Ihrem Konzern wohlfühlen. War das von Anfang an Ihr Anliegen?

Ja, das hängt mit meinem eigenen Werdegang zusammen. Während meiner Lehre habe ich am eigenen Leibe erlebt, wie es sich anfühlt, falsch behandelt zu werden. Es führt zu negativem Stress und demotiviert. Aus diesem Grund haben wir eine Firmenkultur entwickelt, die unsere Mitarbeiter in den Mittelpunkt stellt. Sie sind das wichtigste Gut, das wir haben. Wir lassen ihnen viel Handlungsfreiheit, geben ihnen die Chance, sich weiterzuentwickeln und ihre Kreativität zu entfalten. Wenn wir bei unseren Entscheidungen im Betrieb die Wünsche der Mitarbeiter und Lieferanten berücksichtigen, werden sie auch uns unterstützen und mehr leisten. Ein Mitarbeiter kann noch so clever sein, wenn sein Arbeitsumfeld nicht stimmt, sinkt auch seine Leistungsbereitschaft. Wir machen ständig die Erfahrung, dass diejenigen, die mit Freude für uns arbeiten, viel mehr schaffen, ohne ihren Einsatz als Stress oder Leistungsdruck zu empfinden.

Deshalb haben wir unser Beteiligungssystem eingeführt: Unser Geschäftsführer bekommt von uns Anteile, und er soll das Unternehmen so führen, wie er es von uns kennt. So haben wir auch zahlreiche Einzel-GmbHs mit eigenem Chef. Wir wollten nie ein Konzern sein, in dem einer bestimmt, und alle anderen tanzen nach seiner Pfeife.

Haben konkrete persönliche Erfahrungen zu diesen Erkenntnissen geführt?

An eine entscheidende Erfahrung aus meiner beruflichen Anfangszeit kann ich mich sehr gut erinnern. Mein Chef hat mir einen Fehler unterstellt und mir in seinem Büro eine Ohrfeige verpasst – ja, so etwas gab es damals noch. Ich war mir nicht der geringsten Schuld bewusst und fühlte mich extrem ungerecht behandelt. Wie habe ich reagiert? Mit totaler Demotivation. Ich bin drei Tage nicht ins Geschäft gegangen und wäre am liebsten überhaupt nicht mehr dort erschienen.

Genau an diesen Vorfall habe ich gedacht, als wir unser Konzept für unsere Firma ausgearbeitet haben. Bei uns sollte jeder den Mut haben, Fehler einzugestehen. Nicht einmal der qualifizierteste Mitarbeiter ist gegen Irrtümer gefeit. Wenn ich ihn aber kleinmache, womöglich noch vor anderen, gerät er nicht nur unter Stress, er wird sich auch nicht mehr trauen, Entscheidungen zu treffen – und das wäre wirklich ein Fehler.

Über Ihrem Schreibtisch hängt das Motto »Lächle mehr als andere«. Kann denn ein lächelnder Chef seinen Mitarbeitern Freundlichkeit beibringen?

Nein. Einem Menschen, der von Haus aus grimmig und negativ eingestellt ist, kann ich nicht das Lächeln beibringen. Aber dann ist er bei uns am falschen Platz, denn in unserem Beruf ist es unerlässlich, freundlich mit Menschen umzugehen. Das heißt nicht, dass man immer mit einem Grinsen herumlaufen muss. Lächeln ist für mich das Synonym für Freundlichkeit. Dabei bekomme gerade ich häufig zu hören: »Mensch, der Herr Stiefel ist immer so ernst.« Dennoch: Ich bin zuvorkommend und grüße jeden.

Und wie sorgen Sie für ein produktives, stressfreies Arbeitsklima?

In fast allen von mir geleiteten Meetings herrscht eine lockere Atmosphäre. So verhindere ich, dass sich, selbst bei starkem Arbeitsdruck, negativer Stress aufbaut. Nach meiner Erfahrung spornt eine gute Stimmung im Betrieb zu Kreativität an und führt zu offenen, fruchtbaren Diskussionen. Mir ist es auch wichtig, mich mitten unter meine Leute zu begeben, um von dort aus die Fäden zu ziehen. Ich gehe auf den Verkäufer genauso ein wie auf den Geschäftsführer und rede mit jedem in seiner Sprache. Nur so schaffe ich eine entspannte, stressfreie Atmosphäre in meinem Betrieb. Zu meiner Führungsphilosophie gehört, mich niemals als Besserwisser hinzustellen. Mir geht es darum, Leute nicht klein, sondern groß zu machen.

Wie schützen Sie sich selbst vor Stress?

Ich beanspruche die Unterstützung qualifizierter Leute. Bei mir entsteht unweigerlich Stress, wenn sich immer mehr Arbeit auftürmt, die ich nicht delegieren kann. Da ich weder ein Finanzmann bin noch viel von Buchhaltung verstehe, stelle ich Mitarbeiter ein, die das können. Zum Glück habe ich ein Auge für gute Leute. Henry Ford hat einmal gesagt: »Ich muss nicht klug sein, ich muss nur so schlau sein, klügere Leute für mich arbeiten zu lassen.« Um mich zu entlasten, lasse ich meinen Mitarbeitern viel Freiraum. Wichtig ist mir, dass ich ihnen vertrauen kann. Ich habe die altbekannte Regel »Vertrauen ist gut, Kontrolle ist besser« umgedreht und zu unserem Motto gemacht: »Kontrolle ist gut, aber Vertrauen ist besser.« Diese Einstellung motiviert meine Leute und erspart mir zugleich den Stress ständiger Kontrolle. Wird mein Vertrauen allerdings von einem Mitarbeiter missbraucht, trenne ich mich von ihm. Ohne Vertrauen gibt es für mich kein stressfreies Arbeiten.

Wurden Sie denn nicht auch häufig enttäuscht?

Nein, die meisten honorieren mein Vertrauen. Aber natürlich bin ich auch enttäuscht worden. Ich werde Ihnen von einem Fall berichten, der mir enormen Stress bereitet hat: Einer unserer erfolgreichsten Geschäftsführer weigerte sich, auf seinen Urlaub zu verzichten, zu einer Zeit, in der alle Mitarbeiter anwesend sein mussten, weil wir Inventur machten. Da er sich absolut weigerte, die Richtlinien unseres Unternehmens einzuhalten, habe ich ihn entlassen. Er hatte gegen unsere Führungsphilosophie verstoßen, die besagt, dass wir das, was wir von unseren Mitarbeitern erwarten, auch selbst erfüllen müssen.

Jeder Mensch hat Stärken und Schwächen. Was sind Ihre größten Stärken?

Eine meiner Stärken ist es, Menschen zu führen, sie zu begeistern und auf den Weg mitzunehmen, den ich gehen möchte. Ich, der früher so schüchtern war, habe irgendwann festgestellt: Die Leute hören mir zu! Ich stecke sie an mit meinen Ideen und dem Feuer, das in mir brennt. Sie glauben an mich, sind bereit, für meine Ideen zu kämpfen, und ich weiß dann: Der jahrelange Einsatz hat sich gelohnt!

Wenn Sie sich selbstkritisch als Unternehmer unter die Lupe nehmen –

wo könnten Sie noch an sich arbeiten?

Ich bin zu ungeduldig, nichts geht mir schnell genug. Ich will, dass meine Ideen sofort umgesetzt werden, ich verbreite viel Unruhe, fange an, zu treiben und nachzuhaken: »Warum ist das nicht längst erledigt?« Dabei müssen die Dinge doch vorbereitet werden, aber das berücksichtige ich oft nicht genügend und kritisiere, anstatt das zu loben, was bereits erreicht wurde.

Zu meinen Schwächen gehört auch, dass ich nur ein wenig Englisch und sonst keine weiteren Sprachen spreche. Wenn wir mit internationalen Unternehmen zu tun haben, bin ich nicht in der Lage, so zu kommunizieren, wie ich es gerne würde. Was mir am Herzen liegt, kann kein Dolmetscher wirklich übersetzen.

Warum lernt ein ehrgeiziger, zielstrebiger Mensch wie Sie keine Fremdsprachen?

Ich habe es versucht, aber ich bin nicht sprachbegabt. Zahlen sind meine Stärke, mit dem Pauken von Vokabeln habe ich Probleme. Also erspare ich mir den Stress, schwierige Sprachen zu erlernen.

Sie arbeiten mit hohem Tempo, sind ständig gefordert. Wann entspannen Sie?

Aktiv zu sein ist für mich kein unangenehmer Stress. Wenn ich mir zwischendurch am Schreibtisch meine Zahlen anschaue und mich über meinen Erfolg freue, entspanne ich und bin zufrieden. Ich könnte niemals drei Stunden auf der Terrasse sitzen und nichts tun – das halte ich nicht aus.

Möchte ich wirklich mal richtig auftanken, dann wandere ich oder spiele Golf, laufe alleine über den Golfplatz und rede möglichst mit niemandem. Das ist Erholung pur. Früher, als ich noch voll im Geschäft stand, habe ich in meinem Wochenendhaus am Tegernsee Sport getrieben, dann war ich am Montag wieder fit für die gesamte Woche. Außerdem bin ich lange leidenschaftlicher Motorradfahrer. Auf meiner Harley-Davidson tauche ich in eine vollkommen andere Welt ein. Die Fahrer, die ich unterwegs treffe, fragen alle nicht nach meiner Ausbildung, nach meinem Beruf, nach meinem Erfolg. Es interessiert nur, welche Maschine du fährst, wo du gestartet bist und wohin du willst. Es entspannt mich enorm, mich ganz und gar auf dieses andere Leben einzulassen. Ich bin auf meiner Harley mehrmals durch Amerika gefahren, und wenn ich nach einer solchen Tour wieder zu Hause ankam, war jeglicher Stress von mir abgefallen. Beim Aussteigen war mein Antrieb, mit frischen Kräften wieder in die Arbeit einzusteigen.

Gab es in der Vergangenheit Perioden der Angst, der Unsicherheit?
In der Gründungsphase schon. Wäre da etwas schiefgelaufen, wir wären nie mehr auf die Beine gekommen. Ich hatte ja kein Geld, musste bei den Banken Bürgschaften abgeben, um Kredite zu bekommen. In dieser schwierigen Zeit ist mir aber meine Herkunft zugute gekommen. Ich sagte mir:»Schlechter als früher kann es dir nicht gehen, dann bist du eben wieder dort, wo du vor zehn Jahren warst – und damals hast du schließlich auch gelebt.« Mit dieser Einstellung habe ich mögliche Existenzängste gar nicht erst aufkommen lassen.

Woher nahmen Sie in der doch risikoreichen Gründerzeit des Unternehmens die Kraft und die Zuversicht, den Erfolg vorauszusehen?
Man muss an sich und sein Projekt glauben, das ist die Grundvoraussetzung – dranbleiben und bloß nicht beim ersten Rückschlag aufgeben. Ich habe mein Ziel mit aller Kraft verfolgt, arbeitete Tag und Nacht und habe negativen Stress in Form von Zweifeln einfach nicht zugelassen. Meine gesamte Energie steckte in meiner Arbeit, so blieb mir gar keine Kraft mehr, mir Sorgen zu machen. Erschöpft fiel ich nachts ins Bett – ein paar Stunden Schlaf, und schon stürzte ich mich wieder mit viel Energie in die Arbeit.

Wie viel Schlaf und Freizeit haben Sie sich in den kritischen Gründerjahren gegönnt?

Es gab Zeiten, da bin ich bereits um sechs in der Früh aus meinem Hotelzimmer marschiert. Um Mitternacht endete dann mein letztes Meeting, mein letztes Arbeitssessen. Der Erfolg wurde zum Elixier, um immer weiterzumachen. Bald florierten die Märkte, sie gingen ans Netz, die Kunden strömten in unsere Läden. Das setzte ungeahnte Energie in mir frei. Ich wurde immer mutiger, mit jedem Durchbruch wuchs mein Vertrauen in meine Fähigkeiten und unser Konzept. Mich haben Erfolge so motiviert, dass mich Freizeit wenig interessierte.

Wie hat sich Ihr gewaltiges Arbeitspensum auf Ihr Verhältnis zu Ihrer Familie ausgewirkt? Wie viel Zeit haben Sie sich überhaupt für Ihre Kinder nehmen können?

In den ersten Jahren habe ich meine Familie am Wochenende häufig ins Auto gepackt und bin 2000 Kilometer durch Deutschland gefahren, um mir Standorte anzusehen. Das war harte Arbeit, aber nicht nur, da ich ja meine Kinder und meine Frau bei mir hatte. Im Prinzip war ich allerdings sieben Tage die Woche mit dem Kopf bei meinem Unternehmen, die Grenzen zwischen Arbeit und Freizeit waren fließend. Für meine Familie war meine Arbeitswut eine Belastung, ich habe sie vernachlässigt, und sie hat darunter gelitten. Als Folge davon ist meine erste Ehe zerbrochen, und ich muss ehrlich zugeben, dass es mir nicht gelungen ist, Familie und Beruf in Einklang zu bringen.

Mit meinem ältesten Sohn beispielsweise hatte ich so manche Auseinandersetzung. »Steig doch in meine Fußstapfen, komm in unser Unternehmen!«, versuchte ich ihn zu begeistern, doch er antwortete klipp und klar: »Nein Papa! Ich möchte niemals das machen, was du machst. Du hattest nie Zeit für uns, am Wochenende hast du uns ins Auto gepackt, bist mit uns durch Deutschland gejagt und hast uns nichts anderes als Baustellen gezeigt. Das war purer Stress. Wir hatten wenig von dir, und das möchte ich meinen Kindern nicht antun.«

Ich habe daraus gelernt. Heute verbringe ich mehr Zeit mit meiner neuen Familie. Übrigens sind meine beiden Söhne doch noch in das Unternehmen eingestiegen.

Worauf sollten Existenzgründer also bei ihrer Work-Life-Balance achten?

Man sollte selbst in der arbeitsintensiven Anfangsphase versuchen herauszubekommen, was wirklich wichtig und was nicht ganz so wichtig ist. Das ist nicht leicht, denn in dieser Zeit wollen sich die meisten, genau wie ich damals, um alles kümmern, alles wissen, überall dabei sein. Ich habe alles selber betrieben, nicht nur die Standortsuche, auch die Laden- und Bauplanung, den Einkauf und den Vertrieb. Ich habe sogar die Regale gezeichnet und vom Schreiner bauen lassen, die Werbeprodukte und die Preispolitik bestimmt. Ich musste einfach alles selber machen, um Kosten zu sparen.

Heute weiß ich, dass man auch Mitarbeitern Verantwortung übertragen sollte, um sich Freiräume zu schaffen. Wenn ein Unternehmen eine bestimmte Größe erreicht hat, muss man loslassen und delegieren, sonst zerfrisst dich die Arbeit, und du wirst zu einem Nervenwrack.

Wenn man sich zu dritt die Aufgaben in einem Unternehmen teilt, ist man nicht immer einer Meinung. Gab es nie Streit zwischen Ihnen?
Natürlich gab es Auseinandersetzungen. Wir waren drei extrem unterschiedliche Menschen, doch jeder von uns wollte ein wirtschaftlich erfolgreiches Unternehmen aufbauen, in dem sich die Menschen wohlfühlen. Dieses Ziel haben wir über alles andere gestellt, so dass wir zwar harte Diskussionen führten, aber am Ende stellten wir stets unsere persönlichen Bedürfnisse zugunsten des Unternehmens zurück. Wir ließen uns niemals von negativem Stress überrollen, lebten recht gut mit unseren Meinungsverschiedenheiten, da wir unsere Zielsetzung nie aus den Augen verloren.

Musste da nicht jeder bereit sein, an der einen oder anderen Stelle nachzugeben?
Doch, natürlich. Ich kann mich gut an eine Werbeidee von Herrn Gunz erinnern, die 25 Jahre zurückliegt. In einem Radiospot sollte ein junger Mann ausrufen:»Großmutter, ich finde dich affengeil.« Für mich war das Wort geil damals untragbar. Wir haben uns gestritten und sehr scharf diskutiert. Ich sagte:»Das Wort geil muss raus!« Doch er war nicht davon abzubringen:»Dieser Slogan oder gar keiner!« Irgendwann gab ich nach, und der Slogan wurde zu einer der besten Werbungen, die wir je hatten.

Mir ist vollkommen klar, dass der Erfolg unseres Unternehmens auf dem enormen Einsatz und dem gelungenen Zusammenspiel unserer unterschiedlichen Stärken basierte – keiner von uns drei Partnern hätte ohne die anderen zwei eine solche Firma aufbauen können.

Ihr Unternehmen stand immer wieder vor großen Herausforderungen. Was hat Sie dazu gebracht, einer anderen Unternehmensgruppe Anteile an dem eigenen Betrieb zu verkaufen?
In meinem Leben wurden fundamentale Erfahrungen häufig zum Auslöser für wichtige Entscheidungen. So auch beim Teilverkauf unseres Konzerns. Wir hatten uns stets über die Lieferantenkredite finan-

ziert, das heißt: Ware einkaufen, später bezahlen. Wir waren damals sehr selbstständig, die gesamten Anteile gehörten uns. Dann geschah Folgendes: Wir eröffneten das 13. Haus, bestellten bei der Firma Sony für eine Million Euro Ware, doch drei Tage vor der Eröffnung war immer noch nichts da. Der Vertreter druckste herum und sagte schließlich, er könne nicht liefern, Media Markt könne nicht mehr versichert werden, dem Kreditversicherer sei das Risiko zu hoch. Es nützte uns überhaupt nichts, dass wir immer rechtzeitig bezahlt und bei Sony keine Schulden hatten.

Nun sollten wir also im Voraus bezahlen, und das zwang uns zum Umdenken: Wenn die Kreditversicherer so viel Macht hatten, dann konnte man uns morgen den Geldhahn zudrehen. Also fassten wir den Entschluss, uns mit Kaufhof zu verbünden. Dies war die einzige Firma, die sich bereiterklärte, 54 Prozent des Konzerns zu kaufen und zugleich aber nicht die Stimmenmehrheit zu bekommen. Nur so konnten wir unser Unternehmen weiter erfolgreich führen.

Seitdem war das Thema Finanzierung nie mehr ein Problem. Mit diesem Beteiligungssystem mussten wir nicht mehr befürchten, durch die Fehleinschätzung eines Bankers, eines Analysten, in den Konkurs getrieben zu werden. Manchmal sind radikale Entscheidungen das einzige

Mittel, um sich von belastendem Dauerstress zu befreien.

Heute besitzen Sie noch geringe Anteile an der Media-Saturn-Holding. Wie stark sind Sie noch emotional im Unternehmen engagiert?
Ob ich ein paar Anteile mehr oder weniger habe, ist für mich kein Thema. Meine zeitliche Präsenz hat sich auf die Hälfte reduziert, da ich meinen Vorsitz vor zwei Jahren abgegeben habe. Ich bin noch im Aufsichtsrat, bin Gesellschafter und habe einen Beratervertrag. Emotional bleibe ich dem Unternehmen immer 100-prozentig verbunden.

Was tun Sie mit der Zeit, die Sie jetzt für sich zur Verfügung haben?
Ich betreue meine anderen Firmen. Den Rest der Zeit verbringe ich mit meiner Familie und entspanne mich auf dem Golfplatz, wo ich gedanklich mit nichts anderem beschäftigt bin, als den kleinen Ball zu treffen. Ein, zwei Mal im Jahr gehe ich noch mit meiner Harley auf Tour. Es macht riesigen Spaß, aber die Spleens lassen nach.

Ich werde mit dem Alter entspannter, großzügiger. Früher war ich ein Pedant, heute bin ich weniger perfektionistisch, sehe Probleme gelassener. Das Leben ist so kurz – warum soll ich mich mit Dingen belasten, die eigentlich gar nicht so wichtig sind?

Ich kann mittlerweile besser unterscheiden zwischen wichtig und unwichtig. Wenn bei uns heute etwas nicht so läuft, wie ich es mir vorstelle, nehme ich es eher hin. Tatsächlich erweisen sich scheinbare Fehlentscheidungen im Zusammenhang mit anderen Entscheidungen später als durchaus richtig. Da ich nicht alles übersehen kann, mische ich mich oft gar nicht erst ein und richte meinen Blick auf das Ergebnis.

Sie sind also mit den Jahren milder geworden? Entspannter?
Richtig, ich vermeide bewusst negativen Stress. Ich habe gelernt zu akzeptieren, dass nicht jeder in meinem beruflichen Umfeld den gleichen Weg gehen muss wie ich. Noch mehr als früher erkenne ich, wie wichtig es ist, Fehler zu machen, um dann gemeinsam zu überlegen, was zu tun ist. Wie viele Fehler habe ich in meinem Leben gemacht! Deshalb steht in meinen Firmen-Leitlinien: Lieber handeln, wenn man glaubt, zu 80 Prozent richtig zu liegen, als 100 Prozent zu wollen. Ich kann kein Konzept entwickeln, das 100-prozentig richtig ist. Häufig ist es dennoch brauchbar, zumindest partiell, und man kann es dann verbessern und verfeinern. »100 Prozent richtig« gibt es im Leben so gut wie nie.

Will denn ein Mensch wie Sie, der sich selbst als Pedant bezeichnet hat, nicht alles 100-prozentig kontrollieren?
Vor vielen Jahren hat mir ein Geschäftsführer die Augen geöffnet. Er sagte: »Herr Stiefel, Sie erwarten immer, dass alles perfekt läuft. Wenn das möglich wäre, dann bräuchten wir Sie nicht mehr. Sie müssen auch Leute beschäftigen, die nicht immer alles richtig machen und von Ihnen geführt werden wollen. Denken Sie einmal darüber nach.« Das hat er mir mitten ins Gesicht gesagt, und ich habe daraus gelernt.

Wenn ich heute mit meinen Söhnen diskutiere, denke ich an meine eigenen Anfänge zurück und lasse sie machen.

Womit kann man Sie denn heute noch auf die Palme bringen?
Ich gerate unter Stress, wenn etwas getan werden müsste, und nichts geschieht. Träge Menschen, die nicht zupacken, um eine Aufgabe zu Ende zu führen, regen mich maßlos auf. Ich bin zwar gelassener und toleranter geworden, doch wenn jemand – wie jüngst der Fall war – vier Monate braucht, um mir einen Vertrag zuzuschicken, obwohl bereits alles besprochen und geregelt ist, und das nur, weil sein Anwalt jedes Wort unter die Lupe nimmt, dann tobe ich innerlich. Ich erlebe unnötige Zeitverschwendung als Stress.

Außerdem regen mich Mitarbeiter auf, die unser Personal unfair behandeln und dessen Handlungsfreiheit unentwegt einschränken, oder Verkäufer, die mit unseren Kunden unfreundlich umgehen. Alle wissen, dass bei uns der Kunde König ist, dass er ein Recht darauf hat, fachmännisch und anständig beraten zu werden. Ich habe stets versucht, alle Menschen so zu behandeln, wie ich selbst behandelt werden will. Das habe ich meinen Mitarbeitern vorgelebt und erwarte, dass sie meinem Vorbild folgen. Wenn sie diese Erwartungen nicht erfüllen, bin ich verärgert – und regelrecht gestresst.

Sie engagieren sich nicht nur auf unternehmerischer Ebene, Sie sind auch in der Politik tätig. Was hat Sie dazu bewogen?
Vor mehreren Jahren bat mich der OB-Kandidat von Ingolstadt, für den Stadtrat zu kandidieren. Ich habe drei Monate lang gezögert und mich am Ende doch aufstellen lassen. Ich hatte das Bedürfnis, den Menschen in Ingolstadt, wo ich groß geworden bin, etwas zurückzugeben, meine Fach- und Sozialkompetenz als Wirtschaftsmann einzubringen. Das Leben ist ein Geben und Nehmen. Ich wäre in meiner Kindheit und Jugend froh gewesen, wenn mir der eine oder andere geholfen hätte. Also versuche ich, Menschen, die nicht auf der Sonnenseite des Lebens stehen, mit Spenden und meiner politischen Tätigkeit zu unterstützen. Ich kann als Einzelner in der Stadtpolitik zwar nichts entscheiden, aber ich kann die Richtung mitbestimmen. Darum geht es mir. Das verschafft mir große Befriedigung.

Sind Sie stolz auf sich?
Ja. Wir haben heute über 60000 Mitarbeiter und etwa 770 Stores in 16 Ländern Europas. Zu unseren Mitarbeitern sage ich, dass es im Leben nicht darauf ankommt, viel Geld zu verdienen, sondern Erfolg zu haben und auf das Erreichte stolz zu sein. Das ist die Motivation, um weiterzumachen. Geld ist bekanntlich ein schlechter, kurzfristiger Motivator. Wenn ein Mitarbeiter nur deshalb etwas leistet, weil ich ihm mehr Geld gebe, dann habe ich bereits einen Fehler gemacht. Mir ist klar, wie wichtig es ist, zurückzublicken und feststellen zu können, dass man in seinem Leben etwas geschaffen hat. Das bringt Zufriedenheit und innere Ruhe. Aber ich muss erst etwas geben, um etwas zurückzubekommen.

Von Leopold Stiefel lernen

Ein Ziel vor Augen haben
- Arbeiten Sie auf ein Ziel hin – daraus schöpfen Sie Kraft.
- Geben Sie nicht beim ersten Rückschlag auf. Wenn Sie Ihre gesamte Energie in Ihr Projekt stecken, bleibt keine Energie mehr für Zweifel.

Erfolg motiviert
- Visualisieren Sie Ihren bisherigen Erfolg, das, was Sie im Leben erreicht haben – das entspannt, macht zufrieden und motiviert.

Negatives positiv umdeuten
- Rückschläge bedeuten momentanen Stress, aber sie können auch der Preis für wichtige Lernprozesse und neue Weichenstellungen sein.

Auf die Mitarbeiter setzen
- Geben Sie Ihren Mitarbeitern viel Handlungsfreiheit und Raum für Kreativität.
- Sprechen Sie mit Ihren Mitarbeitern auf Augenhöhe und treten Sie nicht als Besserwisser auf.

Auf Perfektionsansprüche verzichten
- Erwarten Sie nicht von Anfang an perfekte Konzepte, sondern erkennen Sie die brauchbaren Ansätze und verfeinern Sie diese.
- Sorgen Sie dafür, dass Mitarbeiter sich trauen, Fehler einzugestehen und daraus zu lernen.

Delegieren schafft Freiräume
- Verschaffen Sie sich Freiräume, indem Sie Mitarbeitern Verantwortung übertragen. Je größer das Unternehmen, umso wichtiger ist es loszulassen.
- Unterscheiden Sie zwischen wichtig und unwichtig und kontrollieren Sie nicht alles und jeden.

Abschalten
- Widmen Sie sich einem Hobby und begeben Sie sich dazu in eine Umgebung und zu Menschen, die absolut nichts mit der Arbeit zu tun haben.

Horst Teltschik

Professor Dr. h. c. Horst Teltschik studierte Politik, Geschichte und Völkerrecht in Berlin. Von 1982 bis 1990 war er Abteilungsleiter im Bundeskanzleramt, seit Oktober 1983 zudem stellvertretender Kanzleramtschef. Danach war er u. a. Geschäftsführer der Bertelsmann-Stiftung und Deutschlandchef beim Flugzeugbauer Boeing. Von 1996 bis 2007 lehrte er an der TU München und leitete von 1999 bis 2008 die Münchner Konferenz für Sicherheitspolitik. Heute ist Teltschik als Berater tätig und gehört Aufsichts- und Beiräten internationaler Firmen und Organisationen an. Teltschik ist Präsident der Deutsch-Israelischen Wirtschaftsvereinigung in München und Vizepräsident der Israelisch-Deutschen Handelskammer in Tel Aviv.

Der schlimmste Stress wäre der Verlust meiner Selbstachtung

Herr Teltschik, Sie sind 1940 geboren. Wie sehr wurden Sie von den Kriegsjahren und den Folgen dieses Krieges geprägt?

Die Themen Krieg, Vertreibung, Flucht und Heimat spielten in meinem Leben eine zentrale Rolle. Sie haben meine Kindheit und Jugend geprägt, mich zum Studium der politischen Wissenschaften veranlasst und bei meinen beruflichen Entscheidungen wie bei meinem Eintritt in die Politik den Ausschlag gegeben.

Mein Vater wurde 1914 eingezogen und überlebte einen Bauchschuss, doch er wurde daheim für tot erklärt und der Bauernhof seines Vaters an einen seiner Brüder übergeben. Erst 1922 kehrte er aus russischer Kriegsgefangenschaft zurück. 1939 wurde er ein zweites Mal eingezogen und kam wieder in sowjetische Gefangenschaft, aus der er dann 1946 heimkehrte. Er war also 14 Jahre seines Lebens Soldat. Ein solches Schicksal prägt einen Menschen. Hinzu kam der Verlust der beruflichen Perspektive, dann die Flucht nach Tegernsee, wo es landschaftlich wunderschön war, aber nichts zu essen gab. Mein Vater war bis zur Rente Hilfsarbeiter am Bau, und wenn heute über Armut geredet

wird, kann ich nur lachen. Die Armen sind heute im Vergleich zu uns damals reich.

Wie offen hat Ihr Vater über seine Kriegserlebnisse gesprochen?

Mein Vater war sehr schweigsam. Seine Geschichte hat ihn zwar niemals ganz losgelassen, aber er hat mit uns Kindern nie über seine Vergangenheit geredet. Er hat wohl versucht, seine Kriegserlebnisse durch Schweigen zu verarbeiten. Meine drei Brüder und ich waren leider zu unerfahren, ihn auszufragen. Meine Frau konnte mit ihm reden, ihr hat er viel mehr erzählt als uns. Für mich und meine Brüder war er einer der gutmütigsten Menschen, er hat nie gebrüllt, nie geschimpft, uns nie geschlagen. Er hat einfach alles ertragen nach dem Motto, man drückt seine Gefühle nicht aus, man erträgt sie, man ist für die Familie da, man geht arbeiten, man bringt Geld nach Hause, das die Frau verwaltet. Meine Mutter hat Heimarbeit geleistet. Es prägt unglaublich, solche Eltern als Hintergrund zu haben.

Wie sehr hat sein Schweigen Ihren politischen Werdegang beeinflusst?

Es hat dazu geführt, dass ich sehr früh in der Jugendarbeit aktiv wurde. Da Politik mich immer interessierte, habe ich an verschiedenen

Orten, zum Beispiel beim Bund der Deutschen Katholischen Jugend, politische Diskussionen organisiert und geleitet. Bei der Bundeswehr war ich in einer Kompanie mit nur zwei Abiturienten. Keiner wollte den Politikunterricht übernehmen, es war ihnen zu heikel, da wir ja noch Wehrmachtsoffiziere und Wehrmachtsfeldwebel unter uns hatten! Ich habe mich dann dazu bereiterklärt und trotz des lautstarken Widerspruchs der anwesenden ehemaligen Wehrmachtsoffiziere und Soldaten das Dritte Reich durchgenommen.

Woher nahmen Sie die Selbstsicherheit, dieses heikle Thema zu behandeln?

Weil ich mich mit dem Grauen auseinandersetzen wollte. Mich interessierte, wie es zu zwei Weltkriegen und den totalitären Systemen des Nationalsozialismus und Kommunismus kommen konnte. Bis heute erschüttert mich besonders das Versagen der Intellektuellen, der deutschen Elite. Unfassbar, dass jüdische Professoren wie Otto Klemperer 1933 von der Uni entfernt wurden und keiner sich darüber aufregte. Ich befürchte, man wird dies immer wieder erleben. Dieses Gefühl bekam ich 1968 während der Studentenbewegung mit ihren furiosen Attacken gegen Professoren. Intoleranz, Aggressivität und Überheblichkeit waren

damals an der Freien Universität Berlin an der Tagesordnung – alles Ausdrucksformen, die im Prinzip das Versagen der Intellektuellen 1933 und in den darauffolgenden Jahren kennzeichneten.

Ich selbst war bei der Gegenbewegung, dem RCDS, also dem Ring Christlich-Demokratischer Studenten. Es war mutiger, in diesem Studentenverband zu sein, als bei der APO. Außerdem war ich damals Assistent bei dem jüdischen Exilwissenschaftler Richard Löwenthal, ein kleiner, schmächtiger Mann, aber ein Riesenkämpfer. Er hatte als einer der wenigen den Mut, in der Vollversammlung zu erklären, dies alles habe er schon einmal erlebt – nur mit anderen Vorzeichen.

Woher nahmen Sie damals die Kraft, gegen die APO zu opponieren, sprich, gegen den Strom zu schwimmen?

Wahrscheinlich resultiert sie aus meiner Jugendzeit. Als Flüchtlinge waren wir nicht willkommen in Tegernsee. Obwohl ich es den Tegernseern nicht übel nehme, reibe ich es ihnen doch hin und wieder unter die Nase. Heute bin ich ihr Großer, »Du bist doch unser Bua«, sagen sie, aber früher waren wir immer Außenseiter, wir mussten uns erst einmal behaupten und durchsetzen.

Wie hat sich die Erfahrung, ein Außenseiter zu sein, auf Ihr späteres Leben ausgewirkt?

Ungerechtigkeiten haben mich immer unglaublich aufgeregt. Das Schlimmste, was man Menschen antun kann, ist, sie zu demütigen. Humiliation kann einer der größten Stressfaktoren sein, auch in Unternehmen. Wenn Sie von einem Vorgesetzten in Anwesenheit anderer Mitarbeiter gedemütigt und tief verletzt werden – wie wollen Sie damit fertigwerden? Ich glaube, dass man auch eine Nation, dass man Völker demütigen kann. Das kann schlimmer sein als ein militärischer Akt. Ich halte das mit für ein Schlüsselthema, über das man zu wenig nachdenkt.

Wurden Sie jemals gedemütigt?

Einmal hat sich ein Deutschlehrer vor der gesamten Klasse über eine misslungene Formulierung von mir in einem Schulaufsatz richtiggehend lustig gemacht. Er fragte voller Häme, wie man bloß einen derartigen Unsinn schreiben könne. Das habe ich nie vergessen.

Haben Sie erlebt, dass Politiker ihre Mitstreiter beschämen und vor anderen niedermachen?

Ja, das ist leider üblich. Für Helmut Schmidt war Helmut Kohl, als er noch Oppositionsführer war, immer nur »der Abgeordnete Kohl«. Franz Josef Strauß hat immer wieder und voller Häme wissen lassen, dass seiner Meinung nach Helmut Kohl intellektuell nicht in der Lage sei, Kanzler zu werden, er selbst sei der viel Gescheitere, Bessere, Größere. Ich denke, Helmut Kohl hat das gut überlebt. Diese Kränkungen muss man erstmal aushalten. Viele Menschen können das nicht.

Weshalb haben Sie sich nach fast 20 Jahren von Bundeskanzler Kohl und der Politik verabschiedet?

Ich wollte, nachdem ich 19 Jahre lang eng mit Helmut Kohl zusammengearbeitet hatte, zunächst in Mainz, dann im Bundestag und später im Bundeskanzleramt, unbedingt etwas Neues machen.

Das Problem ist, je besser Sie sind, desto mehr hält man Sie fest. Für mich gehört es zur Verantwortung eines Vorgesetzten, dass er sich auch mal Gedanken macht, jemanden zu befördern.

Doch immer, wenn ich gegenüber Bundeskanzler Kohl diesbezüglich eine Andeutung machte, erhielt ich keine Antwort. Hätte er mir die Perspektive eröffnet, nach meinem Posten im Kanzleramt eine weiterführende Position zu bekommen, dann wäre ich wahrscheinlich in der Politik geblieben. Diese Perspektive gab es aber nicht. Nun war es zwar ein spannender Posten, aber eben doch ein 12- bis 18-Stunden-Job. Keiner vor mir und keiner nach mir hat es so lange in dieser Position ausgehalten wie ich. Wenn Sie das jahrelang machen, einschließlich der Wochenenden, dann überlegen Sie sich schon, ob das das Leben ist.

Letztendlich fehlte der Mut, mich auch gegen Widerstände durchzusetzen. Man hätte mich zum Beispiel zum Minister oder zum Kommissar in der Europäischen Union machen können. Aber nein, Helmut Kohl wollte mich im Kanzleramt behalten. Ich war ja auch der Troubleshooter – wann immer ein Problem auftauchte, ertönte der Ruf: »Teltschik antreten!«. Es gab tatsächlich kein Weiterkommen für mich, also beschloss ich, irgendwann zu gehen.

Worin liegen Ihre besonderen Stärken als Troubleshooter?
Der Kanzler hat mir selbst einmal gesagt, wo meine Stärke liegt: Je größer die Turbulenzen, desto ruhiger werde ich. Wenn alle wie aufgescheuchte Hühner durch den Hühnerstall laufen, bin ich absolut ruhig. Ruhe hilft beim Nachdenken. Es hat keinen Zweck, sich stundenlang über etwas aufzuregen, was schiefgelaufen ist. Was geschehen ist, ist geschehen – Feierabend, Schluss. Dann muss man sich hinsetzen und überlegen: Was ist die Alternative, wie lösen wir das Problem, und was machen wir jetzt anders – und besser?

Sie haben also auch die ruhige Hand, die Sie von Ihrem Vater kennen?
Ja, ich habe von meinem Vater gelernt, meine Emotionen unter Kontrolle zu halten – in einer Krisensituation muss nicht jeder wissen, was ich fühle und denke.

Außerdem bin ich sehr religiös erzogen worden und habe ein gutes Gottvertrauen. Wenn etwas schiefläuft, dann denke ich immer, wer weiß, wofür es gut ist. Die Alternative wäre ja, auf Teufel komm raus zu versuchen, alles zu retten, was zu retten ist – selbst wenn es nichts mehr zu retten gibt. Meistens rennt man bloß mit dem Kopf gegen die Wand und holt sich eine Beule. Und wenn die Leute sagen, du musst halt mit der Faust auf den Tisch hauen, dann scheppert es doch bloß, und die Wirkung ist gleich null. Ich habe nie brüllende Menschen verstanden. Mein Kanzler hat durchaus gebrüllt, vor allem, um die inneren Spannungen loszuwerden. Da war es gut, dass ich ruhig blieb.

Wie schafften Sie es, sich emotional gegenüber Kanzler Kohl abzugrenzen?
Erstens konnte ich beurteilen, ob er Recht hatte oder nicht und ob ich die Ursache für seinen Ärger war – in der Regel nicht, nur war ich eben gerade anwesend. Zweitens wusste ich, dass sein Ausbruch nach zwei, drei Minuten vorbei sein würde. Ich

ließ den Groll nicht an mich heran, ich habe mir mental einen Regenumhang vorgestellt, an dem alles abläuft. Ich fühle mich nicht schuldig für Dinge, die ich nicht verbrochen habe. So vermeide ich Stress.

Drittens sollte man den Mut haben, sich mit aller Konsequenz zu wehren, wenn man ungerecht behandelt wird. Hätte mich der Bundeskanzler vor anderen so niedergemacht, wie ich es bei einem Kollegen erlebt habe, dann hätte ich gesagt:»Herr Bundeskanzler, servus, auf Wiedersehen, das war's.«

Als der Mann wie ein begossener Pudel aus der Tür ging, sagte der Kanzler zu mir:»Und der Kerl wehrt sich nicht mal!« Das hat mich in meinem Standpunkt sehr bestätigt. Man muss sich gegen Autoritäten und vor allem autoritäre Personen wehren. Nur – wer sich wehrt, wird natürlich nicht von allen gemocht.

Ist es im Hinblick auf die eigene Karriere nicht geradezu gefährlich, die eigenen Gedanken und Gefühle zu äußern und seinen Vorgesetzten zu kritisieren?

Nein, keineswegs. Wenn man Kritik äußert, sollte man nur darauf achten, wann und wie man etwas sagt. Ich hätte den Kanzler zwar nie in Anwesenheit von Kollegen kritisiert, aber unter vier Augen schon. Denn wenn er nicht von mir erfährt, was ich für richtig halte, wer sagt es ihm

dann? Und wenn wir unter Kollegen vereinbart hatten, dem Kanzler zu widersprechen, dann habe ich meistens, auch im Beisein der Kollegen, den Part des Wortführers übernommen. Die anderen versprachen, hinter mir zu stehen, doch leider wurde ich, besonders wenn der Widerspruch explosiv wurde, in der Regel nicht so unterstützt wie abgesprochen. Damit musste ich leben. Meine Auffassungen offen zur Sprache zu bringen bedeutete für mich ein Stück Selbstachtung.

Und was passiert, wenn man seine Selbstachtung verliert?

Dann gerät man unter Stress. Natürlich kostet der Kampf um Selbstachtung Kraft, doch viel schlimmer wäre es, wenn ich die Achtung vor mir selbst verloren hätte. Ich kann mir nicht vorstellen, mit dieser Art von Stress zu leben.

Ist es wichtig für Sie, gemocht zu werden?

Jeder will gemocht werden, bloß wenn man versucht, der Liebling aller zu sein, dann ist man am Ende von keinem der Liebling. Das ist die Gefahr, gerade im Umgang mit der Öffentlichkeit und den Medien. Ich habe Journalisten nie angelogen, entweder ich sage, was Sache ist, oder ich halte das Maul, aber nichts dazwischen. Wenn man einmal beim Lügen erwischt wird, verliert man seine Reputation.

Bedeutet der Umgang mit Journalisten Stress für Sie?

Ja, denn auch mit wohlwollenden Journalisten geht man ein Risiko ein. Mit der Zeit lernt man zu erkennen, wer fair und zuverlässig ist und wer manipuliert. Der »Spiegel« hat mir einmal ein Zitat in den Mund gelegt, das ich erwiesenermaßen nie gesagt habe. Ich habe eine Gegendarstellung verlangt. Dann kam der Anruf des Justiziars vom »Spiegel«, ob ich auch mit einem Leserbrief zufrieden wäre. Ich habe zugestimmt. Nur, wenn ich mich nicht gewehrt hätte, wäre nicht einmal ein Leserbrief erschienen. Im Umgang mit den Medien ist Stress in der Regel unvermeidbar. Ich erschwere es Journalisten allerdings, unfair zu sein, indem ich selber auf Fairness achte und offen bleibe.

Wenn Sie auf Ihr Leben zurückblicken, was war bisher Ihr größter Erfolg?

Dass ich meine Frau gewonnen habe, denn ich habe eine tolle Frau! Sie hat mir in all den Jahren stets den Rücken im privaten Bereich freigehalten. Ohne sie wäre mein Stress viel größer gewesen. Wenn Sie mitten im Beruf stecken, haben Sie nicht immer Zeit, darüber nachzudenken, wie sich Ihre Frau fühlt. Zu Hause brach die Katastrophe aus, und ich war mit Sicherheit nicht da. Als unser Sohn vom Baum fiel, habe ich erst davon erfahren, als alles vorbei war. Ich kann mich 200-prozentig auf sie verlassen, dass alles Private unter Kontrolle ist. Das war für sie viel schwieriger, als mir bewusst war. Es ist besonders unfair von Männern, dass sie solche Leistungen oft gar nicht wahrnehmen.

Haben Sie sich bei Ihrer Frau bedankt für all das, was sie getan hat?

Ich habe einiges getan, um zu zeigen, wie wichtig sie und meine Familie mir sind. Wir sind fast immer gemeinsam in Urlaub gefahren, was manche Kollegen vermeiden, weil sie nicht auch noch den Stress mit den Kindern haben wollen. Ich habe immer gezielt in die Zukunft investiert, auch was Wohnung und Haus betrifft. Außerdem habe ich meine Frau, wann immer möglich, auf Staatsempfänge und Reisen mitgenommen. Für sie waren diese offiziellen Diners interessanter als für mich, weil sie zwischen Politikern saß, während ich meist mit den Ehefrauen über Urlaub, Golf oder Kinder reden musste, was sehr ermüdend sein kann und für mich auch eine Art von Stress bedeutet.

Welche größeren Misserfolge oder Niederlagen haben Sie erlebt?

Eine Ehrenrunde im Gymnasium. Im Nachhinein ist es erstaunlich, dass ich unter den damaligen Umständen überhaupt das Abitur geschafft habe, ich hatte null Unterstützung. Meine politische Karriere hingegen ist unglaublich erfolgreich verlaufen, und ich habe es persönlich keineswegs als Misserfolg empfunden, dass ich in der Politik nicht weitergekommen bin. Mein Abschied von der Politik war insofern gut, als ich dann in der Wirtschaft überraschend Karriere gemacht habe.

Wie haben Sie den Wechsel von der Politik in die Wirtschaft geschafft?

Reinhard Mohn hat mich angesprochen und gefragt, ob ich daran interessiert wäre, zu Bertelsmann zu kommen. Vermutlich wäre ich bis zu meinem 60. Geburtstag dort geblieben, niemand konnte ahnen, dass BMW anfragen würde. Ich jedenfalls kannte dort niemanden.

Wie kam BMW auf Sie?

Man traute mir wohl Kompetenz zu. Man muss in seinem Leben darauf achten, dass bekannt wird, in welchem Bereich die eigenen Fähigkeiten liegen. Das habe ich auch meinen Studenten immer gesagt. Es ist wichtig, eine bestimmte fachliche Kompetenz nachzuweisen, sie zu dokumentieren, den Mut zu haben, sie überzeugend zu äußern, um damit aufzufallen.

Insbesondere in der Politik, aber auch innerhalb eines Unternehmens, muss man sich zu vermarkten wissen. Je höher man in der Hierarchie steht, desto zwingender wird es, Kompetenzen zu demonstrieren, die über den eigenen Arbeitsbereich hinausreichen, sonst wird man nicht befördert.

Ist man einsam, wenn man ganz oben angekommen ist? Kann man da noch mit jemandem offen über seine Probleme reden?

Es hängt davon ab, wie teamfähig man ist, auch als Vorstand. Es liegt letztlich an einem selbst. Bei BMW haben die Vorstände sehr offen und hierarchieübergreifend mit ihren Mitarbeitern, vom Werker bis zum Bereichsleiter, die Strategie des Unternehmens diskutiert. Ich empfand diese Gespräche immer als sehr bereichernd. Mit meiner eigenen Mannschaft hatte ich auch einmal pro Woche einen Jour fixe.

Was stört Sie am Verhalten von Managern heutzutage besonders?

Mehrere Dinge. Ein Unternehmen muss zuallererst erfolgreich sein. Klar. Doch jeder Betrieb hat auch eine gesellschaftspolitische Verantwortung. Er kann doch nicht nur die Rendite erhöhen, ohne sich darum zu kümmern, wie es den Mitarbeitern geht und in welcher Welt sie leben. Mich stört die mangelnde Sensibilität von Managern gegenüber Menschen, denen es nicht so gutgeht. Viele Manager sind egoistisch und rücksichtslos. Ich finde es unerträglich, dass sie ihre Gehälter ins Uferlose erhöhen, hohe Renditen verkünden und zugleich Massenentlassungen vornehmen. Gerade in der Wirtschaft gibt es Typen, die sich für die Größten und die Besten halten, ihr Wissen und ihre Informationen aber nicht weitergeben. Sie denken: »Ich muss nach vorne, und je dominanter ich bin, je größer mein Wissensvorsprung, desto größer meine Chancen, auf der Karriereleiter emporzusteigen.« Diese Eigensucht stört mich.

Von Horst Teltschik lernen

Authentisch bleiben und nie die Selbstachtung aufgeben
- Wer seine Selbstachtung verliert, gerät unter Stress – stehen Sie deshalb zu sich und Ihren Werten.
- Ordnen Sie sich Autoritäten nicht unter, tun Sie Ihre Auffassungen offen kund.
- Versuchen Sie nicht, der Liebling aller zu sein – am Ende sind Sie niemandes Liebling.

Emotionen steuern und sich abgrenzen
- In einer Krisensituation muss nicht jeder wissen, was Sie fühlen und denken.
- Fühlen Sie sich nicht schuldig für Dinge, die Sie nicht zu verantworten haben – beurteilen Sie rational, wer recht hat.
- Stellen Sie sich bildlich vor, Sie tragen einen Regenumhang, an dem alles abtropft.

Für ein gutes Team sorgen
- Wer teamfähig ist, ist weniger einsam – auch als Chef.

Nach dem Sinn fragen
- Wenn Sie einen aufreibenden Job haben, sollten Sie immer wieder hinterfragen, ob Sie so wirklich leben wollen.

An Gott glauben
- Religiöse Menschen erkennen auch in Umwegen und Niederlagen einen Sinn.

Dankbar sein
- Drücken Sie Ihrem Ehepartner, der Sie Tag für Tag unterstützt, Ihre Dankbarkeit aus und investieren Sie gezielt in eine gemeinsame Zukunft.

Nach vorne blicken
- Regen Sie sich nicht darüber auf, was schiefgelaufen ist. Überlegen Sie lieber, was Sie in Zukunft anders und besser machen können.

Sven-Holger Undritz

Dr. Sven-Holger Undritz, geboren 1962 in Hamburg, Jurist, arbeitet seit über einem Jahrzehnt als Insolvenzverwalter und Sanierungsberater. 2007 wurde er zum Insolvenzverwalter über zahlreiche Gesellschaften des Schieder-Konzerns bestellt, seinerzeit der größte europäische Möbelproduzent mit über 10 000 Mitarbeitern. Sven-Holger Undritz ist daneben Vorsitzender des Beirats des Verbandes der Insolvenzverwalter Deutschland e.V. (VID) und Mitglied zahlreicher nationaler und internationaler Gremien. Er veröffentlicht regelmäßig zu insolvenzrechtlichen Themen. Daneben hält er Fachvorträge für zahlreiche renommierte Verlage und Seminaranbieter. Er lebt mit seiner Frau und zwei Töchtern in Hamburg.

Ein Insolvenzverwalter ist kein »Supermann«

Herr Dr. Undritz, Sie haben sich seit 1998 als Insolvenzverwalter einen Namen gemacht. Woran kann man denn einen guten erkennen?
Ein guter Insolvenzverwalter muss zunächst einmal zuhören können. Er hat mit sehr vielen Menschen und den unterschiedlichsten Interessen zu tun, gerät schnell mitten in einen Flächenbrand. Darüber hinaus muss er sich in die Situation hineindenken. Dann ist schnelles Reagieren und Entscheiden angesagt. Das bedeutet, dass man auch das Risiko eingehen muss, Fehler zu machen; gerade das fällt Juristen keineswegs leicht. Wichtig ist weiterhin ein hohes Maß an emotionaler Intelligenz, ein Gespür für Menschen, um in einer sehr kritischen, angespannten Phase ein Projekt zu steuern, das trotz negativer Vorzeichen gut ausgehen soll – was ja nicht immer gelingt. Aber häufig gelingt es eben doch. Natürlich braucht ein Insolvenzverwalter auch die Fähigkeit, große Teams zu leiten, und er muss anerkannt werden in seiner Funktion als Kopf dieses Verfahrens.

Das klingt nach erheblichem Stress.
Ein Beispiel: 2007 haben wir die Insolvenz eines großen Möbelherstellers in Westfalen abgewickelt. Die Firma beschäftigte europaweit über 10 000 Mitarbeiter. Viele Investoren befürchteten, ihr Geld zu verlieren, die Arbeitnehmer bangten um ihre Jobs, die Lieferanten bestanden auf Vorkasse, und die Kunden verlangten plötzlich Sicherheiten, die sie in guten Zeiten niemals eingefordert hätten – die typischen Probleme, die bei einer Zahlungsunfähigkeit eben auftauchen.

In einer solchen Lage muss man – oft anstrengende – Gespräche führen und zunächst einmal eine Vertrauensbasis schaffen. Bei dieser Möbelfirma war der Prozess extrem emotional, die Leute brüllten: »Ich will mein Geld zurück!«, stellten eine Frist von zwei, höchstens vier Wochen. Das widerspricht zwar dem deutschen Insolvenzrecht, aber das kümmerte die Betroffenen nicht, alle waren viel zu aufgeregt, viel zu sehr unter Stress. Der Fall zog sich über Monate hin, ich musste meinen Lebensmittelpunkt in die westfälische Provinz verlagern, an »Work-Life-Balance« war gar nicht mehr zu denken, und da habe ich mich zuweilen schon gefragt, warum ich mir das alles antue.

Und? Können Sie uns erklären, warum Sie sich das antun?
Weil mich mein Beruf fasziniert. Ich habe gerne mit vielen Menschen zu tun. Und ein solches Verfahren ist intellektuell recht anspruchsvoll, da das Insolvenzrecht viele Rechtsgebiete mit einschließt: Arbeitsrecht,

Gesellschaftsrecht, Bankrecht, betriebswirtschaftliches Know-how ist natürlich auch unerlässlich.

Ich finde es spannend, eine Krise in solchen elementaren Situationen mit einem qualifizierten Team zu managen. Man steht am Abgrund und möchte unter allen Umständen den Absturz verhindern. Es gelingt nicht immer, aber es ist eine unglaubliche Herausforderung, der ich mich gerne stelle. Mit etwas Abstand betrachtet, überwiegen sogar in dem Fall der eben genannten Firma, trotz Stress und Überbelastung, die positiven Erinnerungen.

Es ging damals um einen Überbrückungskredit in Höhe von 64,5 Millionen Euro?

Richtig. Die Finanzinvestoren wollten ein Rettungspaket schnüren – das klingt bekannt, nicht wahr –, um die Insolvenz wieder rückgängig zu machen. Mit enormem Aufwand und großer Hektik wurde ein Überbrückungskredit auf den Weg gebracht. Ich dachte schon, meine Arbeit sei getan, aber dann geschah das wirklich Einmalige: Zweieinhalb Monate später stellte die Firma erneut Insolvenzantrag, und das war dann nicht mehr umkehrbar.

Wie haben Sie sich angesichts des enormen Geflechts an Firmen und Gläubigern einen Überblick verschafft?

Erst beim zweiten Verfahren hatten wir ein Organigramm, das wir immer weiter verfeinerten. Bei über 100 Gesellschaften muss man die jeweilige Situation sowie die Verflechtungen der einzelnen Firmen unbedingt visualisieren. Meine Mitarbeiter, die mir schon seit etlichen Jahren zur Seite stehen, haben dabei verschiedene Aufgaben übernommen. Es war eine sehr beglückende Erfahrung zu erleben, wie gut das lief, wie reibungslos die Zusammenarbeit klappte. Ein Insolvenzverwalter ist kein Supermann. Bei einem Insolvenzverfahren dieser Größenordnung muss eine gewaltige Fülle an Informationen verdichtet werden, immer wieder musste ich mich mit verschiedenen Menschen zusammensetzen, die mir die »wahre« Version der Geschehnisse darlegen wollten. Die Kunst besteht darin, ein vernünftiges Bild aus diesen Geschichten und den objektiven Tatsachen zu erstellen.

Kann es in einem Insolvenzverfahren eine definitive Wahrheit geben?

Es gibt viele einzelne Wahrheiten, denn alle Beteiligten nehmen Situationen unterschiedlich wahr. Es wird viel verdrängt bei solchen Prozessen, und zahlreiche, objektiv feststellbare Fehler scheinen wohl auch unvermeidlich. Auch der Insolvenzexperte befindet sich mitten im Gefecht und ist keineswegs dagegen gefeit. Am Ende, nach einem mit Stress und großer Anstrengung verbundenen Verfahren, muss ich die Situation im Griff haben und die Mitarbeiter des Konzerns mit der endgültigen Wahrheit konfrontieren, was gar nicht einfach ist. Sie haben möglicherweise jahrelang Geschichten über blühende Landschaften gehört, und dann ist es beispielsweise meine Aufgabe, dem Vertrieb mitzuteilen: »Viele von euch werden nicht weiterarbeiten können. Wir bemühen uns um eine sozialverträgliche Vermittlung, aber das ist der Stand der Dinge.«

Dies ist schmerzhaft, doch meine Wahrnehmung ist, dass die betroffenen Mitarbeiter viel besser mit der reinen Wahrheit umgehen können als mit allgemeinen programmatischen Phrasen, an die sie inzwischen sowieso nicht mehr glauben. Wichtig ist es in meiner Position, glaubhaft zu sein. Die Menschen müssen davon überzeugt sein, dass ich alles zu retten versucht habe, was zu retten war. Erst dann sind sie willens, ihre Lage zu akzeptieren.

Wie bereiten Sie sich auf solch heikle Gespräche vor?

Ich überlege mir vorher, wie ich die Kernbotschaften formulieren möchte, alle weiteren Aussagen kommen dann direkt aus dem Bauch heraus. Erfahrung und eine gewisse Routine spielen natürlich auch eine Rolle, deshalb traue ich mir zu, den richtigen Ton zu treffen. Es darf niemals das Gefühl aufkeimen, ich würde

eine Standardplatte abspulen. Auf jeden Fall sind und bleiben solche Gespräche aber eine große Herausforderung. Ich habe jedes Mal Lampenfieber. Vor diesen kritischen Auseinandersetzungen laufe ich durch die Räume und erkläre mir oder meinen Mitarbeitern, was unbedingt noch bedacht und erledigt werden muss. Mein Team ist meistens viel gelassener als ich, was dann wiederum mich beruhigt.

Setzen Sie »Hilfsmittel« zur Beruhigung ein, beispielsweise Losungen, Sätze, Bilder?

Meine Großmutter hat immer gesagt: »In der Ruhe liegt die Kraft.« Daran denke ich oft, doch mir persönlich fällt es leider sehr schwer, in kritischen Situationen ruhig zu bleiben. Ich bin zu emotional. Mir hilft es aber letztlich, möglichst ungestört über die Situation nachzudenken und nachts am Ort des Verfahrens im Hotel mit meinen Mitarbeitern zusammenzusitzen, um die Fülle der Ereignisse, Gespräche und Erfahrungen des Tages zu verarbeiten. Diese nächtlichen Runden sind ein absolut lebensnotwendiges Ventil für mich. Beim gegenseitigen Austausch verdichten sich die Bilder, die ursprünglichen Einschätzungen werden korrigiert oder auch verstärkt, bis man alles endlich im Griff hat. Allerdings muss man auch mit der Ungewissheit leben, bestimmte Dinge nicht zu wissen und vermutlich mit Leuten verhandelt zu haben, die falschspielen oder ausschließlich ihre eigenen Interessen im Auge haben. Dieser Stress gehört dazu, so lauten nun mal die Spielregeln.

Wie haben die Menschen in dem oben genannten Fall reagiert, als sie erfuhren, dass es den Verlust ihrer Arbeitsplätze bedeutete?
Sie stellten Fragen, auf die ich – so gut ich konnte – eingegangen bin. Sie sollten die Chance erhalten, ihre Beschwerden und alles, was sie bewegte, loszuwerden. Ich nehme mir bei diesen Zusammenkünften viel Zeit, obwohl ich meist unter Termindruck stehe und längst wieder mit den Banken konferieren müsste. Aber es ist wichtig, dass die Betriebsangehörigen motiviert bleiben und Vertrauen geschaffen wird, denn die Arbeit wird ja nicht von einem Tag auf den anderen eingestellt. Ein solcher Prozess zieht sich meistens über Monate hin.

Werden die Leute nicht auch wütend? Wie reagieren Sie, wenn die Betroffenen in die Luft gehen und Sie womöglich angreifen?
Es ist für mich kein Problem, wenn mich jemand frontal angreift, dann können wir uns offen streiten und auseinandersetzen. Doch einige Leute sind feige, intrigieren im Hintergrund und wollen mir so schaden. Das ist die Koalition der Heckenschützen – ein schwierigeres Thema.

Versuchen die Gläubiger, Sie unter Druck zu setzen?
Ja, bei einem solchen Prozess geht es um Rechtsfragen, aber vor allem um die Verteilung von Geld, manchmal sogar viel Geld. Der Insolvenzverwalter muss neutral bleiben und stets die Interessen sämtlicher Gläubiger, nicht nur der großen, sondern auch der kleineren, im Auge behalten. Darüber ereifern sich die Großen und setzen mich unter Druck, da sie das Sagen haben wollen, weil sie am meisten eingebracht haben. Diese Gläubigerversammlungen sind brechend voll, die Emotionen kochen hoch. Ich muss mich sehr intensiv darauf vorbereiten, firm sein im Detail – ein ungeheurer Konzentrationsaufwand! Ich feile an jedem einzelnen Wort meines Berichts.

Es geht also letztlich darum, das verbleibende Fell aufzuteilen. Manche erhalten ein größeres Stück, andere nur einen Zipfel. Wie reagieren Sie auf den Protest der Gläubiger, die meinen, zu kurz gekommen zu sein?
Meistens können die Konflikte nach einiger Zeit geregelt werden. Zur Not muss die Angelegenheit prozessual ausgetragen werden. In dem erwähnten Verfahren konnte ich allerdings verhindern, dass sich die

immerhin 50 bis 60 namhaften Finanzinvestoren und Banken wechselseitig mit Gerichtsverfahren überzogen. Auf diesen Erfolg bin ich sehr stolz, denn Streitpunkte gab es ja genug!

Kommunikation ist alles! So ein Verfahren kostet sehr viel Zeit, aber es bewährt sich, ansprechbar zu sein, sonst schürt man bloß die Aggressionen, und der Ärger wächst.

Wie gelingt es Ihnen, sich persönlich gegen die negativen Schwingungen – die Ängste, die Aggressionen – abzugrenzen?

Ich schütze mich vor negativer Energie, indem ich mir und meinen Mitarbeitern sage, dass wir eine Mangelsituation verwalten und uns alle bemühen müssen, die Möglichkeiten des Insolvenzrechts optimal zu nutzen. Ich versuche, die Menschen mitzunehmen, und das funktioniert nun mal nicht, wenn ich selber frustriert und traurig bin. Ich handle nach der alten Devise: Humor ist, wenn man trotzdem lacht. Es kann noch so schlimm kommen, ich bemühe mich dennoch, dem Ganzen positive Facetten abzugewinnen. Wenn ich die negative Energie um mich herum aufsauge, werde ich selber immer negativer, und das wäre der Sache nicht dienlich. Gewiss gibt es Situationen, in denen ich mal laut werde. Doch wenn eine Partei den Colt zieht, ziehe ich mich meistens zurück und

schicke »Unterbotschafter« in den Ring, um eine Totaleskalation zu vermeiden. Ich versuche allen – den Gläubigern, den Gewerkschaften, allen betroffenen Mitarbeitern – zu vermitteln, dass wir eine Krisengemeinschaft sind und es letztendlich nichts nützt, sich gegenseitig zu blockieren. Das Ganze ist kein Zuckerschlecken, das können Sie mir schon glauben.

Sie tragen eine immense Verantwortung. Wie groß ist die Gefahr, einen vielleicht nicht mehr wieder gutzumachenden Fehler zu begehen? Wie steht es mit Ihrer persönlichen Haftungsgefahr?

Natürlich mache auch ich Fehler und muss damit leben, dafür zu haften. Ich habe einen guten Versicherungsschutz, das beruhigt mich. Zudem zwinge ich mich dazu, dieses Risiko auszublenden, denn wenn ich dauernd darüber nachdenke, was ich alles falsch machen kann und welche Prozesse mir drohen könnten, wäre ich wie gelähmt und könnte nicht frei agieren. Das wäre tödlich, wobei es selbstverständlich Situationen gab, in denen ich mich ohnmächtig fühlte. Dennoch: Aufgeben geht nicht, also strenge ich mich doppelt an, um selbst mit extrem aggressiven Gruppen von Gläubigern einen akzeptablen Kompromiss zu finden.

Fühlt sich ein Insolvenzverwalter nicht oft ziemlich einsam? Mit wem reden Sie über all das, was Sie belastet?

Ich kenne Momente der Einsamkeit, vor allem wenn ich genau weiß, jetzt kann mir keiner mehr helfen, jetzt muss ich eine Entscheidung treffen – und die kann richtig, aber auch falsch sein. Zum Glück habe ich ein Kernteam von drei bis vier Mitarbeitern, denen ich absolut vertraue. Mein Führungsstil ist bewusst auf Konsens ausgerichtet, und ich bin sehr daran interessiert, mit meinen Kollegen über schwierige Situationen zu sprechen, insbesondere wenn ich mir nicht ganz sicher bin. Ich nehme ihre Sicht der Dinge sehr ernst und bitte sie, mögliche Einwände offen anzusprechen. Dann fälle ich meine Entscheidungen mit einem guten Gefühl.

Wie kommen Sie während der Abwicklung eines derartig aufreibenden Prozesses wieder zur Ruhe? Gelingt Ihnen das überhaupt?

Während ich mit der erwähnten Großinsolvenz zu tun hatte, kam ich überhaupt nicht zur Ruhe. Ich habe mich nur noch wie ein Hamster im Rad gedreht, inklusive Samstag und Sonntag. Sechs Monate lang höchstens fünf Stunden Schlaf. Kein Urlaub. Meine Familie verbrachte die Sommerferien auf Sylt – Samstagnachmittag flog ich hin, um sie kurz zu sehen, Montag in aller Frühe war ich schon wieder weg. Da braucht man eine sehr duldsame Partnerin und verständige Kinder. Das ist hart. Es hat danach sehr lange gedauert, bis ich wieder zu einem halbwegs normalen Rhythmus zurückgefunden habe.

Und was tun Sie für sich, um sich zu erholen?

Nach einem besonders aufreibenden Prozess, der wie gesagt Monate andauern kann, versuche ich, mir eine kleine Auszeit zu gönnen und möglichst nicht erreichbar zu sein. Ich treibe Sport, laufe, besuche Gymnastikkurse, lasse mich dabei bereitwillig von Trainern anbrüllen und setze ihre Befehle um. Da vergesse ich die Insolvenzfälle, konzentriere mich nur noch darauf, die unzähligen Kniebeugen und Liegestützen irgendwie hinzubekommen. Das tut gut und löst den Stress auf.

Sprechen Sie auch mit Ihrer Frau über Ihre Fälle?

Ja, sie hat ein sehr gutes Gespür, nicht nur für mich, sondern für diffizile Situationen. Mit ihr bespreche ich häufig Probleme grundsätzlicher Natur. Sie ist keine Juristin, aber bei vielen Themen geht es oft vor allem um die richtige Psychologie, und da ist sie sehr kompetent. Meine besten Ratgeber sind meine engsten Kollegen und meine Frau.

Von Sven-Holger Undritz lernen

Glaubwürdigkeit
- Ehrlichkeit schafft Vertrauen.
- Wenn Sie schmerzhafte Wahrheiten aussprechen müssen, spulen Sie keine Plattitüden ab, sondern achten Sie auf einen authentischen Inhalt und Ton.

Risiko und Verantwortung
- Wenn Sie in Ihrem Beruf schnell reagieren und entscheiden müssen, rechnen Sie auch damit, Fehler zu machen.
- Bleiben Sie handlungsfähig, indem Sie je nach Situation die Risiken auch einmal bewusst ausblenden.
- Seien Sie bereit, die Verantwortung für begangene Fehler zu übernehmen.

Mut zur Lücke
- Leben Sie damit, nicht alles zu wissen oder jemals in Erfahrung bringen zu können – es bedeutet, das Beste aus einer Mangelsituation herauszuholen.

Kommunikation und Konfliktlösung
- Verweigern Sie niemandem das Gespräch, bleiben Sie ansprechbar – so vermeiden Sie Ärger und Aggressionen.
- Wenn eine Situation zu eskalieren droht, seien Sie kompromissbereit oder schalten Sie Vermittler ein – so verhindern Sie, dass sich alle gegenseitig blockieren.

Teamarbeit
- Scharen Sie ein Kernteam von Mitarbeitern um sich, auf die Sie sich verlassen können. Deren Sicht einzuholen, gemeinsam schwierige Entscheidungen zu besprechen, verleiht Ihnen Sicherheit.

Humor und positives Denken
- Wechseln Sie auch mal die Perspektive: So erkennen Sie auch im Negativen positive Facetten.

Regeneration
- Erholen Sie sich, indem Sie sich kleine Auszeiten gönnen: Gehen Sie draußen laufen, seien Sie zeitweise unerreichbar.
- Verwenden Sie in schwierigen Situationen Affirmationen wie »in der Ruhe liegt die Kraft« – das beruhigt.

Götz W. Werner

Prof. Götz W. Werner, 65, ist Gründer, Gesellschafter und Aufsichtsratsmitglied von dm-drogerie markt. 1973 eröffnete er den ersten dm-Markt in Karlsruhe. Bereits 1976 expandierte dm nach Österreich. Heute ist dm in elf europäischen Ländern vertreten. Götz W. Werner ist Mitglied mehrerer Aufsichtsräte und Beiräte, leitet das Interfakultative Institut für Entrepreneurship der Universität Karlsruhe und ist Präsident des EHI Retail Institute e. V. Für seine Unternehmensführung sowie die Schaffung zahlreicher Arbeits- und Ausbildungsplätze wurde er mehrfach ausgezeichnet. Mit seinem Buch *Einkommen für alle* hat er die Diskussion über ein bedingungsloses Grundeinkommen in Gang gesetzt.

Entscheiden heißt immer auch verzichten

Sie sind als fünftes Kind einer Drogistenfamilie geboren und selbst Drogist geworden. Wie waren die Anfänge?

Die Lehre habe ich 1961 in Konstanz gemacht. Anschließend war ich in verschiedenen anderen Firmen, und im Herbst 1968 kam ich zu meinem Vater nach Heidelberg. Ich war jung, hatte viele Drogerieunternehmen gesehen und schnell gemerkt, dass es im elterlichen Unternehmen sehr problematisch zuging. Mein Vater hatte in den 50er-, 60er-Jahren mehrere Filialen eröffnet, und das Geschäft war ihm über den Kopf gewachsen.

Das heißt, er wurde Opfer seines eigenen Erfolgs?

Ja, er hatte das Unternehmen nicht so strukturiert, dass es auch rentabel war. Mein Vater hatte zwei Werbeslogans. Der eine hieß »Drogerie Werner, vielseitig, höflich, preiswert«, der andere »Drogerie Werner führt alles oder besorgt es schnell.« Das Schönste war für meinen Vater, alle Wünsche zu erfüllen. Aber man kann eben nicht alle Wünsche erfüllen, denn das deckt die Kosten nicht. Deshalb musste ich sagen: »Na ja, wenn wir so weitermachen, sind wir bald pleite.« Das hat er natürlich nicht gerne gehört, und wir haben uns getrennt, besser gesagt, er hat mich nach zwei Monaten rausgeworfen.

Sie haben danach in einer Großdrogerie gearbeitet.

Ja, in Karlsruhe, aber das war die gleiche Geschichte: ein altes Unternehmen, das gewachsen ist, ohne sich zu verändern. Aber Wachstum ohne Veränderung führt zu Wucherung. Und prompt wurde diese Firma verkauft. Ich bin noch bis 1972 in der Nachfolgefirma geblieben und hatte so die Gelegenheit, am schlechten Beispiel zu lernen – dabei lernt man manchmal besser als am guten.

Was sind die wichtigsten Lehren, die Sie damals für sich gezogen haben?

Man muss lernen, dass ein Einzelhandelsunternehmen nicht nur eine wachsende Zahl von Filialen eröffnen kann, sondern auch strukturell wachsen muss. Dass ein Unternehmen ein Organismus ist, den man nicht einfach zusammenschieben kann.

Warum erzeugen Fusionen oftmals einen derart negativen Stress für die beiden Unternehmen, aber auch für die Menschen, die darin arbeiten?

Weil etwas zusammengeführt wird, ohne dass man sich die Frage stellt: »Warum machen wir das überhaupt, und was muss sich dann auch an der inneren Struktur ändern?« Man ist begeistert, über mehr Filialen, mehr Umsatz, und bedenkt gar nicht, was für Folgen sich daraus ergeben. Stress entsteht immer dann, wenn man Situationen nicht beherrschen kann, wenn man nicht mehr souverän reagieren kann, wenn die Entscheidungsfreiheit fehlt. Das ist im Privaten so und in einem Unternehmen genauso.

Im Sinne einer Stressprävention muss man sich also vor allem der Konsequenzen seines Handelns bewusst sein. Man kann aber doch nicht alles antizipieren.
Ja, aber je mehr man antizipieren kann, desto besser. Begeisterung allein genügt nicht, man muss, um wieder zum Beispiel der Fusion zu kommen, auch eine entsprechende Organisationsstruktur mit aufbauen.

dm hat über 2000 Filialen und etwas über 30 000 Mitarbeiter im In- und Ausland. Haben Sie erwartet, dass Ihr Unternehmen einmal so groß werden würde?
Nein, das hätte ich nicht gedacht, aber der Weg war mir immer klar. Wenn man ein Unternehmen verantworten möchte, dann braucht man zwei Qualitäten: eine klare Vision und eine unendliche Liebe zum Detail. Oft sind es zwei Ks, auf die es ankommt: Kreativität und Kontinuität. Wenn die Kreativität

überhandnimmt, dann fängt das Unternehmen an zu wuchern. Wenn die Kontinuität überhandnimmt, dann gibt es Blockaden, dann verhärten sich die Strukturen. Die Aufgabe lautet, da einen Ausgleich zu schaffen. Kreativität und Kontinuität müssen in den richtigen Rhythmus kommen, in ein Gleichgewicht. Das ist wie beim einzelnen Menschen. Warum hat der Stress? Weil er nicht im Gleichgewicht ist.

Wie kommt es, dass so viele Unternehmer, aber auch Führungskräfte dazu neigen, sich unter Druck eher autoritär zu verhalten und Impulse von außen abzublocken?
Als Mensch bin ich ausgeglichen, wenn Denken, Fühlen und Wollen im Gleichgewicht sind. Bei den Managern, die Sie im Auge haben, ist das Wollen stärker als das Denken. Die Aktivität überwiegt, zu kurz kommen Reflexion und damit auch das Sich-einfühlen-Wollen. Diese Manager meinen, als Manager müsse man Druck erzeugen, zeigen, wo es langgeht, alles besser zu wissen, das ist sozusagen das alte Führer- und Meisterprinzip.

Welches ist denn der bessere Weg?
Man darf nicht auf der Ebene des Know-how stehen bleiben. Wenn etwas funktioniert, dann scheint es in Ordnung, und das führt dazu, die Dinge nur regulieren zu wollen. Aber die Sache wird erst unterneh-

merisch, wenn man nicht nur nach dem Know-how fragt, sondern auch nach dem Know-why. Damit wird die Sache plötzlich sehr persönlich, denn man fragt nach den Zielen und den Folgen. So wird ein ganz anderes Bewusstsein generiert, mit dem sich auch das Unternehmensklima verändert. Wer keinen Sinn in seiner Tätigkeit sieht, kann sich auch nicht selbst motivieren und arbeitet nur auf Druck von außen. Wer extrinsisch motiviert ist, schaut auf die Uhr, wer intrinsisch motiviert ist, der erfüllt Aufgaben. Letzterer kommt auch am Samstag vorbei, obwohl er freihat, und sagt: »Ich wollte mal gucken, wie es läuft.«

Was muss ein Topmanager tun, um seine Mitarbeiter richtig zu führen, sprich nicht zu frustrieren, nicht negativ zu stressen?
Ich würde zunächst lieber die Frage stellen, was Führung eigentlich heißt, ist denn Führung überhaupt legitim? Mit welchem Anspruch maße ich mir an, führen zu wollen? Nur weil ich einen Stern mehr auf der Schulterklappe habe? Das wäre falsch, das akzeptieren Menschen heute nicht mehr. Wer lässt sich noch gerne führen?

Gibt es nicht im Gegenteil die Tendenz, die Verantwortung abzuschieben?
Die Gesellschaft versucht, uns zu normieren, uns zu angepassten

Menschen zu machen. Dass solche Menschen keine Verantwortung übernehmen wollen und keine Ziele anstreben, muss uns nicht wundern. In Wirklichkeit steckt jedoch in jedem Menschen die Sehnsucht, sich als Mensch zu entwickeln. Warum arbeiten wir mit anderen Menschen zusammen? Um über uns hinauszuwachsen und Wertschätzung zu erfahren.

Sie sprechen jetzt von intrinsischer Motivation.
Ja. Aber viele haben die Vorstellung, der Mensch sei ein determiniertes Reiz-Reaktions-Wesen. Genau genommen haben die meisten Menschen zwei Menschenbilder. Eines von sich selbst als spirituelles, nach Entwicklung strebendes Wesen und eines von den Mitmenschen als determinierte Reiz-Reaktions-Wesen, die man kontrollieren und auf Trab bringen muss. Der Spruch »Vertrauen ist gut, Kontrolle ist besser« wird eigentlich so verstanden: »Vertrauen für mich, Kontrolle für dich«.

Was bedeutet das umgekehrt für gelingende Führung?
Die Unternehmen verändern sich. Als Folge des Erfolgs hat die Komplexität zugenommen, aber die Fähigkeit, die Komplexität zu durchdringen, nimmt nicht automatisch zu. Deswegen heißt heute ein Unternehmen zu führen nicht mehr, Men-

schen zu führen, sondern Bewusstsein zu führen. Menschen führen heißt vorgeben, wo es langgeht, Fragen beantworten, Kontrolle ausüben. Bewusstsein führen heißt Fragen stellen. Der Manager muss sich verwandeln in einen Evokator, der die interessantesten Fragen stellt.

Und so die Entwicklung des Mitarbeiters vorantreibt?
Ganz genau. Diese Umstellung vom Antworten geben zum Fragen stellen war für uns bei dm-drogerie markt eine enorme Veränderung. Aber so bekommen wir immer mehr Mitarbeiter, die sich auch die Know-why-Frage stellen. Die meisten Menschen handeln erfahrungsorientiert: Wenn sie in einer bestimmten Situation merken, das haben wir schon mal gehabt, dann handeln sie wieder so wie beim vergangenen Mal, also wird es zum Prinzip. Wenn ich erfahrungsorientiert handele, schaue ich auf das Gewesene, und die Folge ist, dass ich rückwärts in die Zukunft laufe. Die Frage ist, ob wir es schaffen, uns sozusagen zu drehen und uns nicht erfahrungsorientiert zu verhalten, sondern erkenntnisgeleitet.

Stress entsteht auch durch zu viele Verpflichtungen. Wie haben Sie in all den Jahren als Gründer Zeit gefunden für Ihre Familie?
Man muss sich auf das wirklich Wesentliche konzentrieren. Ich kenne viele Unternehmer, und wenn ich sehe, was sie so alles machen – da hätte ich auch Stress. Ich habe vieles gelassen, also kein Golf, Fliegen, Bergsteigen, sondern nur Dinge gemacht, die sich mit meinen beiden zentralen Interessen, Unternehmen und Familie, vertragen.

Das bedeutet aber, auf manches zu verzichten.
Ja, Entscheiden heißt immer auch Verzichten. Die meisten Leute meinen immer, sie müssten alles gleichzeitig tun. Dadurch entsteht Stress und auch Zeitnot. Verzichten zu lernen ist eine ganz wichtige Voraussetzung zur Stressreduktion. Die Frage muss immer sein, auf was will ich verzichten, also produktiv verzichten. Zeitknappheit ist nichts anderes als die mangelnde Fähigkeit zum Verzicht. Mit meiner Frau habe ich früher immer eine kleine Übung gemacht: Wir haben uns angewöhnt zu sagen »ich will« und nicht »ich muss« und schon gar nicht »ich muss jetzt«, denn man muss überhaupt nicht, man will. Und wenn ich das Gefühl habe, ich müsste etwas machen, dann sollte ich mich fragen: »Muss ich das wirklich?«

Wann geraten Sie denn persönlich unter Druck?
Unter Druck gerate ich, wenn ich den Überblick, die Selbststeuerung verliere. Bei uns hängt im Konfe-

renzraum ein Spruch von Theodor Storm:

»Der eine fragt: Was kommt danach?
Der andre fragt nur: Ist es recht?
Und also unterscheidet sich
Der Freie von dem Knecht.«
Wer nach den Folgen und Auswirkungen seines Tuns fragt und entscheidet, ob er das will oder nicht, der ist ein Freier. Wer fragt, wie er es seinem Vorgesetzten recht machen kann, der ist ein Knecht. Der eine hat ein Prozessbewusstsein, der andere ein Hierarchiebewusstsein. Wenn Sie ein Knecht sind, lässt sich Stress gar nicht verhindern, und man kann übrigens auch Knecht seiner eigenen Ziele sein.

Haben Sie ein persönliches Erfolgsrezept, das Sie weitergeben möchten?
Erfahrungen aus dem Leben von Götz Werner helfen Ihnen nichts, weil Sie ein anderes Leben haben als ich. Aber die Quintessenz aus dem, was ich erlebt habe, ist, dass man den richtigen Rhythmus von Aktion und Reaktion finden muss. In dem Moment, in dem die Reflexion zu kurz kommt, fängt der Stress an. Wenn man sich das Reflektieren abgewöhnt, dann lernt man auch nicht. Die Erfahrungen, die ich zwangsläufig mache, werden nur dann zu Fähigkeiten, wenn sie gedanklich verarbeitet werden. Meine Aktionen können nur dann sinnvoll sein, wenn ich die Fähigkeit der An-

tizipation habe, also die gedankliche Vorwegnahme. Die meisten Menschen sitzen dem Trugschluss auf, dass Aktion aus Erfahrung herrührt, sie machen sich nicht klar, dass die Dinge reflektiert sein wollen. Ich möchte ein geistesgegenwärtiger Mensch sein, und ich verstehe darunter, den einzelnen Moment zu dehnen. Verlangsamung führt dazu, dass ich das Tor für Einfälle öffne.

Was tun Sie konkret zur Entschleunigung?
Ich versuche, mich immer zu fragen: »Muss das jetzt gleich sein, ist das jetzt im Moment notwendig, muss ich das sofort beantworten?« Deshalb sind E-Mails eine Gefahr. Sie sehen Ihre E-Mail und tippen gleich die Antwort. Früher haben Sie einen Brief bekommen, dann haben Sie ihn gelesen, zur Seite gelegt, sich irgendwann Gedanken darüber gemacht, dann haben Sie Ihre Sekretärin kommen lassen und eine Antwort diktiert, anschließend bekamen Sie die Unterschriftsmappe, und Sie haben überlegt, was hat der denn eigentlich damals gewollt... Was war das früher für ein Theater, bis man einen Geschäftsbrief beantwortet hatte, und heute macht man das per E-Mail innerhalb weniger Minuten – und das kann ein Riesenproblem sein. Es gibt ganz schreckliche Bücher, »Der 5-Minuten-Manager« oder so etwas, das ist fürchterlich. Das sind wirklich

Kräfte, die es nicht gut mit uns meinen – immer Tempo, Tempo, Tempo. Kennen Sie die Echternacher Springprozession?

Nein.
Eine Tradition aus dem Mittelalter. Die geht so: Immer drei Schritte vor, zwei Schritte zurück, drei Schritte vor, zwei Schritte zurück. Also handeln, aktiv sein, dann aber auch wieder reflektieren, prüfen. Das ist eigentlich der springende Punkt.

Von Götz W. Werner lernen

Unternehmerisch denken und führen

- Verlassen Sie sich nicht auf bewährte, erfolgreiche Denk- und Handlungsmuster. Gehen Sie nicht erfahrungsorientiert, sondern erkenntnisgeleitet vor: Suchen Sie neue Antworten.
- Achten Sie auf die richtige Balance von Aktion und Reflexion, von Kreativität und Kontinuität. Wer visionär denkt und Neues erschafft, muss für klare Strukturen sorgen und auf Details achten.
- Bewusstsein schaffen Sie, wenn Sie Fragen stellen, und nicht, wenn Sie fertige Antworten geben. Führen bedeutet nicht Druck erzeugen, alles besser wissen und können, sondern Impulse geben, empathisch sein und reflektieren.

Anpassungsfähig bleiben

- Wer sich Veränderungen versperrt, kann nicht wachsen.

Prioritäten setzen

- Versuchen Sie nicht, überall mitzumischen. Lernen Sie zu verzichten. Konzentrieren Sie sich auf das Wesentliche.
- Hinterfragen Sie immer, ob Sie etwas tun müssen oder wollen – sonst werden Sie zum Knecht Ihrer eigenen Ziele.

Entschleunigen

- Handeln Sie nicht nur, reflektieren Sie auch.
- Nehmen Sie sich die Zeit, über eine Entscheidung erst nachzudenken, anstatt sofort unüberlegt zu reagieren.

Selbstbestimmt handeln

- Bewahren Sie sich Ihre Entscheidungsfreiheit. Wer nicht mehr souverän reagieren kann, gerät in Stress.

Sinnhaftigkeit motiviert

- Machen Sie sich ein klares Bild über den Sinn Ihres Handelns und Ihrer persönlichen Ziele – nur so können Sie sich und andere motivieren.

Bernd Willkomm

Diplompsychologe Bernd Willkomm, geboren 1948 in Heidenheim an der Brenz, diente nach dem Abitur 1967 bis 1970 als Zeitoffizier bei der Bundeswehr. Nach dem Studium der Psychologie in Tübingen arbeitete er von 1976 bis 2008 als Wehr-, Truppen- und Fliegerpsychologe bei der Bundeswehr. Von 1980 bis 1989 Ausbildung zum Psychotherapeuten, ab 1994 Fortbildung in Krisenintervention und Notfallpsychologie. Von 1998 bis 2005 Leiter der Fachgruppe Ausbildung, Intervention und Klinische Psychologie am Flugmedizinischen Institut der Luftwaffe. Seit 2000 Gründungsmitglied und Bundesvorsitzender der Deutschen Gesellschaft für posttraumatische Stressbewältigung e.V. (DG PTSB e.V.).

Wenn der Adrenalin- pegel steigt: anhalten, durchatmen, nachdenken

Herr Willkomm, was waren Ihre Beweggründe, sich professionell mit Katastrophen und Traumata zu beschäftigen?

Schon die Berufswahl zum Psychologen unterstreicht, dass ich, um es etwas krass zu formulieren, wohl unter dem Helfer- oder Rettersyndrom leide.

Wie wurden Sie zum Trauma- und Notfalltherapeuten?

Eigentlich bin ich über die Philosophie zur Psychologie und später dann zur Psychotherapie gekommen. Als ich von 1989 bis 1994 bei einer Ausbildungseinrichtung der Bundeswehr in Arizona stationiert war, fragte man mich, ob ich die Ausbildung zum Notfallpsychologen und Traumatherapeuten machen möchte. Ich war bis dahin schon etliche Jahre als klinischer Psychologe und Psychotherapeut tätig und war zuerst skeptisch, habe mich dann aber doch dazu entschlossen, mich auf Psychotraumatologie, Krisenintervention und Traumatherapie zu spezialisieren.

Und Sie sind Bundesvorsitzender der Deutschen Gesellschaft für posttraumatische Stressbewältigung, die Sie mit begründeten. Auf welchem Gebiet ist sie tätig?

Diese Organisation bietet, unabhängig von den großen Hilfsorganisationen und Rettungsdiensten, Krisenintervention für ein breites Spektrum unterschiedlicher Zielgruppen an. Sie bildet auch Personal im Bereich der Krisenintervention, der psychologischen ersten Hilfe und psychosozialen Notfallversorgung aus.

Wann waren Sie mit der Gesellschaft zuletzt im Einsatz?

Wir hatten viele kleinere Einsätze, zum Beispiel in Schulen und Krankenhäusern, haben aber auch Interventionen nach Explosionen in Chemiewerken durchgeführt. Der letzte größere Einsatz fand im August 2004 in Asunción, der Hauptstadt von Paraguay, statt. Dort war nach einer Gasexplosion ein Brand in einem Einkaufszentrum ausgebrochen, bei dem 464 Menschen getötet und über 500 verletzt wurden.

Welche Art von Nothilfe konnten Sie dort leisten?

Nach der Brandkatastrophe gab es damals sehr viele Halb- und Vollwaisen. Wir haben einen einwöchigen Einsatz vor Ort geführt und Personal geschult und ausgebildet –

eine Art Grundkurs in Psychotraumatologie und Krisenintervention. Zuvor hatten wir einem Dolmetscher das gesamte Kursmaterial elektronisch zugeschickt, und nach drei Tagen kam es übersetzt zurück. So konnten wir den Lehrgang mit einer spanischen Powerpoint-Präsentation in Asunción durchführen. Wir wollten unter keinen Umständen, wie es viele ausländische Teams taten, kurz helfen, wieder wegfliegen und nichts als Chaos hinterlassen.

Wie viel Zeit hatten Sie, um sich auf diesen Einsatz vorzubereiten?
Nachdem die Finanzierungsfrage geklärt war, hatten wir knapp zwei Wochen für die Vorbereitung. Zunächst habe ich mich über das Internet und andere Quellen informiert, wie es zu diesem Brand mit so vielen Toten gekommen war. Dann fing ich an, zu planen und zu organisieren, führte im Prinzip eine Situations- und Zielgruppenanalyse durch. So entstand die Idee, Personal vor Ort zu schulen, damit die Paraguayer dann die Weiterbetreuung ihrer Leute übernehmen konnten.

Wer nahm an Ihrer Schulung teil?
Lauter Freiwillige, die vor allem die betroffenen Familien betreuen sollten, auch ein Psychiater aus Kuba, Mitglieder eines paraguayischen Psychologenverbandes, Studenten, Personal der Deutschen Gesellschaft für Technische Zusammenarbeit und vom Gesundheitsministerium. Insgesamt ein breit gestreutes Spektrum von Leuten, die sich engagieren wollten. Sie selbst durften nicht betroffen sein, das ist der entscheidende Punkt. Wer selbst traumatisiert ist, kann nicht wirklich helfen.

Wo liegt für Sie der maßgebliche Unterschied zwischen Stress und Traumatisierung?
Normaler Stress ist eine Reaktion auf innere und äußere Einflüsse. Das transaktionale Stressmodell von Lazarus besagt, dass zunächst einmal der Stressor, also der Stressauslöser, subjektiv bewertet wird. Je nachdem, wie die Bewertung ausfällt, bleibt der Betroffene gestresst, oder aber er aktiviert seine Kompetenzen, um den Stress zu bewältigen. Die Aktivierung der eigenen Stärken und verfügbaren Ressourcen wird als zweite Bewertung bezeichnet.
Bei einer Traumatisierung findet diese zweite Bewertung meistens gar nicht statt, die Stressreaktion greift zu tief. Die Ursache dafür ist aber nicht das traumatisierende Geschehen per se, sondern die persönliche Erlebnisweise und die subjektive Bewertung des Ereignisses. Wenn dabei Empfindungen wie Hilflosigkeit, irrationale Schuldgefühle und massivste persönliche Betroffenheit entstehen, wenn die

Person sich zutiefst bedroht fühlt oder sehr stark mit den Opfern oder Verunglückten identifiziert, dann kommt es häufiger zu einer Traumatisierung.

Wie äußern sich diese posttraumatischen Stressreaktionen?

Es kann schon am Ort des Geschehens zu Panik- oder Angstattacken kommen. Selbst Einsatzkräfte können in Einzelfällen psychisch dekompensieren, also ausrasten, die Kontrolle über sich verlieren oder nicht ansprechbar und völlig apathisch mitten im Geschehen stehen. Die häufigsten Symptome eines Traumas sind Schlafstörungen, auch Alpträume, Flashbacks, Schweißausbrüche, Schreckhaftigkeit, bis hin zu dem, was man in der Fachsprache »kortikales Hemmungssyndrom« nennt. Das bedeutet eine vollkommene Blockierung der Handlungsfähigkeit. In manchen Fällen kommt es auch zu teilweisen Gedächtnisausfällen. Zum Glück klingen diese Symptome bei zwei Dritteln der Betroffenen innerhalb von 24 Stunden oder wenigen Tagen wieder ab.

Sind traumatisierte Menschen direkt nach dem tragischen Ereignis überhaupt ansprechbar?

Sie reagieren entweder sehr heftig, oder man bemerkt überhaupt keine Reaktion. Notfalls muss man diese Personen, zu ihrem eigenen und zum Schutz der anderen, aus dem unmittelbaren Geschehen herausbringen, unter Umständen sogar unter Einsatz körperlicher Gewalt. Manche stark gestressten Menschen reden aber auch unentwegt, es sprudelt nur so aus ihnen heraus, andere wiederum muss man gezielt fragen: »Was ist denn passiert, warum reagierst du jetzt so, erzähl uns, was los ist.« Wenn dann nichts kommt, ist eines der effektivsten Mittel, so paradox es klingen mag, gemeinsam zu schweigen. Spätestens nach fünf Minuten fängt der Betroffene an zu reden. Irgendwann realisiert er, dass man ihm helfen will; sein Leidensdruck wird so groß, dass er sich mitteilen muss.

War Ihre Gesellschaft bei dem Zugunglück von Eschede auch aktiv?

Zu diesem Zeitpunkt gab es die Gesellschaft zwar noch nicht – sie wurde erst 2000 gegründet –, ich war aber als Leiter eines zwölfköpfigen Teams der Bundeswehr dabei. Nach den Bergungsarbeiten benötigten dann sowohl die zivilen Einsatzkräfte als auch viele Soldaten unsere Betreuung. Den knapp 200 Soldaten, die, anders als das Sanitätspersonal, noch nie mit Toten oder Verletzten konfrontiert waren, ging es nicht gut. Sie mussten Wrackteile bergen und Leichenteile einsammeln. Das war für sie das Schlimmste. Viele haben berichtet, sie hätten ihre Arbeit rein mechanisch erledigt und versucht, komplett abzuschalten, aber nachts seien dann die schrecklichen Bilder wiedergekommen.

Wie konnten Sie diesen Soldaten helfen?

Wir haben ein großes Briefing zur Information und Psychoedukation mit psychologisch geschultem Personal durchgeführt. Dabei wurde eingehend über bereits bekannte Fakten der Katastrophe informiert und im Hinblick auf mögliche Reaktionen sensibilisiert, ohne zu stigmatisieren. Manche der Soldaten mussten jedoch längerfristig betreut werden, wir haben sie, je nach Belastungsgrad, in kleinere, homogene Gruppen eingeteilt. In diesen Gruppen wurden dann bestimmte Techniken der Krisenintervention angewandt, wie etwa das sogenannte Critical Incident Stress Debriefing. Hierbei werden in einem strukturierten Gespräch bestimmte Phasen des Geschehens aufgearbeitet: die Fakten sowie die damit zusammenhängenden Gedanken, Gefühle und Reaktionen. In der letzten Phase geht es darum, die geschilderten Empfindungen und Reaktionen zurechtzurücken und zu normalisieren, denn viele Traumatisierte glauben, verrückt zu werden. Am Schluss wird gemeinsam eine Perspektive entworfen. Neue Ziele und Pläne sollen helfen, den Blick in die Zukunft zu richten, da Traumatisierte häufig in einer negativen Erwartungshaltung verharren, anstatt nach vorne zu schauen.

Wieso schaffen es manche Menschen, nach einer gewissen Zeit den Blick wieder nach vorne zu richten, und andere nicht?

Es hat sich gezeigt, dass eine starke Persönlichkeit mit einem gesunden sozialen Umfeld, zumindest tendenziell, am ehesten gegen mittel- und langfristige Störungen gefeit ist. Ganz wichtig ist die Unterstützung durch die Familie, durch Freunde und Kollegen, zu denen man so viel Vertrauen hat, dass man offen über das Erlebte und die eigenen Gefühle und Ängste sprechen kann.

Warum ist es so wichtig, über traumatische Erlebnisse zu sprechen?

Traumatisierte erleben sich und die Welt als Chaos. Wenn sie über ihre Erlebnisse reden, werden sie gezwungen, das Geschehen, ihre Gedanken und Gefühle zu strukturieren. Eine systematische Strukturierung ist auch Bestandteil jeder Krisenintervention.

Ein klassisches Symptom bei Traumatisierten ist die Dissoziation, das heißt, sie fühlen sich entfremdet, wie getrennt von sich und der normalen Welt, sie stehen neben sich. Manchmal schildern sie Dinge, die vollkommen irreal sind. Es kann passieren, dass sie sich und eine andere Person gleichzeitig an zwei verschiedenen Stellen sehen, und sie bemerken gar nicht, was sie da durcheinanderbringen.

Sind Menschen, die gut mit alltäglichem Stress umgehen, auch besser gegen traumatischen Stress gerüstet?

Bei normalem Stress tun sich Menschen, die sich ihrer Stärken bewusst sind, leichter, ihre Kompetenzen und eigenen Bewältigungsstrategien zu entwickeln, als Menschen mit schwachem Selbstwertgefühl. Ähnlich verhält es sich mit traumatisierten Personen: Wenn sie in einem instabilen Umfeld aufgewachsen sind und weder ein realistisches noch ein positives Selbstbild haben, dann wird sie ein traumatisches Erlebnis besonders belasten.

Da jedes Trauma aber subjektiv erlebt wird, kann man nie genau vorhersagen, wann und ob es in der Krisenintervention und anschließenden Therapie gelingt, die Ressourcen einer traumatisierten Person zu aktivieren. Bei einem Psychotrauma kann auch das kortikale Hemmungssyndrom eine Rolle spielen. Das bedeutet, dass Informationen zwar aufgenommen und bestimmte Entscheidungen getroffen werden, die Betroffenen aber so blockiert sind, dass sie diese nicht umsetzen können. Sie sind von ihrem Trauma noch zu schwer belastet.

Kann ein Ereignis, wie zum Beispiel der 11. September 2001, überhaupt jemals bewältigt werden?

Ganz wichtig ist es, den Menschen klarzumachen, dass es völlig normal ist, wenn sie anders reagieren als sonst. Ein zentraler Standardsatz in der Krisenintervention lautet: »Alles, was du mir jetzt erzählt hast, sind völlig normale Reaktionen eines normalen Menschen auf eine nicht normale Situation.« Man sollte einen Traumatisierten niemals korrigieren oder ihm widersprechen, selbst wenn klar ist, dass seine Schilderungen nicht zutreffen. Er braucht Akzeptanz, denn sonst macht er zu. Erst viel später kann man ihm behutsam dabei helfen, seine Aussagen zu korrigieren.

Eine Woche nach dem 11. September war ich selbst als Leiter eines zwölfköpfigen Bundeswehrteams in New York. Zwei Wochen lang haben wir dort 800 Mitarbeiter einer deutschen Großbank betreut, die ihre Räume im World Trade Center gehabt hatte.

Was tun Sie, um Ihre Mannschaft vor traumatischem Stress zu bewahren?

Helfer denken häufig nicht an ihre eigenen Belastungsgrenzen. Meine Mitarbeiter haben sich zum Teil sogar gewehrt, nach zwei Tagen im Einsatz einen Tag freizunehmen. Ich habe darauf bestanden und außerdem dafür gesorgt, dass das Team gut untergebracht und ordentlich verpflegt wird.

Nach dem Großeinsatz in Eschede habe ich beispielsweise durchgesetzt, dass keiner aus meinem Team sich schlafen legt, bevor wir nicht die Erfahrungen und Eindrücke des Tages noch einmal durchgesprochen haben. Dennoch schlafen Teammitglieder, die zum ersten oder auch zweiten Mal im Einsatz sind, nie besonders gut. Ich selbst nehme abends ein heißes Bad und schlafe durch, bis der Wecker klingelt. Das war mir in der ersten Zeit meiner Großeinsätze überhaupt nicht möglich.

Wie kann man Soldaten darauf vorbereiten, mit Katastrophen und Krisensituationen umzugehen?

Wir führen präventive Schulungen durch, in denen Themen wie Stress und Stressbewältigung behandelt werden. Wir zeigen den Soldaten außerdem sehr realitätsnahe Filme und Bilder, in denen konkrete Situationen zu sehen sind. So lernen sie, bestimmte Ereignisse einzuordnen und zu bewerten. Ich gebe zusätzliche Hinweise und Tipps, wie sie theoretische Konzepte in Handlungs- und Verhaltensweisen umsetzen können. Wenn die Leute wissen, welche Reaktionen möglicherweise auftreten und warum, dann können sie anders damit umgehen, als wenn sie diesen unwissend und hilflos ausgesetzt sind.

Welchen extremen Belastungen sind Soldaten in Krisengebieten ausgesetzt?

Schwierig sind schon mal die äußeren Bedingungen: Das Lagerleben – sie wohnen auf engem Raum zusammen –, dann die zum Teil schlechten hygienischen Verhältnisse und vor allem die permanente Bedrohung. Minen, Überfälle, terroristische Anschläge – überall lauern Gefahren. Schrecklich ist es, wenn ein ihnen nahestehender Kamerad verletzt oder gar getötet wird.

Wie groß ist die Gefahr, dass gestresste, überforderte Soldaten, vielleicht auch aus Rachegefühlen, die Kontrolle verlieren?

Diese Gefahr ist gering, doch die ständige Bedrohung kann zu einer Verschiebung der Werte führen. So etwa bei den Soldaten, die in Afghanistan in einer Kiesgrube mehrere menschliche Gebeine und Totenschädel fanden. Einer nahm einen der Schädel und hielt ihn in die Kamera. Der Nächste setzte den Schädel auf die Kühlerhaube seines Fahrzeugs. Ein Dritter kam dann auf die irrsinnige Idee, den Schädel auf seinen entblößten Genitalien fotografieren zu lassen. Das ging damals durch sämtliche Medien.

Wie beurteilen Sie solche Reaktionen als Psychologe?

Das ist ein gruppendynamischer Prozess, bei dem Dampf abgelassen wird. Jemand legt los mit irgendeiner Aktion, dann versucht einer, den anderen zu übertreffen. Die ganze Geschichte hätte nicht sein müssen, ist aber erklärbar. Ich hätte sie als relativ harmlos eingestuft, wäre es nicht zu diesem Foto mit dem entblößten Penis gekommen. Das war absolut verabscheuungswürdig.

Wie gelingt es Ihnen selbst, auch in sehr angespannten Situationen ruhig und gefasst zu bleiben?

Wenn etwas sehr Unvorhergesehenes geschieht, geht natürlich erst mal der Adrenalinspiegel hoch. Da die Gelassenheit in Person zu bleiben wäre wohl unmenschlich. Meine Erfahrungen haben mich allerdings gelehrt, dass es überhaupt nichts bringt, überstürzt in wilden Aktionismus zu verfallen. Es gibt nicht Schlimmeres, als in ein Chaos noch mehr Chaos zu bringen. Ich muss auch akzeptieren, dass ich an bestimmten Ereignissen nichts ändern kann. Ich gehe nach einem klugen Prinzip vor, das ich bei den Amerikanern gelernt habe: In dem Augenblick, in dem dein Adrenalinspiegel steigt, sagst du dir: stop, breathe, think. In anderen Worten: Hau die Bremse rein, atme dreimal tief durch und schalte erst einmal dein Hirn ein. Dann erst ist man in der Lage, die Situation zu analysieren und für andere etwas zu tun. Nach einer kurzen Erregungsphase

schaffe ich es tatsächlich, ich würde sagen, in 99 Prozent der Fälle, mich rechtzeitig zu bremsen, durchzuatmen und dann erst zu handeln.

Wo liegen Ihre besonderen Stärken?

Ich glaube, dass ich die Fähigkeit habe, wirklich zuzuhören, ich bekomme da sehr positives Feedback. Früher konnte ich das nicht in dem Ausmaß. Außerdem schaffe ich es, auch in kritischen Situationen die Übersicht und die nötige Ruhe zu bewahren, was für sehr gestresste und traumatisierte Menschen sehr wichtig ist.

Wie können Sie inmitten der Katastrophe Ruhe und Zuversicht bewahren?

Ich bin vom Naturell her eher ein fatalistischer Mensch. Nachdem ich mit so vielen dramatischen Ereignissen konfrontiert worden bin, wurde mir irgendwann bewusst, dass jeder zu jeder Zeit und überall von seinem Schicksal ereilt werden kann. Es bringt also überhaupt nichts, bestimmte Dinge nicht mehr zu tun, beispielsweise nie mehr in ein Flugzeug zu steigen, nur weil manchmal ein Flugzeug abstürzt. Ich genieße mein Leben, bin so gesehen ein Optimist, denn es gibt zu viele Dinge, die man nicht beeinflussen oder vorhersehen kann. Also freue ich mich am Leben und an meiner glücklichen Partnerschaft. Mir machen alle meine Hobbys

Spaß: das Reisen, Fotografieren, Skifahren, Tennisspielen. Ich betrachte es auch als Glück, dass ich so vielen Menschen helfen durfte, dass ich dazu überhaupt in der Lage war.

Haben Sie als Helfer auch jemals selber Hilfe in Anspruch genommen?

Ja, und zwar nach jedem größeren Einsatz. Dann suche ich auch mein Team zusammen und sorge nach etwa vier bis sechs Wochen für eine meist zweitägige Supervision durch einen externen Psychotraumatologen. Es tut der Gruppe gut, noch einmal über das Geschehen zu reden, nachdem sie etwas Distanz dazu gewonnen hat. Die Belasteten werden so wieder freier und gelöster.

Was stresst Sie in Ihrem eigenen Alltag?

Vieles, auch wenn ich es mir nicht unbedingt anmerken lasse. Zum Beispiel treibt mich Intoleranz innerlich zur Weißglut, aber ich habe gelernt, damit umzugehen und meine Erregung zu dämpfen. Ich ärgere mich im Straßenverkehr über Rücksichtslosigkeit, über Fahrer, die andere gefährden. Wenn es mehr Rücksichtnahme und Respekt für andere gäbe, dann wäre das Leben auch weniger stressig.

Von Bernd Willkomm lernen

Anormal reagieren ist normal
- Bei Katastrophen kann man von niemandem erwarten, gelassen zu bleiben.
- Bei Traumatisierten gilt: Was sie erzählen, ist die völlig normale Reaktion eines normalen Menschen auf eine nicht normale Situation.

Traumatisierte schützen
- Traumatisierte sollten zu ihrem eigenen und zum Schutz anderer aus dem unmittelbaren Geschehen herausgenommen werden.

Beistehen und annehmen
- Traumatisierte brauchen zunächst Akzeptanz. Sie zu korrigieren und ihnen zu widersprechen ist nicht hilfreich.
- Wenn Traumatisierte nicht sprechen können, hilft es, gemeinsam zu schweigen.

Sprechen und Perspektiven entwerfen
- Über die Erlebnisse zu reden hilft, Geschehen, Gedanken und Gefühle zu strukturieren und zu normalisieren.
- Eine Perspektive entwerfen hilft, den Blick in die Zukunft zu richten.

Auch Helfer brauchen Hilfe
- Nach jedem größeren Einsatz sucht das Einsatzteam beim Psychotraumatologen eine Supervision auf, um das Geschehen zu verarbeiten.

Entstressen
- In Stresssituationen hilft die Formel: Stop, breathe, think – ruhig bleiben, durchatmen und nachdenken.
- Nicht in Aktionismus verfallen: Es gibt nicht Schlimmeres, als in ein Chaos noch mehr Chaos zu bringen.
- Rücksichtnahme und Respekt sind wichtige Faktoren zur Stressvermeidung.

Das Unabwendbare akzeptieren
- Jeder kann zu jeder Zeit und überall von seinem Schicksal ereilt werden – akzeptieren Sie, dass an bestimmten Ereignissen nichts zu ändern ist, und genießen Sie Ihr Leben.

Danksagung

Für meine Frau Ilana und unseren beiden Töchter Lea und Joëlle. Ihr Humor und ihre Geduld gaben mir den nötigen Freiraum, um meine Idee zu diesem Buch zu verwirklichen.

Mit besonderem Engagement stand mir Cornelia von Schelling zur Seite, die unermüdlich und entspannt alle Interviews sorgfältig redigierte. Mein besonderer Dank gilt Marie-Estelle Krieg, ohne sie hätte ich mein Vorhaben nie so professionell und strukturiert in die Tat umsetzen können. Die zügige und zuverlässige Transkribierung verdanke ich Gertrud Pabst. Michael Rüdel verdanke ich die Übertragung aller Interviews in Tonstudio-Qualität und Tanja Wüst die Video-Aufzeichnungen. Mein Dank gilt auch Colleen Adam von der GGIP für ihre zahlreichen Anregungen und meinem Bruder Henri, der mir immer wieder den Rücken freigehalten hat.
Ohne meine Freunde und Unterstützer, die mich weiterempfohlen haben, hätte ich niemals all diese Persönlichkeiten interviewen können. Zu Dank fühle ich mich den Befragten verpflichtet, die mir bereitwillig ihre Zeit zur Verfügung stellten und mir Einblick in ihr Innerstes gewährten. Diese Offenheit hat mich berührt und inspiriert. Ich erachte es als kostbares Privileg, dass sie mir ihr Vertrauen geschenkt haben und ich von ihnen so viel erfahren habe.

Die einfühlsamen Portraits von Stefan Nimmesgern haben diesem Buch sein Gesicht gegeben.